그의 몸을 사랑하는
당신과 목양의 가슴을
함께 나눕니다.

　　　　　이동연 _ 올림

디모데전후서, 디도서 강해설교

너희는 이렇게 목양하라

너희는 이렇게 목양하라

디모데전후서, 디도서 강해설교

1판 1쇄   2024년 12월 20일

지은이   이동원
펴낸곳   압바암마
출판등록   제2012-000093호

주소   경기도 성남시 분당구 황새울로 200번길 28, 1104-35호(수내동, 오너스타워)
전화   031-710-5948
팩스   031-716-9464
이메일   webforleader@jiguchon.org

ISBN 978-89-98362-89-8
값 15,000원

디모데전후서, 디도서 강해설교

너희는 이렇게 목양하라

이동원 지음

서 문

너희는 이렇게 목양하라

부름 받은 사도의 소명은 개척입니다.
개척은 주의 몸 된 교회를 탄생케 합니다.
교회는 세상 한복판에서 생존합니다.
사도는 교회를 세우고 때가 되면 물러납니다.

그래도 사도는 그 교회를 걱정하지 않을 수 없습니다.
그래서 사도는 붓을 들어 편지를 씁니다.
후임자에게 지혜를 나누고자 합니다.
우리는 그 편지를 목양서신이라 합니다.

우리는 우리 시대 디모데와 디도를 봅니다.
때로 잘 하기도 하고 때로 잘 못하기도 합니다.
그래서 모두는 운명 공동체입니다.
모두가 그의 몸 된 교회이기 때문입니다.

교회도 불완전하고 교인도 불완전합니다.
교회를 둘러싼 세상은 악하고 불의합니다.
그래도 우리의 소명은 포기될 수 없습니다.
교회는 여전히 세상의 소망이어야 합니다.

이 작은 목양편지가 교회의 빛을 밝히기를...
우리의 목자들이 숨 쉴 여유를 갖게 되기를...
기도하며 이 강해서를 바칩니다.
나의 사랑, 나의 고민 한국 교회에...

사랑과 기도로 이 편지를 부칩니다.

한 시대를 마무리하며,

이동원 드림

목 차

서문   • 4

디 / 모 / 데 / 전 / 후 / 서

1 **아들 디모데에게**   • 13
   딤전 1:1-2, 18-20

2 **바른 교훈의 파수꾼이 되라**   • 25
   딤전 1:3-11

3 **우리가 감사하는 이유**   • 37
   딤전 1:12-17

4 **중보기도 사역의 우선순위**   • 49
   딤전 2:1-7

5 **남성과 여성의 구별된 사역**   • 61
   딤전 2:8-15

6 **교회의 리더 됨을 사모하라**   • 73
   딤전 3:1-13

7 **위대한 경건의 비밀**   • 85
   딤전 3:14-16

8 **거룩에 이르는 삶의 길** · 97
딤전 4:1-5

9 **그리스도 예수의 좋은 일꾼이 되자** · 109
딤전 4:6-16

10 **영적 가족을 향한 책임** · 121
딤전 5:1-16

11 **교회 내 리더들과 팔로워들의 책임** · 133
딤전 5:17-6:2

12 **돈 사랑을 극복하려면** · 145
딤전 6:3-10

13 **너 하나님의 사람아** · 157
딤전 6:11-21

14 **위대한 믿음의 유산을 따라** · 169
딤후 1:1-7

15 **복음과 함께 고난을 받으라** · 181
딤후 1:8-18

16 **종노릇 할 것인가? 왕노릇 할 것인가?** ・193
딤후 2:1-13

17 **부끄럼 없는 주의 일꾼** ・205
딤후 2:14-26

18 **고통의 때, 말세의 징조들** ・217
딤후 3:1-9

19 **경건하게 살고자 한다면** ・229
딤후 3:10-17

20 **전도자의 궁극적 소망** ・241
딤후 4:1-8

21 **인생의 마지막 겨울이 오기 전에** ・253
딤후 4:9-22

디 / 도 / 서

1 **참 아들 디도에게** • 265
딛 1:1-4

2 **세움 받을 지도자의 자격** • 277
딛 1:5-9

3 **거짓 교사를 분별하라** • 289
딛 1:10-16

4 **바른 교훈에 합당한 가족** • 301
딛 2:1-10

5 **은혜로운 양육** • 313
딛 2:11-15

6 **모든 사람에게 기억될 인생** • 325
딛 3:1-15

1

아들 디모데에게

¹우리 구주 하나님과 우리의 소망이신 그리스도 예수의 명령을 따라 그리스도 예수의 사도 된 바울은 ²믿음 안에서 참 아들 된 디모데에게 편지하노니 하나님 아버지와 그리스도 예수 우리 주께로부터 은혜와 긍휼과 평강이 네게 있을지어다 ¹⁸아들 디모데야 내가 네게 이 교훈으로써 명하노니 전에 너를 지도한 예언을 따라 그것으로 선한 싸움을 싸우며 ¹⁹믿음과 착한 양심을 가지라 어떤 이들은 이 양심을 버렸고 그 믿음에 관하여는 파선하였느니라 ²⁰그 가운데 후메내오와 알렉산더가 있으니 내가 사탄에게 내준 것은 그들로 훈계를 받아 신성을 모독하지 못하게 하려 함이라

1
아들 디모데에게

리더십의 핵심은 영향력입니다. 리더는 영향을 끼치는 사람입니다. 리더 뒤에는 그의 영향을 받은 사람들이 등장합니다. 바울은 오늘의 본문 2절에서 디모데를 가리켜 **"믿음 안에서 참 아들 된 디모데"**라고 부르고 있습니다. 디모데는 바울에게 직접 전도를 받은 사람은 아니었습니다. 그러나 바울에 의해 믿음이 양육된 사람으로 보여집니다. 바울이 영적으로 낳은 것은 아니지만 바울이 영적으로 기른 사람이었습니다. 그래서 여전히 바울은 디모데의 믿음의 아비였던 것입니다. 사도행전 16장 1절을 함께 읽습니다. **"바울이 더베와 루스드라에도 이르매 거기 디모데라 하는 제자가 있으니 그 어머니는 믿는 유대 여자요 아버지는 헬라인이라."** 그러니까 디모데는 어머니에 의해 믿음을 갖게 된 사람입니다. 디모데후서 1장 5절을 보십시오. **"이는 네 속에 거짓이 없는 믿음이 있음을 생각함이라 이 믿음은 먼저 네 외조모 로이스와 네 어머니 유니게 속에 있더니 네 속에도 있는 줄을 확신하노라."** 디모데는 외할머니, 어머니를 통해 믿음을 승계합니다.

디모데가 바울을 처음 만난 때를 성경학자들은 바울의 제1차 전도여행의 때 루스드라를 방문하던 시기였을 것으로 추정합니다. 그가 10대 후반이나 20대 초반이었을 것으로 생각합니다. 그리고 조금 더 시간이 지나 다시 바울이 루스드라를 방문했을 때 그때 디모데의 믿음이 자라 주변 신앙인들에게 인정받고 있는 모습을 발견합니다. 사도행전 16장 2절입니다. "디모데는 루스드라와 이고니온에 있는 형제들에게 칭찬 받는 자니." 그러자 바울은 이런 디모데를 자신의 제2차 전도여행의 팀 멤버로, 동역자로 데리고 떠날 것을 요청합니다(행 16:3, **바울이 그를 데리고 떠나고자 할새**). 그리고 이런 바울과의 동역이라는 현장 훈련을 통하여 디모데는 바울의 신뢰를 받는 제자로 성숙해 갑니다. 디모데는 바울과 함께 하며 빌립보, 데살로니가, 베뢰아 교회 개척을 돕습니다. 고린도에서도 바울과 합류하여 고린도 교회 설립 사역을 함께 합니다. 사도행전 19장 22절은 디모데를 에베소에서 바울의 사역을 돕고 있었던 사람으로 기록합니다. 그런데 바울은 예루살렘으로 올라갔다가 체포되어 로마의 감옥으로 오게 됩니다. 이 장면에서 바울이 소위 옥중서신을 기록하며 바울 곁에 있었던 사람으로 디모데를 기록합니다(빌 1:1, 골 1:1). 그 후 바울은 로마의 감옥에서 잠시 풀려납니다. 이런 1차 로마 감옥에서의 출옥 후, 바울은 그레데(crete) 섬에 가서 전도를 하고 디도를 거기에 사역자로 남겨둡니다. 그리고 이후 바울은 에베소로 돌아와 디모데를 만나 그에게 에베소 교회를 잘 돌볼 것을 부탁합니다. 이 시기에 디모데와 디도가 에베소 교회와 그레데 교회를 잘 돌아보도록 편지를 쓰게 됩니다. 그래서 우리는 디모데전후서와 디도서를 가리켜 바울의 뜻을 받들어 목회하게 될 승계 사역자들인 디모데와 디도를 향한 바울의 목회서신이라고 부르는 것입니다.

어느새 디모데의 나이는 이미 30대 중반이 되어 리더의 자리에 서게 된 것입니다. 물론 당시에 30대는 아직도 어린 나이로 간주되었기에 바울은 그에게 "누구든지 네 연소함을 업신여기지 못하게 하고"(딤전 4:12)라고 충고할 필요가 있었습니다. 그리고 디모데후서 2장 1절에 보면 "내 아들아 그러므로 너는 그리스도 예수 안에 있는 은혜 가운데서 강하고"라고 권면해야 할 필요도 있었습니다. 그럼에도 불구하고 바울은 이런 디모데를 이제 자기가 개척한 소아시아의 중심교회 에베소 교회의 승계자로 세우면서 그가 어떤 리더가 되어야 할 것인지를 가르칩니다. 오늘 디모데전서 서론에서의 바울 사도의 제자 디모데를 향한 당부를 세 가지로 요약해 볼 수가 있습니다.

1. 하나님의 은혜를 입은 사람이 되어야 합니다.

본문 1-2절을 함께 읽습니다. "우리 구주 하나님과 우리의 소망이신 그리스도 예수의 명령을 따라 그리스도 예수의 사도 된 바울은 믿음 안에서 참 아들 된 디모데에게 편지하노니 하나님 아버지와 그리스도 예수 우리 주께로부터 은혜와 긍휼과 평강이 네게 있을지어다." 바울이 하나님을 만나고 예수님을 만나면서 경험한 가장 놀라운 축복은 하나님이 우리의 구원자가 되신다는 것과 예수님이 참된 소망이 되어 주셨다는 것입니다. 이 세상에 누가 정말 우리의 구원자를 자처하는 분이 계십니까? 누가 이 세상에서 우리의 흔들리지 않는 참된 소망이 되십니까? 그런데 바울은 바로 그런 분이 우리의 구주 하나님, 우리의 소망 예수님이시라고 고백하며 이 편지를 열고 있습니다. 그리고 이어 그 하나님과 예수님이 주시는 선물로 제자 디모데의 인생이 채워지기를 축복하는 것입니다. 받은 자만이 또한 나누어 줄 수가 있습니다. 바울은 먼저 제자 디모데의 인생이 하나님의 아름다운 세 가지 선물로 충만한 삶이 되기를 축복합니다.

이 세 가지 선물은 은혜와 긍휼과 평강입니다. 물론 그 중에 제일 중요한 것은 은혜입니다. 긍휼과 평강은 은혜에 함께 따라오는 축복이라고 할 수 있습니다. 은혜란 받을 자격이 없음에도 주어지는 일방적인 호의를 뜻하는 말입니다. 우리 중에 아무도 은혜받을 자격이 있었던 사람은 없습니다. 그런데 하나님이 우리를 조건 없이 사랑하시고 호의를 베푸십니다. 그것이 바로 은혜입니다. 긍휼은 저주받아 마땅한 대상을 불쌍히 여기사 그 저주를 유보하시는 사랑입니다. 평강은 은혜와 긍휼의 대상인 인생과의 관계를 회복하시고 그의 질서를 우리 안에 세워주시는 사랑입니다. 우리가 그리스도인이 된 순간 우리에게 임한 놀라운 사랑, 은혜와 긍휼과 평강입니다. 그러나 이것들은 우리에게 주어진 후 우리 안에서 자라나는 선물입니다. 은혜도 자라고 긍휼도 자라고 평강도 자라납니다. 그래서 우리의 존재가 은혜로 채워지고 긍휼로 채워지고 평강으로 채워집니다. 이런 사람들이 바로 하나님을 그리고 하나님의 아들이신 예수님을 닮아가는 사람들입니다. 바울은 자신의 제자 디모데가 이런 은혜가 함께하는, 이런 은혜로 채워진 제자가 되기를 소원하고 축복하는 것입니다.

2. 하나님의 말씀으로 선한 싸움을 싸워야 합니다.

18절 말씀을 같이 읽겠습니다. "아들 디모데야 내가 네게 이 교훈으로써 명하노니 전에 너를 지도한 예언을 따라 그것으로 선한 싸움을 싸우며." 아마도 디모데가 장로들의 모임에서 선교사로 그리고 지도자로 안수받을 때(딤후 1:6, 그러므로 내가 나의 안수함으로 네 속에 있는 하나님의 은사를 다시 불일듯 하게 하기 위하여) 그가 받은 어떤 예언의 말씀이 있었을 것입니다. 그 말씀을 잊지 말고 그 말씀을 붙들고 선한 싸움을 싸워 나가라고 지금 바울은 권면하는 것입니다. 마치 결혼 주례자가 신랑 신부에게 그때 결혼식에서 주었던 지도의 말씀을 잊지 말아 달라고 교훈하듯 말입니다. 성경 말씀의 다른 별명이 예언의 말씀입니다. 사도 베드로는 베드로후서 1장 19절에서 "또 우리에게는 더 확실한 예언이 있어 어두운 데를 비추는 등불과 같으니"라고 하며 그다음 절 20절에서 성경의 모든 예언을 주의하고 주목하라고 말합니다. 그렇습니다. 성경은 오늘 우리가 어떻게 살 것인가를 교훈할 뿐 아니라, 미래를 어떻게 대비하고 살 것인가를 또한 가르칩니다. 그러므로 성경은 예언의 말씀으로 우리의 미래를 설계하고 준비하도록 우리를 돕습니다.

신앙생활은 넓은 의미로 보면 선한 싸움입니다. 우리가 하나님을 믿고 인생의 발걸음을 옮기는 순간부터 하나님의 대적 마귀와 그의 부림을 받는 악한 영들의 공격이 시작되고 전쟁이 시작되기 때문입니다. 그래서 바울은 에베소서 6장 12절에서 "우리의 씨름(싸움)은 혈과 육을 상대하는 것이 아니요… 하늘에 있는 악의 영들을 상대함이라"고 말합니다. 특별히 마귀 사단은 진리를 왜곡함으로 하나님의 백성들이 진리에서 떠나도록 우리를 미혹하는 것입니다. 그래서 에베소서 6장에 보면 진리로 허리띠를 띠라(엡 6:14)고 말합니다. 성령의 검, 하나님의 말씀으로 무장하라(엡 6:17)고 권면합니다. 바울이 디모데에게 이 디모데전후서 편지를 쓰고 있던 시기에 초대교회에 다가온 미혹운동들로는 율법주의(Legalism), 영지주의(Gnosticism), 신비주의(Mysticism) 등의 거짓 가르침들이 있었습니다. 이런 비진리에서 하나님의 백성들을 지키는 일도 선한 싸움이었던 것입니다. 바울은 믿음의 아들 디모데가 진리의 파수꾼으로 살아주기를 기대한 것입니다.

인생은 싸움터입니다. 누구나 한평생 싸우다 가는 것입니다. 그런데 기왕이면 선한 싸움을 싸우다 갈 수 있다면 얼마나 좋을까요? 하나님의 선한 목적을 붙들고 사는 모든 이들의 인생은 선한 싸움의 삶이 될 수 있습니다. 바울은 디모데에게 쓰는 편지 마지막 장인 디모데후서 4장 7절에서 "나는 선한 싸움을 싸우고 나의 달려갈 길을 마치고 믿음을 지켰으니"라고 고백합니다. 그런데 지금 디모데전서 편지를 시작하며 자신의 제자 디모데도 선한 싸움을 잘 싸워주기를 기대한 것입니다. 자신이 지금까지 선한 싸움을 잘 싸워 온 것처럼 말입니다.

3. 믿음과 착한 양심을 갖고 목자의 삶을 살아야 합니다.

본문 19절의 말씀을 읽습니다. "믿음과 착한 양심을 가지라 어떤 이들은 이 양심을 버렸고 그 믿음에 관하여는 파선하였느니라." 바울은 그가 목자 된 리더십을 발휘하며 살아가기 위한 충고로 여기서 믿음과 착한 양심을 가지고 살 것을 권합니다. 믿음은 우리가 예수 믿고 구원받기 위해서만 필요한 것이 아닙니다. 우리는 계속 날마다의 목양의 마당에서 하나님을 그리고 예수님을 믿고 앞으로 나아가야 합니다. 히브리서 11장 6절의 말씀을 기억하십니까? "믿음이 없이는 하나님을 기쁘시게 하지 못하나니 하나님께 나아가는 자는 반드시 그가 계신 것과 또한 그가 자기를 찾는 자들에게 상 주시는 이심을 믿어야 할지니라." 히브리서 11장이 소개하는 믿음의 영웅들은 이 믿음을 날마다의 삶에서 적용하며 살아간 사람들이었던 것입니다. 어제의 믿음으로 오늘을 승리할 수 없습니다. 오늘의 승리를 위해서는 오늘의 믿음이 필요한 것입니다. 그런데 바울은 믿음과 함께 착한 양심을 강조합니다. 양심은 본래 하나님과 함께 안다는 말의 뜻을 지닙니다. 양심을 통해 하나님은 우리를 인도하시는 것입니다. 그래서 양심은 믿음의 사람들의 나침반이라고 할 수 있습니다.

그런데 양심은 악해질 수도, 죽어서 작동하지 못할 수도 있습니다. 그래서 착한 양심으로 하나님의 음성을 들을 수 있어야 합니다. 신앙인들 중에도, 심지어 신앙의 리더 중에도 어떤 사람은 더 이상 믿음으로 살지 못하고, 어떤 사람은 양심의 소리에 귀를 기울이지 못하게 되는 사람이 있습니다. 바울은 오늘의 본문에서 그런 사람들의 예를 들어 디모데에게 경고를 주고 있습니다. 본문 20절입니다. **"그 가운데 후메내오와 알렉산더가 있으니 내가 사탄에게 내준 것은 그들로 훈계를 받아 신성을 모독하지 못하게 하려 함이라."** 디모데후서 2장 17-18절에 보면 후메내오란 사람은 부활의 진리를 왜곡하여 가르치던 사람이었습니다. 아마도 그리스도인의 육신의 부활을 부정했던 것으로 보여집니다. 우리의 영은 믿을 때 이미 부활했기에 육신의 부활은 기대할 소망이 못된다고 가르쳤던 것입니다. 우리에게서 육체의 부활의 소망을 빼앗아 가는 그릇된 이단을 가르친 것입니다. 알렉산더라는 사람에 대하여는 자세히 알려진바 없지만 그도 신성을 모독하는 가르침으로 그리스도의 교회에 해를 끼치고 있었기에 바울은 그들의 존재를 사단에게 내준바 된 사람들이라고 말합니다. 우리는 이런 이단을 잘 분별하여 믿음을 지키고 양심을 지켜야 합니다.

한 지도자의 믿음의 파선(19절)은 그 배에 함께 탄 많은 사람들에게 악한 영향을 끼칠 수가 있습니다. 그래서 믿음에 파선하고 (부활 진리를 부인함으로) 양심을 버린 자들을 분별하여 성도들을 진리 안에서 잘 보호하고 양육해야 한다고 가르치는 것입니다. 바울 사도는 교회 밖에 있는 사람들이 무엇을 가르치던 상관할 바 아니지만, 후메내오와 알렉산더처럼 교회 내에서 다른 복음을 가르치고 명백한 성경의 진리를 부인할 때 더 많은 성도들을 보호하기 위해 단호한 처리가 필요하다고 일관성 있게 가르칩니다. 예를 들어 고린도전서 5장 13절의 말씀을 보십시오. **"밖에 있는 사람들은 하나님이 심판하시려니와 이 악한 사람**(거짓된 교리와 부도덕한 삶에 빠져 있는 자들)**은 너희 중에서 내쫓으라."** 우리는 모두 진리의 배에 승선하여 한 목적지를 향해 항해하는 군단이 되었습니다. 이 배의 함장은 예수 그리스도이십니다. 오직 그분만을 기쁘시게 하고 그분의 진리의 말씀을 따라 항해하도록 돕는 일, 그것이 바로 목자의 사명입니다. 바울은 믿음의 아들 디모데에게 이 편지로 선한 목자의 사명을 가르치고자 한 것입니다.

2
바른 교훈의 파수꾼이 되라

디모데전서 1장 3-11절

³내가 마게도냐로 갈 때에 너를 권하여 에베소에 머물라 한 것은 어떤 사람들을 명하여 다른 교훈을 가르치지 말며 ⁴신화와 끝없는 족보에 몰두하지 말게 하려 함이라 이런 것은 믿음 안에 있는 하나님의 경륜을 이룸보다 도리어 변론을 내는 것이라 ⁵이 교훈의 목적은 청결한 마음과 선한 양심과 거짓이 없는 믿음에서 나오는 사랑이거늘 ⁶사람들이 이에서 벗어나 헛된 말에 빠져 ⁷율법의 선생이 되려 하나 자기가 말하는 것이나 자기가 확증하는 것도 깨닫지 못하는도다 ⁸그러나 율법은 사람이 그것을 적법하게만 쓰면 선한 것임을 우리는 아노라 ⁹알 것은 이것이니 율법은 옳은 사람을 위하여 세운 것이 아니요 오직 불법한 자와 복종하지 아니하는 자와 경건하지 아니한 자와 죄인과 거룩하지 아니한 자와 망령된 자와 아버지를 죽이는 자와 어머니를 죽이는 자와 살인하는 자며 ¹⁰음행하는 자와 남색하는 자와 인신 매매를 하는 자와 거짓말하는 자와 거짓맹세하는 자와 기타 바른 교훈을 거스르는 자를 위함이니 ¹¹이 교훈은 내게 맡기신 바 복되신 하나님의 영광의 복음을 따름이니라

2
바른 교훈의 파수꾼이 되라

우리가 만일 평범한 교인들에게 "교리가 중요합니까? 삶의 실천이 중요합니까?"라는 질문을 던진다면 틀림없이 더 많은 교인들은 삶의 실천이라고 대답할 것입니다. 그러나 우리가 바울 사도에게 그런 질문을 던진다면 바울은 틀림없이 교리(doctrine)가 더 중요하다고 말할 것입니다. 왜냐하면 교리가 삶을 만들기 때문입니다. 다시 말하면 우리가 무엇을 믿느냐가 어떻게 사느냐를 결정하기 때문입니다. 그래서 바울의 서신서를 읽어보면 그는 언제나 교리를 먼저 강조하고 다음에 교리에 입각한 삶의 실천을 가르칩니다. 그래서 바울은 그의 믿음의 아들이요 승계자인 디모데에게 편지를 시작하며 본문에서도 먼저 그가 앞으로의 목회를 통하여 경계할 다른 교훈 혹은 거짓된 교훈을 지적하면서 바른 교훈을 바르게 가르치는 지도자가 되라고 말합니다. 진리의 파수꾼이 되라는 것입니다.

에스겔 3장 17절에 보면 하나님이 어느 날 에스겔 선지자에게 말씀하십니다. "인자야 내가 너를 이스라엘 족속의 파수꾼으로 세웠으니 너는 내 입의 말을 듣고 나를 대신하여 그들을 깨우치라." 하나님께서 처음 에스겔을 부르시고 그에게 말씀의 대언자로 말씀을 지키는 파수꾼의 사명을 다하라고 명하시는 장면입니다. 바로 그다음 에스겔 3장 18절의 말씀에서 우리는 파수꾼의 사명의 엄중함을 알게 됩니다. "가령 내가 악인에게 말하기를 너는 꼭 죽으리라 할 때에 네가 깨우치지 아니하거나 말로 악인에게 일러서 그의 악한 길을 떠나 생명을 구원하게 하지 아니하면 그 악인은 그의 죄악 중에서 죽으려니와 내가 그의 피 값을 네 손에서 찾을 것이고." 이렇게 엄중한 책임의 자리에 부르심을 받은 사람들이 진리의 파수꾼이었던 것입니다. 그런데 에스겔뿐 아니라 모든 시대를 사는 말씀의 사역자들이 바로 이런 진리의 파수꾼으로 부르심을 받고 있는 것입니다.

바울 사도가 마게도냐로 가면서 제자 디모데를 에베소 교회에 머물게 한 이유, 바로 이런 진리의 파수꾼의 사명을 맡기고자 함이었던 것입니다. 왜냐하면 당시 에베소에는 바울이 에베소 교회를 떠나면서 염려했던 일들이 벌어지고 있었기 때문입니다. 사도행전 20장 29-30절의 말씀을 상기합시다. "내가 떠난 후에 사나운 이리가 여러분에게 들어와서 그 양 떼를 아끼지 아니하며 또한 여러분 중에서도 제자들을 끌어 자기를 따르게 하려고 어그러진 말을 하는 사람들이 일어날 줄을 내가 아노라." 바울의 예언은 적중했습니다. 정확하게 바울이 에베소를 떠난 지 5년이 안되어 그런 거짓된 다른 교훈을 가르치는 자들이 일어난 것입니다. 이제 바울이 디모데에게 부탁하는 말씀은 무엇입니까?

1. 다른 교훈을 경계하라는 말씀입니다.

본문 3-4절의 말씀을 보겠습니다. "내가 마게도냐로 갈 때에 너를 권하여 에베소에 머물라 한 것은 어떤 사람들을 명하여 다른 교훈을 가르치지 말며 신화와 끝없는 족보에 몰두하지 말게 하려 함이라 이런 것은 믿음 안에 있는 하나님의 경륜을 이룸보다 도리어 변론을 내는 것이라." 도대체 무슨 일이 일어난 것입니까? 바울은 이런 다른 교훈을 가르치는 사람들의 정체를 본문 7절에서 이렇게 정의합니다. "율법의 선생이 되려 하나 자기가 말하는 것이나 자기가 확증하는 것도 깨닫지 못하는도다." 일단 이들은 율법의 교사를 자처하고 율법을 가르치고 있었으나 결과적으로 율법을 왜곡하고 있었던 것입니다. 그리고 이미 4절에서 지적한 바와 같이 이들은 이웃들의 삶을 세우고자 함이 아니라 변론을 즐기는 사람들이었던 것입니다. 그들의 가르침의 동기 자체가 그릇되어 있었던 사람들입니다. 바울 사도는 모든 선한 교훈, 바른 교훈의 동기를 5절에서 어떻게 말합니까? "이 교훈의 목적은 청결한 마음과 선한 양심과 거짓이 없는 믿음에서 나오는 사랑이거늘." 여기 모든 말씀을 선포하고 가르치는 사람들의 3대 동기가 지적되고 있습니다. 청결한 마음, 선한 양심 그리고 거짓 없는 믿음, 그리고 궁극적으로 사랑에서 나오는 가르침이어야 한다는 것입니다.

그렇다면 그들의 정체는 무엇입니까? 성경학자들은 대체로 이들을 당시 초대교회에 유행하던 두 가지 사조에 영향을 받은 사람들이었을 것이라고 추정합니다.

1) 영지주의(Gnosticism)입니다.

당시의 영지주의는 육체는 악한 것이고 영만 선한 것이라고 가르치는 이원론적 사상의 뿌리를 갖고 있었습니다. 이런 생각의 결과로 결혼을 금하고 먹지 말아야 할 여러 음식의 규제를 율법적으로 강조하고 금욕주의적 실천을 주장했습니다. 어떤 음식들은 우리의 영혼을 더럽힌다는 생각 때문이었습니다. 바울은 이런 가르침을 4장 3절에서 단호하게 경고합니다. "혼인을 금하고 어떤 음식물은 먹지 말라고 할 터이나 음식물은 하나님이 지으신 바니 믿는 자들과 진리를 아는 자들이 감사함으로 받을 것이니라."

2) 유대적 우화주의(Jewish Allegoricalism)입니다.

유대교의 유산 가운데 우리들 신약 성도들이 이어받을 것은 구약의 율법입니다. 특히 십계명은 율법의 핵심이라고 할 수 있습니다. 우리는 이것을 구약으로 인정하고 신약과 더불어, 아니 신약을 있게 한 하나님의 말씀으로 수용합니다. 그런데 유대인들은 구약의 정경 외에도 랍비들의 전승을 모아둔 《학가다》(Haggadah)라는 책을 중시하는데 이 책에는 신화와 족보에 대한 믿기 어려운 이야기들이 가득합니다. 그리고 천지창조에서 시

내 산 율법을 받기까지의 이야기를 기록한 《희년의 책》(The book of Jubilees)과 《필로의 성경 고대사》(The biblical antiquities of Philo)를 마치 성경처럼 읽는데 여기 역사적 근거가 없는 허황된 이야기들을 진리로 수용하고 있었던 것입니다.

본문 4절과 6절의 경고는 바로 이런 영지주의적 그리고 유대주의적 진리의 왜곡을 바울 사도가 지적하고 있는 말씀이었던 것입니다. 다시 4절을 읽겠습니다. "신화와 끝없는 족보에 몰두하지 말게 하려 함이라. 이런 것은 믿음 안에 있는 하나님의 경륜을 이룸보다 도리어 변론을 내는 것이라." 이어서 6절을 보겠습니다. "사람들이 이에서(청결한 마음, 선한 양심, 거짓이 없는 믿음) 벗어나 헛된 말에 빠져." 그렇습니다. 바울에게는 이런 유대적 우화들이 아무리 흥미 있고 아무리 우리의 상상을 자극한다 하더라도 한마디로 '헛된 말'이었던 것입니다. 여기 사용된 '헛된 말'은 원어에 '마타이올로기아'(mataiologia)로 쓸데없는 무익한 말, 논쟁만 불러일으키는 잡설을 뜻하는 말입니다. 그것은 성경이 아닙니다. 하나님의 말씀이 아닙니다. 궁극적으로 우리를 유익하게 하지 못하는 인간의 꾸며낸 이야기에 불과합니다. 거기에 빠지지 말라는 말입니다. 바울은 이 모든 가르침을 한마디로 다른 교훈이라고 일컫습니다.

2. 바른 교훈을 가르치라는 말씀입니다.

본문 10절에서 바울 사도는 지금까지 열거한 다른 교훈을 가르치는 자들을 한마디로 '바른 교훈을 거스르는 자들'이라고 말합니다. 이제 중요한 것은 무엇입니까? 물론 바른 교훈을 가르치는 일입니다. 그러면 성경에서의 바른 교훈이 무엇일까요? 구약과 신약입니다. 그것을 다른 말로 하면 율법과 복음입니다. 구약, 곧 옛 언약에서 가장 중요한 것은 율법입니다. 그러나 신약, 곧 새 언약에서 가장 중요한 것은 복음입니다. 그러므로 우리가 구약과 신약을 신앙의 근거로 삼고 예수님을 따르는 사람들이라면, 우리가 바른 신앙을 갖기 위해서 가장 중요한 것은 율법과 복음의 관계를 이해하는 것입니다. 자, 우선 우리가 신약 중 바울의 대표 저서인 로마서와 갈라디아서를 읽어보면 바울이 지속적으로 강조하는 진리, 무엇입니까? 그것은 율법을 지키고자 하는 행위로는 구원을 얻을 수가 없다는 것입니다. 오직 십자가에서 우리를 위해 죽으시고 우리를 위해 다시 사신 예수 그리스도만을 구주와 주님으로 믿을 때 우리는 의롭다 함을 얻고 구원을 받는다고 가르칩니다. 그것이 바로 복음입니다.

그렇다면 우리에게 더 이상 율법은 필요 없는 것일까요? 그렇게 믿는 사람들을 신학에서는 율법폐기론자 혹은 무율법주의자라고 말합니다. 복음주의 기독교는 대체로 이런 율법폐기론이나 무율법주의를 거부합니다. 율법을 지켜 구원받을 수 없음에도 율법은 여전히 오늘 우리에게 필요하다는 것입니다. 그것을 바울은 오늘의 본문에서도 역설합니다. 우선 8절 말씀을 보겠습니다. "그러나 율법은 사람이 그것을 적법하게만 쓰면 선한 것임을 우리는 아노라." 여기서 바울은 율법은 선한 것이라고 말합니다. 로마서 7장 12절에서는 이렇게 말합니다. "이로 보건대 율법은 거룩하고 계명도 거룩하고 의로우며 선하도다." 율법은 선할 뿐 아니라 거룩하고 의로운 하나님의 법입니다. 문제는 율법이 잘 못된 것이 아니라 율법을 지킬 수 없는 인간의 죄성이 문제인 것입니다. 자, 이어지는 로마서 7장 13절의 말씀을 보십시오. "그런즉 선한 것이 내게 사망이 되었느냐 그럴 수 없느니라 오직 죄가 죄로 드러나기 위하여 선한 그것으로 말미암아 나를 죽게 만들었으니 이는 계명으로 말미암아 죄로 심히 죄 되게 하려 함이라." 로마서 7장 7절에서는 이렇게 표현합니다. "…율법이 탐내지 말라 하지 아니하였더라면 내가 탐심을 알지 못하였으리라." 이렇게 우리의 죄인 됨을 일깨우기 위해서는 아직도 우리에게 율법이 필요하다는 것입니다. 이제 다시 본문으로 돌아와 9-10절 말씀을 보십시오. "알 것은 이것이니 율법은 옳은 사람을 위하여 세운 것이 아니요 오직 불법한 자와 복종하지 아니하는 자와 경건하지 아니한 자와 죄인과 거룩하지 아니한 자와 망령된 자와 아버지를 죽이는 자와 어머니를 죽이는 자와 살인하는 자며 음행하는 자와 남색하는 자와 인신매매를 하는 자와 거짓말하는 자와 거짓맹세하는 자와 기타 바른 교훈을 거스르는 자를 위함이니." 여러분, 이 목록에 등장하는 모든 죄목들은 율법의 핵심인 십계명의 순서와 일치하고 있다는 것을 눈치채셨나요? 불법한 자가 1계명, 경건치 아니한 자가 2계명, 거룩하지 아니한 자가 3계명, 망령된 자가 4계명, 아버지/어머니를 죽이는 자가 5계명, 살인하는 자가 6계명, 음행/남색하는 자가 7계명, 인신매매가 8계명(도둑질), 거짓말하는 자가 9계명, 그리고 기타 바른 교훈을 거스르는 자가 10계명에 해당한다고 할 수 있습니다. 그렇습니다. 우리의 죄를 죄로 깨닫기 위해서도 율법은 필요합니다.

하지만 율법의 필요는 거기에서 멈추지 않습니다. 우리의 죄를 깨우치기 위해서도 율법이 우리에게 필요할 뿐 아니라 한 걸음 더 나아가 율법은 이런 죄에서 우리를 건져내실 구원자는 오직 그리스도뿐인 것을 알게 합니다. 이제 바울이 갈라디아서 3장 24절에서 가르치는 진리에 귀를 기울여 보십시오. "이같이 율법이 우리를 그리스도께로 인도하는 초등교사(몽학선생)가 되어 우리로 하여금 믿음으로 말미암아 의롭다 함을 얻게 하려 함이라." 유진 피터슨은 메시지 성경에서 이 대목을 이렇게 번역합니다. "율법은 여러분이 잘 아시는 그리스의 가정교사와 같습니다. 아이들을 학교까지 바래다주고 아이들이 위험에 빠지거나 산만해지지 않도록 지켜주고 목적지까지 안전하게 도착하도록 도와주는 가정교사 말입니다." 그러면 우리의 목적지가 되시는 그리스도를 만난 사람들에게 더 이상 율법은 필요 없는 것일까요? 아무도 율법을 지켜서 하나님 앞에 의롭다 함을 얻을 사람은 없지만 이제 의롭다 함을 얻고 구원받은 사람들에게 율법은 다시 우리의 울타리가 되고 신호등이 되어 우릴 지키는 것입니다. 교통법규는 이런 법을 어길 사람들에게 경고로 필요하지만, 선량한 시민들에게도 필요한 것입니다.

따라서 복음과 율법은 항상 대립된다고 할 수 없습니다. 복음으로 구원받은 사람들에게는 율법이 요구하는 윤리적이고 도덕적인 삶이 결과적으로 따라오기 때문입니다. 또 반대로 우리가 율법의 선한 교훈을 따라 산다는 것은 복음을 수용하고 받아들인 사람들의 자연스럽고 당연한 삶의 모습이라고 할 수 있는 것입니다. 그것이 바른 교훈을 따라 사는 삶의 모습입니다. 바른 교훈에 입각한 삶의 모습은 곧 바른 복음을 수용한 결과인 것입니다. 복음의 교리가 우리 삶의 뿌리와 같다면 바른 교훈에 입각한 삶은 복음의 열매라고 할 수가 있습니다. 본문 마지막 절에서 바울은 그것을 디모데에게 강조합니다. 11절입니다. "**이 교훈은 내게 맡기신 바 복되신 하나님의 영광의 복음을 따름이니라.**" 아멘이십니까? 스승 바울은 제자 디모데가 바른 영광의 복음을 전하고 이 복음에 입각한 바른 교훈으로 윤리적 인생을 가르치는 참된 목자가 되기를 기대하고 있는 것입니다. 우리도 이런 기대 속에 오늘을 살아가고 있는 것일까요?

3
우리가 감사하는 이유

디모데전서 1장 12-17절

¹²나를 능하게 하신 그리스도 예수 우리 주께 내가 감사함은 나를 충성되이 여겨 내게 직분을 맡기심이니 ¹³내가 전에는 비방자요 박해자요 폭행자였으나 도리어 긍휼을 입은 것은 내가 믿지 아니할 때에 알지 못하고 행하였음이라 ¹⁴우리 주의 은혜가 그리스도 예수 안에 있는 믿음과 사랑과 함께 넘치도록 풍성하였도다 ¹⁵ 미쁘다 모든 사람이 받을 만한 이 말이여 그리스도 예수께서 죄인을 구원하시려 고 세상에 임하셨다 하였도다 죄인 중에 내가 괴수니라 ¹⁶그러나 내가 긍휼을 입 은 까닭은 예수 그리스도께서 내게 먼저 일체 오래 참으심을 보이사 후에 주를 믿어 영생 얻는 자들에게 본이 되게 하려 하심이라 ¹⁷영원하신 왕 곧 썩지 아니하 고 보이지 아니하고 홀로 하나이신 하나님께 존귀와 영광이 영원무궁하도록 있 을지어다 아멘

3
우리가 감사하는 이유

요즘 수술 효과나 어떤 약의 효용을 홍보하는 방식으로 등장하는 것이 Before(전)와 After(후)를 비교하여 선전하는 사진들입니다. 그런데 오래전 이미 바울 사도는 그런 방식으로 자신에게 일어난 삶의 변화를 소개하고자 했습니다. 사실 이것은 비단 바울만이 아닌 그리스도를 만난 모든 사람에게도 동일하게 인생의 BC와 AD가 생겨나고 그에 따른 간증이 고백됩니다. 본래 BC와 AD는 'Before Christ'(그리스도 이전)와 'Anno Domini'(In the Year of Our Lord), '주 안에 살게 된 해'를 뜻하는 말입니다. 따라서 BC와 AD는 예수께서 역사의 한 시점에 들어오시자 역사는 그 이전과 그 이후로 변화의 전기를 맞이하게 된 것을 증언하는 역사적 증거인 것입니다. 그런데 이것은 한 사람의 인생 안에 그리스도가 오시게 되면 그에게도 역사적 전기가 형성되는 것입니다. 그러나 After가 아닌 Anno(in, ~안에)라는 라틴어를 사용하는 이유는 예수 그리스도를 만난 사람들은 단순히 주님 이후의 삶이 아닌 '주님 안에서의' 새로운 삶을 살아가기 때문이라고 우리는 해석해야 할 것입니다. 바울은 사도행전에서 세 차례나 자기 간증의 기회에서 그리스도 이전에 어떤 인생을 살았고 그리스도를 어떻게 만났으며 이제 그리스도 안에서 어떻게 변화된 삶을 살게 되었는지를 공개적으로 고백하고 있습니다. 그런데 오늘의 본문에서도 바울은 자신의 믿음의 승계자인 디모데에게 보내는 편지의 서두에서 자신의 삶을 그런 간증 형식으로 간략하게 고백합니다.

그런데 그 고백은 감사로 시작됩니다. 12절의 시작을 보십시오. "나를 능하게 하신 그리스도 예수 우리 주께 내가 감사함은….." 인생을 살아가며 우리가 감사할 많은 감사의 제목들이 있을 수 있지만 그리스도인들에게는 예수를 그리스도로 만나 그를 믿게 된 것보다 더 큰 감사가 있을 수 없습니다. 아멘이십니까? 우리가 구원받은 것보다 더 큰 감사가 어디에 있겠습니까? 그러나 그런 감사의 이유를 절감하기 위해서는 먼저 예수를 만나기 전의 삶을 돌아보아야 할 것입니다. 그렇습니다. 바울 사도의 가장 큰 감사의 이유, 또한 동일하게 예수를 그리스도로, 주님으로 믿는 우리의 감사의 이유, 무엇 때문입니까?

1. 주를 만나기 전을 돌아보기 때문입니다.

주를 만나기 전 바울은 어떤 사람이었습니까? 바울 자신의 고백을 들어보십시오. 13절입니다. "내가 전에는 비방자요 박해자요 폭행자였으나 도리어 긍휼을 입은 것은 내가 믿지 아니할 때에 알지 못하고 행하였음이라." 그가 예수님을 알지 못하고 살던 때의 자기의 모습을 세 가지 단어로 묘사하고 있습니다. 비방자요, 박해자요, 폭행자였다고 말합니다. 이 세 단어는 상승적 의미를 갖고 있습니다. 비방은 모독적인 언어를 뜻하고 박해는 그리스도인들을 체포하고 옥에 가두는 등의 모독적 행동을 뜻하고 폭행은 고문 등으로 해를 끼치는 결과를 의미합니다. 그런데 그렇게 한 이유가 예수님을 믿지 않았기 때문에 자신이 무슨 의도로 행동하는지도 모르고 했다는 것입니다. 사도행전 9장 1-2절을 보십시오. 우리는 그가 사울이라는 이름으로 불리우던 시절 그가 행한 비방과 박해, 그리고 폭행의 진실을 엿보게 됩니다. "사울이 주의 제자들에 대하여 여전히 위협과 살기가 등등하여 대제사장에게 가서 다메섹 여러 회당에 가져갈 공문을 청하니 이는 만일 그 도를 따르는 사람을 만나면 남녀를 막론하고 결박하여 예루살렘으로 잡아오려 함이라." 여기서 우리는 그가 예수 만나기 전에 예수 믿는 사람들에 대하여 어떤 행동을 하고 있었는지 짐작할 만하지 않습니까? 그래서 오늘의 본문 15절에서 그는 자신이 죄인 중에도 괴수였다고 고백합니다. 그리고 이 고백은 후일 역사를 통해서 나는 꽤 괜찮은 사람이라고 생각하고 인생을 살아온 수많은 사람들에게 동일한 고백을 하게 합니다. 우리 모두 우리 인생의 BC에 바울과 다를 바 없는 삶을 살고 있었기 때문입니다.

우리가 잘 아는 《천로역정》의 저자 존 번연(John Bunyan)이 베드포드 시의 존 기퍼드 목사가 이끄는 교회에 입교하기 위해서는 공개적인 간증이 필요했습니다. 그날 그의 간증을 기초로 그가 어떻게 회심했는지를 고백하는 책 한 권이 출판되면서 번연은 이 책의 제목을 《죄인의 괴수에게 넘치는 은혜》(Grace abounding to the chief of sinners, 국문판 CH 북스)라고 정했습니다. 바울의 고백을 따른 것이라고 할 수 있습니다. 그리고 이 책에서 그는 예수 믿기 전에 쉽게 욕하고 거짓말하고 하나님의 거룩한 이름을 모독했던 죄들을 고백합니다. 자신은 경건하지 않은 생활을 하며 몰려다니는 친구들의 두목이었다고 말합니다. 그가 이런 죄악 속에 살아갈 때 잠자리에서도 사악한 영들의 공격으로 밤을 지새우는 날이 많았고 지옥불의 끔찍한 고통으로 밤이나 낮이나 두려워 떨었다고 고백합니다. 불길처럼 타오르는 정욕의 노예가 된 자신의 모습이 공개된다면 자신은 세상 모든 사람 앞에서 수치와 망신을 당해 마땅한 죄인의 괴수였다고 고백합니다. 그랬던 그가 불후의 신앙의 명작 《천로역정》을 쓰게 된 것입니다. 어찌 감사할 일이 아닌가요? 존 번연처럼 본문에서 바울이 감사하는 또 다른 이유는 무엇입니까?

2. 우리에게 임한 은혜와 긍휼 때문입니다.

본문 13절에서의 바울의 고백을 다시 보십시오. "내가 전에는 비방자요 박해자요 폭행자였으나 도리어 긍휼을 입은 것은 내가 믿지 아니할 때에 알지 못하고 행하였음이라." 비방자요 박해자요 폭행자인 자신을 주께서 긍휼히 여겨 주셨다고 고백합니다.

다음 절 14절을 보십시오. "우리 주의 은혜가 그리스도 예수 안에 있는 믿음과 사랑과 함께 넘치도록 풍성하였도다." 그가 주께 긍휼히 여김을 받을 수 있었던 것은 또한 주의 은혜가 임한 까닭이라고 말합니다. 16절의 고백을 다시 읽어 보십시오. "그러나 내가 긍휼을 입은 까닭은 예수 그리스도께서 내게 먼저 일체 오래 참으심을 보이사 후에 주를 믿어 영생 얻는 자들에게 본이 되게 하려 하심이라." 되풀이 되는 바울의 고백의 핵심은 무엇입니까? 주의 은혜와 긍휼이 자신에게 임하였기 때문에 오늘의 바울이 될 수 있었다는 것이 아닙니까? 다시 존 번연의 고백을 들어보시겠습니까? 한번은 바닷물이 드나드는 샛강에서 죽을 뻔도 했고, 배를 타고 가다가 베드포드 강가에 빠져 목숨을 건졌는데 모두 하나님의 긍휼 때문이었다고 고백합니다. 친구들과 들판에서 돌아다니다가 독이 많은 살무사에게 죽을 뻔한 적도 있었고 군대에서 병사로 근무하다가 보초를 대신하고자 친구를 보냈는데 그가 머리에 총탄을 맞고 죽는 것을 보고 하나님의 은혜와 긍휼을 경험했다고 고백합니다. 결혼하고 교회에 출석하면서도 춤추는 재미에 빠져 헤어 나오지 못한 적이 있었는데, 결국 "내 은혜가 네게 족하도다"(고후 12:9)는 말씀과 "내게 오는 자는 내가 결코 내쫓지 아니하리라"(요 6:37)는 말씀을 붙들고 그는 일어서서 믿음의 사람으로 성장해 갑니다. 그는 자신이 예수를 만나고 믿은 후에도 타락하기도 했고 때로 예수를 욕되게 하기도 했지만 자신이 스스로의 신앙고백을 부인할 정도로 타락하지 않고 드러내놓고 예수님을 욕되게 하지 않았음도 하나님의 은혜요 긍휼 때문이라고 고백합니다.

본문 15절의 고백은 바울 사도가 진리 안에 굳게 서기까지 묵상하고 또 묵상했던 진리의 말씀이었습니다. 동일한 말씀을 존 번연도 붙들고 묵상하고 또 묵상하면서 마침내 굳게 믿음 안에 설 수가 있었습니다. "**미쁘다 모든 사람이 받을 만한 이 말이여 그리스도 예수께서 죄인을 구원하시려고 세상에 임하셨다 하였도다 죄인 중에 내가 괴수니라.**" 그는 여기서 보편적으로 모든 사람의 죄인 됨을 말하고 있지만 성령의 지적 앞에서 내가 죄인이라는 것과 그것도 죄인의 괴수라는 개인적 적용을 하고 있는 것입니다. 성령의 빛이 우리 마음과 양심을 꿰뚫어 비칠 때 우리의 사소한 것도 양심의 가책이 되고 우리를 정죄하는 죄악으로 다가옵니다. 소위 역사가 성자로 소개하는 사람들 일수록 이런 자기 죄와의 처절한 싸움의 경험을 갖게 됩니다. 유명한 전도자 무디 (D. L. Moody)가 미국의 한 도시에 전도 집회 인도차 도착했을 때 신문에 그의 과거에 대한 비방기사가 난 것을 스태프가 갖고 와서 그에게 어떤 조처를 할 것인가를 물었을 때 그는 웃으면서 "그만하면 잘 썼네. 나는 그가 아는 것보다 훨씬 더 나쁘고 악한 죄인이었다네. 그냥 놔두고 우리 할 일만 하도록 하세."라고 말했다고 합니다. 은혜와 긍휼이 그를 찾아왔기 때문에 가능한 고백이 아닙니까! 그래서 그들은 감사를 잃지 않았습니다.

3. 섬김의 기회로 주어진 직분 때문입니다.

이런 우리의 수치스런 과거에도 불구하고 하나님은 우리를 용서만 하시는 것이 아니라 우리에게 그분을 섬길 기회를 주신 다는 것입니다. 그것이 본문이 시작되는 12절에서의 바울의 고백입니다. "나를 능하게 하신 그리스도 예수 우리 주께 내가 감사함은 나를 충성되이 여겨 내게 직분을 맡기심이니." 그 직분은 우리가 잘 아는 대로 그가 이방인의 사도가 된 것입니다. 그러나 바울은 그것을 수행한 것이 자신의 능력이라고 말하지 않습니다. '나를 능하게 하신' 주님 때문이라고 말합니다. 그가 또한 자신을 충성되이 여겨 주셨다고 말합니다. 충성되었다고 스스로 말하지 않습니다. 충성스럽지 못했지만 충성되이 여겨 주셨다는 것입니다. 달리 말하면 구원받은 것이 은혜였던 것처럼 직분을 받은 것도 전적으로 은혜였다는 것입니다. 어찌 감사하지 않을 수 있겠습니까?

사도행전 9장 13절에 보면 아나니아가 바울이 과거에 얼마나 그리스도인들에게 해를 끼친 자인 것을 알고도 그를 부르셨냐고 질문한 적이 있습니다. "아나니아가 대답하되 주여 이 사람에 대하여 내가 여러 사람에게 듣사온즉 그가 예루살렘에서 주의 성도에게 적지 않은 해를 끼쳤다 하더니." 그러나 그때 주님의 대답은 확고하셨습니다. 사도행전 9장 15절을 보십시오. "주께서 이르시되 가라 이 사람은 내 이름을 이방인과 임금들과 이스라엘 자손들에게 전하기 위하여 택한 나의 그릇이라." 주님의 부르심과 택하심은 전적으로 그의 주권적 은혜였던 것입니다. 우리를 향한 그의 부르심과 택하심도 마찬가지입니다. 우리는 아무것도 주님 앞에 자랑할 것이 없는 비천한 죄인이었음에도 그는 우리를 용서하시고 그가 쓰시는 그릇으로 사용하고자 하십니다.

구약에 보면 가장 영예롭고 존귀한 직분이 제사장이었습니다. 그런데 그 놀라운 직분을 신약에서는 모든 그리스도인들에게 부여하십니다. 우리 모두가 왕 같은 제사장으로 쓰임 받을 수 있다는 것입니다. 베드로전서 2장 9절 말씀을 읽겠습니다. "그러나 너희는 택하신 족속이요 왕 같은 제사장들이요 거룩한 나라요 그의 소유가 된 백성이니 이는 너희를 어두운 데서 불러 내어 그의 기이한 빛에 들어가게 하신 이의 아름다운 덕을 선포하게 하려 하심이라." 우리의 자격 없음에도 불구하고 이렇게 우리를 불러 제사장 직분을 맡겨 쓰시는 이유가 무엇입니까? 말씀하신 것처럼 오직 주님 예수 그리스도의 아름다운 구원의 은혜와 덕을 선포하게 하려 하심인 것입니다. 아직도 얼마나 많은 사람들이 어둠에 잡혀 살고 있습니까? 그들에게 필요한 오직 한 가지는 빛이신 예수 그리스도이십니다. 그 그리스도를 전하기 위해 주님은 우리의 과거를 보지 않으시고 우리가 얼마나 그리스도를 진지하고 깊이 만나 그리스도의 은혜를 전하기에 합당한가를 보시고 부르시고 택하시는 것입니다.

바울이 그랬고 《천로역정》의 저자 존 번연도 그랬습니다. 바울도 존 번연도 오늘의 목회자들이나 선교사들처럼 모든 것이 갖춰진 상황에서 복음을 전한 것이 아니었습니다. 두 사람 다 감옥을 자기 집처럼 드나들면서 기회가 주어질 때마다 복음을 전한 것입니다. 존 번연의 마지막 사역을 소개해 드립니다. 그의 이웃 중에 아버지와의 관계가 뒤틀려 늘 고민하던 청년이 있었습니다. 이 일(아버지와의 화해)을 번연에게 부탁하자 번연은 멀리 떨어진 버크셔 주, 리딩이라는 곳으로 청년의 아버지를 만나러 마차를 타고 갑니다. 그리고 아들을 향해 격분하고 있던 이 아버지에게 간곡하게 호소하고 설득함으로 아버지의 마음은 누그러집니다. 이런 화해 사역을 마치고 런던으로 오던 중 엄청난 폭우를 만나 비에 온몸이 젖게 됩니다. 그는 이 일로 고열에 시달리게 되고 10일 만에 1688년 60세를 일기로 천성으로 떠나게 됩니다. 한 가정에 화목과 복음을 전하게 된 것을 기뻐하면서 말입니다. 전도자의 특권을 누릴 수 있었던 생애를 감사하며 그는 마지막 순례의 길을 떠납니다. 우리는 어떻게 살고 있을까요?

디 / 모 / 데 / 전 / 후 / 서

4

중보기도 사역의 우선순위

디모데전서 2장 1-7절

[1]그러므로 내가 첫째로 권하노니 모든 사람을 위하여 간구와 기도와 도고와 감사를 하되 [2]임금들과 높은 지위에 있는 모든 사람을 위하여 하라 이는 우리가 모든 경건과 단정함으로 고요하고 평안한 생활을 하려 함이라 [3]이것이 우리 구주 하나님 앞에 선하고 받으실 만한 것이니 [4]하나님은 모든 사람이 구원을 받으며 진리를 아는 데에 이르기를 원하시느니라 [5]하나님은 한 분이시요 또 하나님과 사람 사이에 중보자도 한 분이시니 곧 사람이신 그리스도 예수라 [6]그가 모든 사람을 위하여 자기를 대속물로 주셨으니 기약이 이르러 주신 증거니라 [7]이를 위하여 내가 전파하는 자와 사도로 세움을 입은 것은 참말이요 거짓말이 아니니 믿음과 진리 안에서 내가 이방인의 스승이 되었노라

4
중보기도 사역의 우선순위

제가 담임목사직을 마무리하고 후임목사 청빙을 완료하고 이취임식을 앞두었을 때에 서둘러 한 일 중의 하나는 그동안 매년 목회직을 수행하여 진행한 연중 여러 사역들과 행사들에 대한 목회 매뉴얼을 정리하는 일이었습니다. 그래서 이취임식에서 저는 후임자에게 9권으로 된 목회 매뉴얼을 증정하는 순서를 가질 수 있었습니다. 후임자가 그 매뉴얼을 얼마나 열심히 참고했는지는 잘 모르겠습니다. 그러나 저는 제가 해야 할 일을 하겠다는 마음으로 목회 매뉴얼을 후임자에게 남기기로 한 것입니다. 아마 바울 사도도 에베소 교회 사역을 디모데에게 위임하며 사역에서 어떤 사역이 중요한 우선순위를 가질 것인가를 강조할 필요를 느꼈을 것입니다. 아마 제가 그런 우선순위를 강조했다면 저는 먼저 '설교의 우선순위'를 강조했을 것 같습니다(내가 첫째로 권하노니, 목회자는 무엇보다 설교 준비에 힘써야 하고…). 아니면 '복음 전도의 우선순위'를 강조했을 것 같습니다(내가 첫째로 권하는 바는 교회의 존재이유는 복음 전도이기 때문에 교회적으로 전도 훈련에 무엇보다 준비되어 있어야 합니다).

그런데 바울 사도는 뜻밖에 '중보기도 사역의 우선순위'를 먼저 강조합니다. 본문 1-2절 말씀을 보십시오. "그러므로 내가 첫째로 권하노니 모든 사람을 위하여 간구와 기도와 도고와 감사를 하되 임금들과 높은 지위에 있는 모든 사람을 위하여 하라…." 여기 '첫째로'는 첫째, 둘째, 셋째라고 하는 순서상의 부탁이 아닙니다. 무엇보다 중요한 우선순위를 강조하고자 한 것입니다. 그래서 둘째, 셋째는 나오지 않습니다. 다만 모든 사람을 위한 중보기도 사역이 중요함을 역설합니다. 그중에서도 우리의 삶에 직접적으로 정치, 사회적 영향을 끼치는 지도자들, 임금이나 그 밖에 높은 지위에 있는 사람들을 위하여 기도할 것을 가르칩니다. 여기 1절에 언급된 간구와 기도와 도고와 감사는 모두 기도와 연관된 단어들입니다. 헨드릭슨(William Hendriksen) 같은 주석가는 이 네 개의 단어는 무의미한 반복이 아니라 기술적 차이가 있다고 말합니다. 처음 '간구'는 특정한 제목들에 대한 탄원이고 둘째 '기도'는 보다 일반적인 형태의 아룀이라면 셋째 '도고'는 우리를 대적하는 누군가에 의한 상처를 위한 기도이고 네 번째 '감사'는 우리에게 임한 하나님의 축복들에 대한 응답의 기도라고 말합니다.

우리는 바울 사도가 디모데에게 임금을 위하여 기도하라고 가르칠 때 그 임금이 누구였는가를 주목할 필요가 있습니다. 그는 바로 당시 기독교를 박해하던 로마 제국의 네로(Nero) 황제였습니다. 그렇다면 우리 시대에 우리가 힘써 기도해야 할 중보기도 대상자는 누구이어야 하겠습니까? 우리는 최근에 북의 통치자 김정은을 위하여 혹은 중국의 시진핑을 위하여, 혹은 러시아의 푸틴을 위하여 기도한 일이 있었습니까? 그러면 우리가 그런 통치자들을 위해 중보기도 사역에 힘써야 할 이유는 무엇 때문입니까?

1. 우리 자신을 경건하고 단정하게 만들기 때문입니다.

중보기도는 이웃을 위한 혹은 타인을 위한 기도입니다. 그럼에도 불구하고 이 기도 사역은 기도하는 자신을 유익하게 한다는 것입니다. 본문 2절에 보면 "이는 우리가 모든 경건과 단정함으로" 살아가는 삶을 선물한다는 것입니다. 먼저 여기 등장하는 '경건'이란 단어는 헬라어 '유세베이아'(eusebeia)로, 영어로는 godliness, 혹은 devotion으로 번역되는데 하나님을 향한 헌신의 태도를 뜻하는 말입니다. 그리고 '단정'은 헬라어 '셈노테스'(semnotes)로, 영어로는 dignity, 혹은 seriousness로 번역되는데 자신을 진지하게 단장하는 태도를 의미합니다. 한마디로 말하면 경건과 단정은 '하나님을 향한 바른 태도와 자신을 향한 바른 태도'를 뜻하는 말입니다. 중보기도하면서 우리는 하나님께 바르게 헌신하게 되고 그리고 자신을 바르게 다스리게 된다는 것입니다. 얼마나 놀라운 축복입니까?

우리는 중보기도하면서 역사의 주인 되신 하나님의 이름을 부르며 그에게 가까이 나아옵니다. 여기 중보기도의 대상자들이 누구입니까? 이 땅의 임금들과 높은 지위에 있는 모든 사람들입니다. 다시 말하면 그들은 우리네 역사와 삶을 만들고 영향을 끼치는 결정권자들입니다. 그러나 그들은 그들보다 더 높은 권위자이신 하나님의 권위 아래 있는 자들입니다. 우리가 하나님께 이런 정치적, 사회적 지도자들을 위하여 기도한다는 것은 우리의 궁극적 삶의 권위자가 하나님이신 것을 믿고 고백하는 것입니다. 그분은 진실로 왕 중의 왕이시고 만주의 주이십니다. 잠언 21장 1절의 말씀을 보십시오. **"왕의 마음이 여호와의 손에 있음이 마치 봇물과 같아서 그가 임의로 인도하시느니라."** 김정은의 마음도 시진핑의 마음도 푸틴의 마음도 그분의 손안에 있다면 우리가 이런 권세자들을 진정한 권세의 원천되시는 여호와 하나님에게 의탁함이 마땅하지 않겠습니까? 그때 그런 기도는 우리를 경건한 하나님의 사람으로 만들어 가는 것입니다.

우리의 중보의 시간이 많을수록 하나님은 그런 기도자들을 귀히 보시고 축복하십니다. 그것이 바로 인격적 단정으로 단장하는 축복입니다. 오늘 우리 시대의 중보기도 운동을 불러일으킨 효시가 된 것은 독일 시골의 작은 모라비안 헤른후트(Herrnhut, 주님의 망대)공동체였습니다. 우리 교회에서도 이 교회를 방문한 일이 있습니다. 아주 소박한 시골교회입니다만 1722년 8월 13일 헤른후트 모리비안 공동체가 오순절 부흥을 경험합니다. 그 후 모라비안들은 하루 세 번씩 소그룹으로 기도를 시작합니다. 이 공동체는 이후 24시간 연속되는 기도를 100년간 지속하게 됩니다. 초기에 남자 24명, 여자 24명이 헌신하여 각각 1시간씩 24시간 기도를 하다가 조금 후에 기도 헌신자가 77명으로 불어납니다. 이 공동체는 종교개혁 이후 세상에서 서로를 돌아보고 격려하는 가장 경건하고 아름다운 공동체로 세워집니다. 무엇이 이들을 이렇게 존귀한 사람들로 만들었을까요? 그 대답은 중보기도 사역입니다.

2. 우리의 삶을 고요하고 평안하게 하기 때문입니다.

중보기도의 다음 유익은 우리의 삶을 고요하고 평안하게 한다는 것입니다. 여기 고요하다는 말은 원어에 '에레모스'(eremos)로 외적으로 한적한 환경을 뜻하는 말입니다. 반면에 평안하다는 말은 원어에 '헤쉬키오스'(hesuikios)로 내적인 평안의 질서를 뜻하는 말입니다. 그러니까 우리가 중보기도에 힘써야 할 이유는 우리가 외적으로 고요한 환경 그리고 내적으로 평안한 질서를 누리는 생활을 하기 위해서입니다. 사랑하는 여러분, 우리가 살고 있는 오늘의 세상은 어떻습니까? 한마디로 시끄럽고 불안한 세상 아닙니까? 어떻게 이런 세상을 바꿀 수 있을까요? 고요하고 평안한 세상으로 말입니다. 세상의 변화는 사실 사람들의 마음속의 변화로부터 시작되어야 합니다. 세상을 만들어가는 사람들의 변화 없이 세상이 변할 수 있겠습니까? 오늘날 세상에서 가장 시끄러운 곳은 우리 마음일지 모릅니다. 기도가 우리 삶을 바꿀 수 있다고 믿는 이유는 기도가 우리의 영혼을 하나님에게

접목시키기 때문입니다. 우리가 "하나님이시여!"하고 그 이름을 부르는 순간 우리의 영은 하나님의 영으로 이끄심을 받습니다.

시편 62편 1절을 기억하십니까? "나의 영혼이 잠잠히 하나님만 바람이여 나의 구원이 그에게서 나오는도다." 우리는 시편 62편 3절에서 시편기자가 이런 고백을 하게 된 세상의 상황을 대하게 됩니다. "넘어지는 담과 흔들리는 울타리 같이 사람을 죽이려고 너희가 일제히 공격하기를 언제까지 하려느냐." 이런 세상에서 기도로 하나님에게 나아가 드리는 고백을 시편 62편 2절에서 다시 보십시오. "오직 그만이 나의 반석이시요 나의 구원이시요 나의 요새이시니 내가 크게 흔들리지 아니하리로다." 그러나 이런 고요함 이런 평안을 궁극적으로 우리에게 선물로 주시고자 하나님은 그의 아들 예수 그리스도를 세상에 보내십니다. 그분의 별명 임마누엘을 기억하십니까? '하나님이 우리와 함께 계시다' 입니다. 그가 아기의 모습으로 이 땅에 오시던 날 하늘의 천사들이 부른 노래를 기억하십니까? 누가복음 2장 14절입니다. "지극히 높은 곳에서는 하나님께 영광이요 땅에서는 하나님이 기뻐하신 사람들 중에 평화로다⋯."

이 하나님의 아들 예수를 구주로 영접한 사람들이 부를 수 있는 세상의 가장 아름다운 노래, 무엇이라 생각하십니까? 이 노래는 성가일 뿐만 아니라 유네스코 지정 인류 무형문화유산입니다. 이 노래의 탄생지는 오스트리아 잘츠부르크에서 20km 떨어진 작은 마을 오베른도르프(Oberndorf)였습니다. 이 마을은 잘 자흐 강가에 자리 잡고 있었는데 우기마다 범람하여 마을이 큰 피해를 입곤 했습니다. 이 마을의 젊은 사제 요제프 모어(Joseph Mohr)가 이 홍수로 범람하는 마을을 바라보며 마을 사람들의 평화를 기도하다가 시 한 편을 써내려가게 됩니다. 그리고 음악 선생인 친구 그루버(Franz Gruber) 선생에게 보냈다고 합니다. 그루버 선생은 이 가사에 감동을 받고 작곡을 하게 됩니다. 그때 교회 오르간이 홍수로 고장난 것을 안 그루버 선생은 기타 연주곡으로 곡을 만들어 1818년 12월 24일 밤 처음으로 이 노래를 연주합니다. 이 노래가 바로 〈고요한 밤, 거룩한 밤〉입니다. 지금이야말로 이 노래가 가르치는 고요와 거룩, 그리고 평화가 필요한 때가 아닙니까? 한 사제의 중보기도가 낳은 이 아름다운 노래가 우리의 기도가 되기를 빕니다.

3. 모든 이방 사람을 구원의 길로 인도하기 때문입니다.

중보기도의 가장 거룩한 목적은 인류를 구원의 길로 인도하고자 함인 것입니다. 본문 3절에 보면 경건과 단정함 그리고 고요와 평안한 삶을 위해 우리가 기도함은 하나님이 받으시는 선한 일이라고 말합니다. "이것이 우리 구주 하나님 앞에 선하고 받으실 만한 것이니." 그러나 우리의 중보는 단순히 우리를 둘러싼 환경과 우리의 내적 평화만을 위한 것이 아닙니다. 이어지는 본문 4절을 보십시오. "하나님은 모든 사람이 구원을 받으며 진리를 아는 데에 이르기를 원하시느니라." 그리고 이렇게 사람들이 구원을 경험하기 위해서는 무엇보다 하나님과 인간 사이에 유일한 중보자이신 예수 그리스도를 알게 되도록 기도해야 합니다. 5-6절을 보십시오. "하나님은 한 분이시요 또 하나님과 사람 사이에 중보자도 한 분이시니 곧 사람이신 그리스도 예수라 그가 모든 사람을 위하여 자기를 대속물로 주셨으니 기약이 이르러 주신 증거니라."

바울이 중보의 기도를 쉬지 않은 이유, 인류의 구원이었습니다. 우리 시대 복음주의의 스승 존 스토트(John Stott)는 한 번은 지방에 가서 교회 예배에 출석하게 되었는데, 전체 기도시간에 잠깐 휴가 중인 담임목사를 위해 기도하고 이어 교인 중에 아픈 분 두 분을 위해 기도하고 기도시간이 끝나는 것을 보고 안타까운 마음이었다고 합니다. 거기 인류나 잃어버린 영혼들을 위한 중보가 없었기 때문이었습니다. 바울의 심정이 7절에 기록되지 않습니까? "이를 위하여 내가 전파하는 자와 사도로 세움을 입은 것은 참말이요 거짓말이 아니니 믿음과 진리 안에서 내가 이방인의 스승이 되었노라." 바울이 중보기도하고 자신의 모든 것을 던져 전 세계로 나아가 복음을 전한 이유, 바로 이방인들의 구원을 위함이었던 것입니다. 우리의 중보가 이것을 망각한다면 예수님이 이 땅에 오신 이유를 망각하는 것입니다.

설교의 첫 대목에 언급한 독일 작센 주의 헤른후트 공동체의 리더는 자신의 소유지를 공동체의 영지로 내어놓은 진젠도르프(Nicolaus Zinzendorf) 백작이었습니다. 그의 고백을 들어보십시오. "교회의 기초는 신조가 아니라 경건에 있다. 나에게는 단 한 가지 열망밖에 없다. 그것은 예수 오직 예수뿐이다." 진젠도르프는 기도 탑에서 인류의 구원을 중보하며 이런 열망 그대로 예수 그리스도를 전 세계에 전하기 위한 선교를 실천에 옮기게 됩니다. 1732년 최초의 선교사가 카리브해로 떠나 섬의 흑인들을 섬기게 되었고, 두 번째 선교사는 북극해 그린란드로 파송되어 에스키모인들을 섬기게 됩니다. 1734년 파송된 버진 열도의 세인트크로이 섬에서는 5년 동안 10명의 순교자가 나옵니다. 이 작은 공동체에서 1737년 56명의 선교사가 파송되고, 진젠도르프가 살아있던 1760년까지 이 공동체는 28년간 226명의 선교사들을 파송합니다. 그로부터 200년이 지난 1930년까지 이 공동체를 통해 파송된 선교사는 3천 명에 달했습니다. 이 공동체의 영향을 받은 존 웨슬리(John Wesley)는 전 세계의 영적 대각성을 주도하였고, 현대 선교의 아버지 윌리엄 캐리(William Carrey)의 위대한 인도 선교와 세계 선교가 시작되었습니다. 독일의 시골 작은 마을의 공동체가 세계에 끼친 위대한 영향이었습니다. 중보기도는 복음 사역의 우선순위입니다.

5
남성과 여성의 구별된 사역

디모데전서 2장 8-15절

[8]그러므로 각처에서 남자들이 분노와 다툼이 없이 거룩한 손을 들어 기도하기를 원하노라 [9]또 이와 같이 여자들도 단정하게 옷을 입으며 소박함과 정절로써 자기를 단장하고 땋은 머리와 금이나 진주나 값진 옷으로 하지 말고 [10]오직 선행으로 하기를 원하노라 이것이 하나님을 경외한다 하는 자들에게 마땅한 것이니라 [11]여자는 일체 순종함으로 조용히 배우라 [12]여자가 가르치는 것과 남자를 주관하는 것을 허락하지 아니하노니 오직 조용할지니라 [13]이는 아담이 먼저 지음을 받고 하와가 그 후며 [14]아담이 속은 것이 아니고 여자가 속아 죄에 빠졌음이라 [15]그러나 여자들이 만일 정숙함으로써 믿음과 사랑과 거룩함에 거하면 그의 해산함으로 구원을 얻으리라

5
남성과 여성의 구별된 사역

아마 이번 장의 설교 제목 자체에 이의를 제기할 상당한 분들이 계실지 모릅니다. 지금이 어떤 시대인데 남성과 여성의 구별을 말하느냐고 말입니다. 그렇습니다. 저는 이 장에서 남성과 여성의 구별된 사역의 성경적 지침을 함께 묵상하고자 합니다. 그러나 구별이 차별이 아닌 것을 먼저 기억했으면 합니다. 저는 기독교의 복음이 남성과 여성의 차별을 극복하게 한 가장 중요한 역사적 요인이라고 믿는 사람입니다. 사도 바울의 갈라디아서 3장 28절의 말씀이 근대에서 현대로 넘어오는 역사적 지평에서 여성 해방을 촉진한 말씀으로 믿고 있습니다. "너희는 유대인이나 헬라인이나 종이나 자유인이나 남자나 여자나 다 그리스도 예수 안에서 하나이니라." 이런 말씀이 우리 시대 남성과 여성의 차별의 벽을 넘어서게 한 진리의 메시지였습니다. 그러나 그럼에도 불구하고 우리는 차별과 구별이 다르다는 것을 이해할 필요가 있습니다. 우리는 차별을 극복해야 하지만 구별을 수용할 필요가 있습니다.

왜냐하면 하나님이 인간을 창조하실 때 구별된 존재로 지으신 까닭입니다. 이 구별을 배척하려는 것이 오늘 우리 시대의 문화적 혼란의 원인이 되고 있습니다. 정말 남성과 여성의 구별의 필요가 없었다면 남성과 여성을 육체적으로 다르게 지으실 이유가 있었을까요? 오늘 본문 13절의 말씀처럼 창조주 하나님은 남성 아담을 먼저 지으시고 그 후에 여성 하와를 지으셨습니다(딤전 2:13, 이는 아담이 먼저 지음을 받고 하와가 그 후며). 창조주 하나님은 남성만으로 완성될 수 없는 세상을 여성의 창조로 완성하고자 하신 것입니다. 그러니까 남성과 여성의 창조에는 분명 구별된 창조의 목적이 있었던 것으로 보아야 합니다. 오늘 본문이 시작되는 8절에는 "그러므로 각처에서(in every place)"라는 말씀으로 화두를 열고 있습니다. 그런데 본문의 배경을 이루는 디모데전서 2장과 3장을 보면 우선적으로 여기 각처는 가정과 교회를 의미하고 있습니다. 더 나아가 사회까지 포함한다고 할 수 있습니다. 그러면 가정과 교회, 그리고 우리 사회에서 본문이 가르치는 남성과 여성의 구별된 사역은 무엇이어야 합니까?

1. 남성의 주된 사역은 기도를 통한 리더십 사역입니다.

본문 8절을 다시 읽습니다. "그러므로 각처에서 남자들이 분노와 다툼이 없이 거룩한 손을 들어 기도하기를 원하노라." 저는 이 말씀을 남성들의 기도를 통한 리더십 사역을 가르친 말씀으로 생각합니다. 저는 하나님께서 남성들을 지으실 때 그들에게 리더십을 기대하셨다고 믿습니다. 에베소서 5장 23절의 말씀을 보겠습니다. "이는 남편이 아내의 머리 됨이 그리스도께서 교회의 머리 됨과 같음이니 그가 바로 몸의 구주시니라." 여기 '머리'는 몸을 향한 명령이 지시되는 원천적 역할을 상징합니다. 머리는 바로 리더십의 상징입니다. 그렇다고 저는 여성들이 리더십의 자리에서 전혀 배제된다고 생각하지는 않습니다. 구약시대의 사사시대에도 하나님은 드보라 같은 여 사사를 지도자로 세우시기도 하셨습니다. 그러나 어디까지나 그것은 예외적인 조처였습니다. 하나님은 일반적으로 가정이나 교회에서 그리고 사회에서도 남성들에게 리더십을 기대하시기 때문에 남성에게 여성보다 강인한 육체적 힘을 주셨다고 믿습니다. 그 힘으로 여성을 보호하고 가정과 교회를 이끌어가라고 말입니다.

그러나 하나님은 남성의 힘이 쉽게 폭력으로 변할 수 있는 위험을 아셨습니다. 그래서 남성이 리더십을 발휘하는 통로가 육체적 힘이 아닌 기도가 되기를 원하셨습니다. 기도로 가정과 교회를 보호하는 리더십을 발휘하기를 기대하신 것입니다. 그러나 그 기도가 더욱 강력한 힘을 발휘하기 위해서 기도의 응답을 방해하는 두 가지, 분노와 다툼을 경계하십니다. 기도하는 이의 마음속에 분노나 다툼의 영이 있으면 그 기도는 하나님을 움직일 수 없습니다. 성경은 "해가 지도록 분을 품지 말고"(엡 4:26)라고 가르치시고 "예물을 제단에 드리려다가 거기서 네 형제에게 원망들을 만한 일이 있는 것이 생각나거든 예물을 제단 앞에 두고 먼저 가서 형제와 화목하고"(마 5:23-24)라고 말씀하십니다. 그렇게 분노와 다툼이 해소될 때 우리의 기도하는 손은 거룩한 손이 될 수 있습니다. 본문 8절을 다시 보면 **"분노와 다툼이 없이 거룩한 손을 들어 기도하기를 원하노라"**고 하셨는데 이제 그 거룩한 손을 들어 기도하라고 부탁하는 것입니다.

구약에 보면 제사장들이 기도할 때 손을 들어 기도합니다. 여기 본문에 남성들이 각처에서 손을 들어 기도하라고 하신 것은 가정의 지도자인 아버지가 가정을 보호하는 제사장으로서 기도하게 하신 것입니다. 가장의 책임은 가정을 보호하는 것입니다. 교회 목자의 책임은 교회를 보호하는 것입니다. 공동체의 리더는 자신의 특권보다 자신의 책임을 더 깊이 느끼는 사람이어야 하는 것입니다. 바울 사도는 남성 지도자들의 책임이 그런 공동체를 보호하는 사명이며 그런 사명은 기도로 수행되어야 한다고 말씀합니다. 지도자도 한계를 지닌 존재이기 때문에 자신의 한계를 초월하여 책임을 수행하려면 그의 손은 전능자 하나님의 손을 붙잡고 있어야 하는 것입니다. 세상에서 가장 거룩하고 아름다운 손, 가정과 교회 그리고 국가 공동체를 지키기 위해 손을 들고 기도하는 리더들의 모습입니다. 일찍 이스라엘 백성이 르비딤 골짜기 광야에서 여호수아가 대장이 되어 군대를 이끌고 아말렉과 싸울 때 최종 지도자 모세는 아론과 훌을 데리고 산꼭대기에 올라 거룩한 손을 들어 기도하지 않았습니까?

2. 여성의 사역은 선행으로 자신을 단장하는 사역입니다.

모든 여성은 창조주의 의도를 따라 남성보다 더 외적인 아름다움을 추구합니다. 세상에서 여성의 아름다움이 사라진다면 세상은 얼마나 삭막해지겠습니까? 단장은 여성의 창조적 본능입니다. 욥기 26장 13절에 보면 하나님이 우주를 창조하실 때 "그의 입김으로 하늘을 맑게 하시고"라고 되어있는데 옛 개역한글 번역을 보면 "그 신으로 하늘을 단장하시고"라고 했습니다. 여기 단장으로 번역된 히브리어 '쉐페르'(shepher)는 '아름답게 하다'라는 뜻입니다. 우주는 아름답게 창조되었습니다. 한 신학자는 우주 창조의 완성은 여성의 창조이었고 그래서 여성은 아름다움을 대표하는 피조물이라고 했습니다. 흥미로운 것은 여성들이 아름다움을 더하기 위해 사용하는 화장품을 영어로 cosmetics라고 하는데 이 말은 본래 '우주 창조의 질서'를 뜻하는 cosmos에서 나온 말입니다. 그래서 화장의 정의는 '얼굴에 창조적 질서를 잡는 작업'입니다. 그런데 종종 화장이 지나치면 그것이 사치한 분장이 될 수 있습니다. 오늘 본문에서 바울 사도는 그것을 경계하고 있는 것입니다. 9절입니다. "또 이와 같이 여자들도 단정하게 옷을 입으며 소박함과 정절로써 자기를 단장하고 땋은 머리와 금이나 진주나 값진 옷으로 하지 말고." 외적인 분장보다 더 중요한 것이 소박함과 정절의 단장이라고 말합니다. 이어서 바울은 여인의 최고의 단장을 말합니다.

10절 말씀입니다. "오직 선행으로 하기를 원하노라 이것이 하나님을 경외한다 하는 자들에게 마땅한 것이니라." 여기 바울은 최고의 단장은 선행의 단장이라고 말합니다. 성경에서 최고의 계명은 하나님 사랑과 이웃 사랑입니다. 그리고 우리의 하나님 사랑은 이웃 사랑으로 표현될 수 있어야 합니다. 그래서 오늘 본문에 하나님을 경외하는 자들에게 합당한 삶의 단장은 이웃에 대한 선행이라고 말하는 것입니다. 히브리서 기자도 히브리서 13장 16절에서 이렇게 말합니다. "오직 선을 행함과 서로 나누어 주기를 잊지 말라 하나님은 이같은 제사를 기뻐하시느니라." 그는 선을 행함과 나눔을 우리가 하나님께 드리는 제사라고 말합니다. 물론 이런 선행은 남녀 모두가 힘써야 할 일입니다. 그러나 여성의 선행은 여성을 더욱 아름답게 하는 단장이라고 말하는 것입니다. 여성이 가정에서 자녀를 아름답게 양육하고, 그가 살고 있는 커뮤니티에서 이웃을 돌아보는 일, 그것이 여성을 더욱 아름답게 하는 사역일 수 있다는 것입니다.

오늘날 우리 사회는 인구절벽이라는 최대의 위기를 직면하고 있습니다. 저는 이런 위기의 원인 중의 하나가 우리 사회가 남녀의 구별을 무시하고 여성들을 가정 밖으로 내몰아 밖의(바깥) 사람이 되게 하고 더 이상 안사람이 못되게 한 것이라고 생각합니다. 이제 우리는 여성을 여성되게 하고 여성이 편안하게 자녀 양육과 가정 사역을 할 수 있도록 하고 그런 여성들을 높이 평가하고 그들에게 감사하는 사회 환경을 만들도록 우리 모두가 힘써야 할 때라고 믿습니다. 집안에서 아이를 키우는 일은 결코 열등한 일이 아니고 인류의 미래를 만드는 고귀한 창조적 사역이라는 인식이 다시 회복되어야 할 때입니다.

3. 여성의 또 하나의 사역은 순종을 통한 사역입니다.

본문 11-12절을 보겠습니다. "여자는 일체 순종함으로 조용히 배우라 여자가 가르치는 것과 남자를 주관하는 것을 허락하지 아니하노니 오직 조용할지니라." 물론 이런 말씀이 오늘의 시대정신에 맞지 않는다는 것을 잘 알고 있습니다. 그러나 성경이 왜 이런 교훈을 가르치고 있는지 그 근본 의도를 파악할 필요가 있습니다. 지금 바울 사도는 디모데에게 에베소 교회 사역을 위한 권면을 나누고 있습니다. 그런데 에베소는 당시 네오(신) 로마로 불리우던 도시이고 이 도시의 신은 아르테미스(Artemis)였습니다. 가슴에 유방이 24개가 달린 이 여신은 다산과 풍요의 상징으로 이 도시에선 해마다 여신을 위한 축제가 벌어지고 있었습니다. 당시 아르테미스 신전은 세계 7대 불가사의 중 하나로 127개의 기둥으로 화려함의 극치를 달리고 있었고 이 여신을 섬기는 여사제들은 도시에서 숭배와 선망의 대상이었습니다. 이런 도시의 분위기는 일찍부터 여성 해방과 여성 숭배 사상을 낳고 있었습니다. 이런 배경에서 바울이 전한 복음을 받아들인 여성들 중에는 그리스도 안에 남성과 여성이 하나(갈 3:28)라는 메시지를 오해하고 교회 내에서 무질서함과 방종을 초래하는 분위기가 생겨난 것입니다. 그래서 바울은 더욱 여성의 여성다움을 가르칠 필요가 있었던 것을 이해할 수 있어야 합니다.

바울은 여성이 가르칠 수 없다는 것을 절대화하지 않았습니다. 디도서 2장 3절을 보십시오. **"늙은(성숙한) 여자로는 이와 같이 행실이 거룩하며 모함하지 말며 많은 술의 종이 되지 아니하며 선한 것을 가르치는 자들이 되고."** 본문에 조용하라는 말이 여성들이 교회의 예배에서 어떤 역할을 하면 안 된다는 의미로 가르친 것도 아닙니다. 그 증거로 고린도전서 11장 5절을 보십시오. **"무릇 여자로서 머리에 쓴 것을 벗고 기도나 예언을 하는 자는 그 머리를 욕되게 하는 것이니…."** 당시 예배 시에 여성들의 머리에 쓰는 수건은 하나님의 권위에 대한 순종의 상징이었고 그런 순종의 모습으로 기도하고 예언(설교)을 하라고 한 것입니다. 그러니까 초점은 순종의 자리를 지킬 수 있어야 한다는 것입니다. 그런 순종의 이유를 본문에서 바울은 인간 창조와 타락의 교훈에서 찾고 있습니다. 본문 13절입니다. **"이는 아담이 먼저 지음을 받고 하와가 그 후며."** 하나님이 아담을 먼저 창조하시고 다음에 하와를 지으신 이유, 창세기에 의하면 아담에게 돕는 배필이 필요했던 것입니다. 돕는 자는 열등한 존재를 의미하지 않습니다. 왜냐하면 하나님도 돕는 자라고 말씀하시기 때문입니다. 이런 창조의 의도가 실현되게 하기 위해서, 아담을 지도자다운 지도자가 되게 하기 위해서도 하와는 돕는 자로서 순종의 마음을 갖고 있어야 한다는 것입니다.

이어지는 14절을 보십시오. "아담이 속은 것이 아니고 여자가 속아 죄에 빠졌음이라." 그러나 이 말씀의 참된 의도는 다음절 15절에서 드러납니다. "그러나 여자들이 만일 정숙함으로써 믿음과 사랑과 거룩함에 거하면 그의 해산함으로 구원을 얻으리라." 성경학자들은 본문의 바울의 말씀은 창세기 3장 15절의 원복음 (Original Gospel) '여자의 후손이 뱀(사탄)의 머리를 상하게 할 것'이란 인류 구원의 예언의 말씀의 실현이라고 지적합니다. 여자의 후손이 누구입니까? 바로 예수 그리스도이십니다. 그리고 그 여자가 바로 예수님의 어머니 마리아입니다. 그녀가 처녀의 몸으로 성령에 의해 잉태되어 구세주를 낳을 것을 천사로부터 예언 받으셨을 때 그녀의 응답을 기억하십니까? 누가복음 1장 38절입니다. "마리아가 이르되 주의 여종이오니 말씀대로 내게 이루어지이다…." 이 순종이 구세주를 낳고 인류의 구원을 가져온 것입니다. 그래서 순종은 위대한 사역입니다. 하나님의 섭리를 이루는 축복의 통로입니다. 지금 바울은 여성들이 이런 순종으로 하나님의 구원 사역의 통로가 되라고 말씀하는 것입니다. 성탄은 이 위대한 순종이 가져온 인류 구원의 시작이었습니다. 메리 크리스마스!

6

교회의 리더 됨을 사모하라

디모데전서 3장 1-13절

[1]미쁘다 이 말이여, 곧 사람이 감독의 직분을 얻으려 함은 선한 일을 사모하는 것이라 함이로다 [2]그러므로 감독은 책망할 것이 없으며 한 아내의 남편이 되며 절제하며 신중하며 단정하며 나그네를 대접하며 가르치기를 잘하며 [3]술을 즐기지 아니하며 구타하지 아니하며 오직 관용하며 다투지 아니하며 돈을 사랑하지 아니하며 [4]자기 집을 잘 다스려 자녀들로 모든 공손함으로 복종하게 하는 자라야 할지며 [5](사람이 자기 집을 다스릴 줄 알지 못하면 어찌 하나님의 교회를 돌보리요) [6]새로 입교한 자도 말지니 교만하여져서 마귀를 정죄하는 그 정죄에 빠질까 함이요 [7]또한 외인에게서도 선한 증거를 얻은 자라야 할지니 비방과 마귀의 올무에 빠질까 염려하라 [8]이와 같이 집사들도 정중하고 일구이언을 하지 아니하고 술에 인박히지 아니하고 더러운 이를 탐하지 아니하고 [9]깨끗한 양심에 믿음의 비밀을 가진 자라야 할지니 [10]이에 이 사람들을 먼저 시험하여 보고 그 후에 책망할 것이 없으면 집사의 직분을 맡게 할 것이요 [11]여자들도 이와 같이 정숙하고 모함하지 아니하며 절제하며 모든 일에 충성된 자라야 할지니라 [12]집사들은 한 아내의 남편이 되어 자녀와 자기 집을 잘 다스리는 자일지니 [13]집사의 직분을 잘한 자들은 아름다운 지위와 그리스도 예수 안에 있는 믿음에 큰 담력을 얻느니라

6
교회의 리더 됨을 사모하라

바울 사도는 에베소서 1장 22-23절에서 교회는 만물 위에서 만물을 충만하게 하는 그리스도의 몸이라고 말씀하십니다. "또 만물을 그의 발 아래에 복종하게 하시고 그를 만물 위에 교회의 머리로 삼으셨느니라 교회는 그의 몸이니 만물 안에서 만물을 충만하게 하시는 이의 충만함이니라." 그러니까 하나님이 창조하신 만물이 여기 존재한다면 만물 위에 교회가 존재합니다. 그런데 그 교회의 머리는 그리스도이십니다. 그러므로 그리스도는 교회를 통하여 만물 가운데 하나님의 뜻을 이루심으로 만물을 하나님의 뜻으로 충만하게 하신다는 것입니다. 오늘날 사람들에 의해 쉽게 비판의 대상이 되고 경시되는 교회, 그런데 사실은 그 교회가 만물 중에서 하나님의 뜻을 이루어가는 그 핵심 공동체라는 것입니다. 그렇다면 그런 교회를 섬기고 받드는 일꾼이 된다는 것은 얼마나 영광스럽고 복된 일입니까? 그래서 바울은 자신의 후계자로서 에베소 교회를 섬길 디모데에게 디모데전서 3장 1절에서 먼저 이런 자긍심을 일깨우고 있습니다. "미쁘다 이 말이여, 곧 사람이 감독의 직분을 얻으려 함은 선한 일을 사모하는 것이라 함이로다."

감독은 교회의 양 무리를 다스리고 양육하는 지도자를 의미합니다. 교회의 대표적 리더입니다. 오늘날로 말하면 목사와 장로를 뜻하는 말입니다. 그런데 사람들이 교회 생활을 하다보면 교회의 성도들의 교제 중에 큰 위로와 격려를 얻기도 하지만 상처와 시험을 받을 수도 있습니다. 그리고 이런 상처와 시험은 교회 생활의 역기능적 장애를 일으켜서 교회에 나오면서도 교회의 중심부에 들어가지 않으려는 무교회적 사고를 갖게 하고 심하면 가나안(안나가) 교인으로 돌아서게 할 수도 있습니다. 한 통계에 의하면 오늘날 한국 개신교인 중 가나안 성도의 비율은 약 23%로 2012년 이후 급작스런 증가세를 보이고 있다고 합니다. 40대 남자들 중에 가나안 성도의 비율이 제일 높다고 합니다. 그들이 교회를 떠난 요인은 개인적인 이유가 61%, 교회 내 부정적인 요인이 35% 정도로 조사되고 있습니다. 그래도 교회 이탈 후 예배 경험률은 69%에 달하는 것을 보면(90%는 기독교 신앙 유지를 원함) 그들은 여전히 기독교인의 정체성을 유지하고 있다고 할 수 있습니다.

그런데 어떤 교인들은 교회 주일예배에는 나오지만 그것 외에는 절대로 아무것도 안하는 교인들도 상당합니다. 저는 이런 분들도 의식적으로는 가나안 성도로 분류되어야 한다고 생각합니다. 그런데 바울은 오늘 더 많은 핍박과 박해에 직면한 초대교회를 향해서 교회의 리더 됨을 사모하라고, 그것은 선한 일을 사모하는 것이라고 말합니다. 그렇다면 본문이 가르치는 교회 리더십에 대한 레슨은 무엇일까요?

1. 교회를 섬기는 리더 됨을 사모하십시오.

본문 1절을 함께 다시 읽습니다. "미쁘다 이 말이여, 곧 사람이 감독의 직분을 얻으려 함은 선한 일을 사모하는 것이라 함이로다." 나중에 다시 생각하겠습니다만 감독은 교회 직분 중 교회를 대표하는 가장 높은 직분이라고 할 수 있습니다. 그는 교회의 양무리를 감독하며 교회를 세워가는 책임을 맡은 사람입니다. 그런데 그런 직분을 얻고자 하는 것은 선한 일을 사모하는 것이라고 말합니다. 다시 말하면 교회의 리더가 되는 것은 선한 야망이라는 것입니다. 여기서 바울 사도가 교회 리더가 되는 것이 선한 일임을 강조한 것은 이 선한 야망이 악한 야망으로 변질될 수 있음도 아셨기 때문입니다.

앞서 예수님도 그분을 따르는 제자들 중에서 예수님의 우편과 좌편 자리를 놓고 악한 야망이 드러나는 것을 목격하셨습니다. 마가복음 10장 35절 이하에 보면 예수님의 두 제자 야고보와 요한이 예수님에게 나아와 주의 나라가 임할 때 받을 영광의 자리를 다투고 있는 모습을 볼 수 있습니다. 마가복음 10장 37절을 보십시오. "여짜오되 주의 영광 중에서 우리를 하나는 주의 우편에, 하나는 좌편에 앉게 하여 주옵소서." 주의 제자들이지만 타락한 품성이 존재했던 그들도 자리다툼을 하고 있었던 것입니다. 그래서 오늘의 과제는 어떻게 이런 우리 안에 내재하는 타락한 품성을 극복하고 주님의 자랑스러운 리더로서 주님의 몸 된 교회를 섬길 수 있느냐는 것입니다. 예수님은 야고보와 요한에게 이미 정답을 주셨습니다. 그것이 바로 마가복음 10장 45절의 말씀입니다. "인자가 온 것은 섬김을 받으려 함이 아니라 도리어 섬기려 하고 자기 목숨을 많은 사람의 대속물로 주려 함이니라." 그래서 교회 리더가 됨은 선한 일이지만 우리는 이 선한 일이 악한 일로 변질되지 않게 하기 위해 우리의 교회 봉사의 모티브를 예리하게 성찰할 필요가 있습니다. 정말 우리는 섬김을 베풀기 위해 리더가 되기를 원하는 것일까요, 아니면 섬김을 받기 위해 리더가 되고자 하는 것일까요?

다시 한번 마가복음 10장 42-43절의 말씀을 우리 모두 기억했으면 좋겠습니다. "예수께서 불러다가 이르시되 이방인의 집권자들이 그들을 임의로 주관하고 그 고관들이 그들에게 권세를 부리는 줄을 너희가 알거니와 너희 중에는 그렇지 않을지니 너희 중에 누구든지 크고자 하는 자는 너희를 섬기는 자가 되고." 그렇습니다. 우리가 주의 몸 된 교회를 섬기는 것은 선하고 아름다운 일입니다. 그러나 우리가 선한 일꾼으로 인정되려면 주님이 우리를 섬기고자 주가 걸어가신 길을 주목해야 합니다. 그 길은 바로 우리를 섬기고자 모든 특권을 내려놓으시고 십자가를 짊어지신 예수님의 고난의 길이었음을 잊지 말아야 합니다. 그래서 예수님은 야고보와 요한에게 주셨던 질문을 오늘의 우리에게도 묻고 계십니다. "너희는 내가 마시는 잔을 마실 수 있느냐?", "나를 따라오기 위해 내가 마신 그 고난의 잔을 마실 준비가 되어 있느냐?"고 말입니다(막 10:38).

2. 리더의 자질을 갖추도록 준비하십시오.

오늘의 본문에서 사도 바울은 우리가 사모할 만한 교회의 리더로 섬기기 위해서는 그 자격을 갖춘 성숙의 자리에 서야 함을 강조합니다. 그리고 교회 내 대표적인 리더로 바울은 감독과 집사를 열거합니다. 본문 3-7절까지는 감독의 자격을, 그리고 8-13절까지는 집사의 자격을 말합니다. 성경학자들은 초대교회에서 말하는 감독은 장로나 목사와 동의어였다고 지적합니다. 감독은 양 무리에 대한 행정적 책임을 강조하는 명칭이라면, 장로는 존경할만한 어르신의 의미로, 그리고 목사는 말씀으로 목양하는 영적 기능으로 표현한 것이라고 말합니다. 그런데 이 감독과 집사의 자격에는 겹치는 부분이 많습니다. 예컨대 한 아내의 남편이며 집과 자녀를 향한 책임을 감당하는 사람(가정에 대한 윤리적 책임), 술의 지배를 받지 않는 자기 절제의 책임, 돈의 유혹을 이길 수 있는 사람 등이 공통적 강조로 등장합니다.

한편 감독직의 독특한 자격으로 가르치는 사명과 외인에게도 선한 증거를 받는 사람임을 강조함에 반하여, 집사직의 독특성으로는 일구이언을 안 하는 언어생활의 절제와 모든 맡겨진 일에 대한 충성심을 강조합니다. 그러나 최근《팀 켈러, 집사를 말하다》(두란노서원)라는 책을 쓴 팀 켈러(Timothy J. Keller)는 집사직이 감독이 되기 위한 징검다리가 아니라고 강조하며 집사는 집사만의 독특한 사명을 갖는다고 강조합니다. 그는 교회의 중요한 두 가지 리더, 감독과 집사는 다 예수님이 근원적 모본이 되신다고 말합니다. 예수님은 감독이면서 집사이셨다고 말합니다. 예컨대 예수님이 복음을 선포하시고 가르치실 때 그 사명은 감독직에 포함되어 있고, 또한 예수님이 병든 자들을 고치실 때 그 사명은 집사직에 포함되어 있었다고 말합니다. 집사직은 영어로는 deacon인데 이 단어는 일체의 섬기는 일을 포함하는 단어라고 말합니다. 본래 '집사'(diakonos, deacon)라는 단어는 '밥상머리에서 시중을 든다'는 뜻이었는데 넓은 의미로는 머슴처럼 겸손하게 이웃들을 섬기는 사람이란 의미입니다. 팀 켈러는 집사직의 우선순위는 자비 사역 혹은 긍휼 사역(Mercy Ministry)이라고 말합니다. 그리고 우리가 집사직을 잘 감당할 때 그것은 바로 예수님을 본받는 것이라고 말합니다.

복음주의의 큰 스승인 존 스토트(John Stott)는 오늘날 교회 직분에 대한 두 가지 극단의 성향이 있다고 말합니다. 지나치게 성직을 강조하는 성직주의와 그 반대의 반성직주의가 있다고 말합니다. 진리는 그 치우치지 않는 균형에 있다고 말합니다. 바울과 바나바가 제1차 선교여행 때부터 복음이 한 지역에 선포되면 교회를 세웠고 교회가 세워지면 반드시 지도자를 세운 것을 지적하며 지도력을 통한 하나님 나라의 확장을 시도한 것을 유의해 보아야 한다고 말합니다. 사도행전 14장 23절을 보십시오. "각

교회에서 장로들을 택하여 금식 기도 하며 그들이 믿는 주께 그들을 위탁하고." 건강한 교회 리더들이 세워지는 곳에 건강한 복음의 영향력이 확산될 수 있음을 우리는 믿어야 합니다.

3. 리더들에게 준비된 상급을 기대하십시오.

본문 13절은 잘 섬긴 리더들에 대한 상급을 약속하고 있습니다. "집사의 직분을 잘한 자들은 아름다운 지위와 그리스도 예수 안에 있는 믿음에 큰 담력을 얻느니라." 이것은 비단 집사직에 해당할 뿐 아니라 교회 안에서 교회를 통해 섬김의 직분을 감당한 모든 사람들을 향한 주의 약속이라고 할 수 있습니다. 그리고 이 상급은 두 가지로 언약되어 있습니다. 하나는 사람과의 관계에서 또 하나는 하나님과의 관계에서 언약된 상급입니다. 주님 나라의 일꾼들이 주를 위해 일하고 상급을 기대하는 것은 자연스럽고 당연한 일입니다. 우리가 순수했던 어린이 시절 우리는 얼마나 설레이는 마음으로 상 받기를 기다렸습니까? 바울 사도가 고린도전서 3장 8-9절에서 약속하신 말씀을 상기해 보십시오. "심는 이와 물 주는 이는 한가지이나 각각 자기가 일한 대로 자기의 상을 받으리라 우리는 하나님의 동역자들이요 너희는 하나님의 밭이요 하나님의 집이니라."

다시 주님이 교회 일꾼들에게 약속하신 두 가지 상급으로 돌아가 생각해 보겠습니다. 첫째는 아름다운 지위를 얻는다고 했습니다. 여기서 지위라는 단어는 본래 '바드모스'(bathmos)로 영어로 step 혹은 ladder로 층계나 사다리로 상승되는 무엇을 뜻하는 말입니다. 집사직을 잘 감당하면 아름다운 지위, 다른 말로 영향력이나 인정받는 정도가 상승한다는 것입니다. 집사직으로 잘 섬기는 사람들은 세상에서도 사람들에게 인정받고 선한 영향력을 확산하는 삶을 살게 된다는 말입니다. 그리고 둘째는 그리스도 예수 안에 있는 믿음의 큰 담력을 얻게 된다는 것입니다. 섬기면서 그의 믿음이 더해지고 하나님과의 관계에서 인정과 칭찬을 받게 된다는 것입니다. 그런 대표적인 집사직을 감당한 사람, 누가 생각나시나요? 스데반 집사가 아니겠습니까?

사도행전 6장에 보면 그는 예루살렘 교회 초대 일곱 집사 중 한 사람이었습니다. 사도행전 6장 5절이 어떻게 시작합니까? **"온 무리가 이 말을 기뻐하여 믿음과 성령이 충만한 사람 스데반과…."** 그 이하 합하여 일곱 집사를 선택한 것입니다. 그들의 일차적 임무는 예루살렘 교회의 구제 사역을 감당하는 것이었습니다. 그러나 그의 임무는 구제 사역만으로 국한되지 않았습니다. 사도행전 6장 8절을 보십시오. **"스데반이 은혜와 권능이 충만하여 큰 기사와 표적을 민간에 행하니."** 병을 고치는 긍휼 사역도 감당한 것입니다. 그리고 기회가 주어질 때 복음을 증거하는 사역도 감당합니다. 사도행전 6장 10절을 보십시오. **"스데반이 지혜와 성령으로 말함을 그들이 능히 당하지 못하여."** 이렇게 복음을 증거하는 스데반의 모습을 누가는 사도행전 6장 15절에서 어떻게 증언합니까? "공회 중에 앉은 사람들이 다 스데반을 주목하여 보니 그 얼굴이 천사의 얼굴과 같더라." 마침내 복음을 증거하다가 그는 불신의 무리들에게 돌로 쳐 죽임을 당하는 순교자의 죽음을 맞이하지 않습니까? 사도행전 7장 55-60절을 보면, 그는 오늘 본문에서 바울이 언약한 그대로 믿음이 담대하여, 성령의 충만함으로 예수께서 하나님 우편에 계심을 보고 자신에게 돌을 던지는 사람들을 용서해 주실 것을 기도함으로 지상의 삶을 마무리합니다. 얼마나 장엄한 최후였습니까? 그날 집사 스데반이 마지막으로 증거한 말씀을 사도행전 7장 56절에서 들어보십시오. "보라 하늘이 열리고 인자가 하나님 우편에 서신 것을 보노라." 인자는 사람의 아들로 이 땅에 오신 구주 예수님을 뜻하는 말입니다. 이 땅에 인자로 오셔서 십자가에서 자신의 목숨을 대속물로 바치시고 승천하사 하나님 우편에 대언자와 심판주로서 계신 그리스도를 마지막에 경배하고 떠난 것입니다. 이천 년 전 베들레헴 지경 밖에 양 치던 목자들도 이 구주 오심의 소식을 접하고 아기 예수님에게 달려와 경배한 것입니다. 다윗은 목자 출신으로 메시아를 증거하는 위대한 지도자가 되었습니다. 교회의 리더 됨을 사모합시다.

7

위대한 경건의 비밀

디모데전서 3장 14-16절

[14]내가 속히 네게 가기를 바라나 이것을 네게 쓰는 것은 [15]만일 내가 지체하면 너로 하여금 하나님의 집에서 어떻게 행하여야 할지를 알게 하려 함이니 이 집은 살아 계신 하나님의 교회요 진리의 기둥과 터니라 [16]크도다 경건의 비밀이여, 그렇지 않다 하는 이 없도다 그는 육신으로 나타난 바 되시고 영으로 의롭다 하심을 받으시고 천사들에게 보이시고 만국에서 전파되시고 세상에서 믿은 바 되시고 영광 가운데서 올려지셨느니라

7
위대한 경건의 비밀

우리가 이 세상에 인생으로 태어나 살아가며 모두 한 번쯤은 비밀을 알고 간직하게 됩니다. 그것은 가정사의 비밀일 수도 있고, 인간관계의 비밀일 수도 있고, 사업상의 비밀일 수도 있습니다. 그 비밀들로 인하여 우리는 고민하기도 하고 자랑스러워하기도 합니다. 기독교 심리학자인 스위스의 의사 폴 투르니에(Paul Tournier)는 그의 《비밀》(IVP)이란 역작에서 비밀은 한 인간의 성숙의 코드가 된다고 말합니다. 인생의 첫 단계인 유소년기는 비밀을 간직할 수 없는 단계입니다. 그때 우리는 "비밀이에요" 하면서 비밀을 말합니다. 그러나 사춘기쯤 되면 부모에게도 말하지 않는 비밀을 간직하게 됩니다. 인간의 진정한 개별화가 촉진되는 시기입니다. 그러나 다시 청년기가 되면 자기가 정말 신뢰할 수 있는 사람을 만나 비밀을 나누게 되고 그런 상대방과 진정한 친밀감(intimacy)을 형성하게 됩니다. 그러면서 우리 모두 진정한 성숙을 경험하게 된다고 말합니다.

그런데 우리가 어느 날 나도 내 이웃도 함께 행복해지는 비밀을 알게 되었다면 어떻게 하시겠습니까? 오늘의 본문에서 바울 사도는 하나님께서 하나님의 교회에 맡겨 놓으신 위대한 비밀 이야기를 하고 계십니다. 이 비밀은 세상을 바꿀 수 있는 위대한 비밀입니다. 세상 사람 모두를 행복하게 할 수 있는 비밀입니다. 이 비밀을 세상이 알게 하기 위해서 교회는 존재한다는 것입니다. 골로새서 1장 26절에서 바울 사도는 이 비밀에 대하여 이렇게 증언합니다. "이 비밀은 만세와 만대로부터 감추어졌던 것인데 이제는 그의 성도들에게 나타났고." 다음 27절에서 그는 이 비밀의 정체를 공개합니다. "…이 비밀은 너희 안에 계신 그리스도시니 곧 영광의 소망이니라." 바울 사도가 당신과 관계를 맺게 된 모든 교회들을 연합시켜 하나 되게 하려는 이유를 골로새서 2장 2절에서 이렇게 말합니다. "이는 그들로 마음에 위안을 받고 사랑 안에서 연합하여 확실한 이해의 모든 풍성함과 하나님의 비밀인 그리스도를 깨닫게 하려 함이니."

그런데 오늘의 본문 디모데전서 3장에서도 바울 사도는 교회 내에 하나님의 일꾼들인 지도자들을 세우시는 이유가 바로 이 위대한 경건의 비밀인 그리스도를 잘 전하도록 하기 위함이라고 말합니다. 그리고 하나님의 교회는 이 진리의 비밀을 위탁받은 공동체임을 역설합니다. 본문 14-15절을 보겠습니다. "내가 속히 네게 가기를 바라나 이것을 네게 쓰는 것은 만일 내가 지체하면 너로 하여금 하나님의 집에서 어떻게 행하여야 할지를 알게 하려 함이니 이 집은 살아 계신 하나님의 교회요 진리의 기둥과 터니라." 그리고 이어서 16절에서 "크도다! 경건의 비밀이여!"라고 말합니다. 여기 '경건'이란 단어는 다시 헬라어에 '유세베이아'(eusebeia)로 하나님께만 속해 있다는 뜻입니다. 그래서 '경건의 비밀'은 하나님께만 속한 비밀을 뜻합니다. 이 비밀의 핵심은 이천 년 전 이 땅에 오신 예수 그리스도 사건입니다. 그러면 그리스도 예수 사건의 무엇이 경건의 비밀이 되었을까요? 본문에 여섯 가지로 증언되고 있지만 둘씩 짝으로 엮어 세 가지로 요약해 보고자 합니다.

1. 그는 육신으로 오시고 의롭다 하심을 받으신 분이십니다.

바울은 이미 하나님의 교회는 교회가 증거할 진리의 터와 기둥이 되신다고 말했습니다. 진실로 교회는 진리를 든든하게 받쳐줄 기초(터)가 되어야 하고 진리를 높이 드러내고 알려야 할 기둥이 되어야 한다는 말입니다. 그런 진리의 핵심은 내가 진리라고 선언하신 그리스도이어야 합니다. 그런데 이 진리 되신 그리스도가 세상에 자신을 드러내심은 인간의 육신을 입고 성육신하심으로 시작된 것입니다. 요한복음 1장 14절에서의 사도 요한의 증언을 들어보십시오. **"말씀이 육신이 되어 우리 가운데 거하시매 우리가 그의 영광을 보니 아버지의 독생자의 영광이요 은혜와 진리가 충만하더라."** 그렇습니다. 하나님의 은혜와 진리로 충만한 그분이 어느 날 우리 인간과 동일한 육신을 입으시고 역사 속에 들어오신 것입니다.

그가 성육하신 이유, 무엇 때문입니까? 히브리서 2장 14-15절이 우리에게 해답을 제시합니다. "자녀들은 혈과 육에 속하였으매 그도 또한 같은 모양으로 혈과 육을 함께 지니심은 죽음을 통하여 죽음의 세력을 잡은 자 곧 마귀를 멸하시며 또 죽기를 무서워하므로 한평생 매여 종노릇 하는 모든 자들을 놓아 주려 하심이니." 무슨 말입니까? 육신을 가졌기에 결국 죽음에서 자유하지 못한 인생들을 위하여, 죽음의 원인이 된 죄를 대신 짊어지고 죄의 삯인 죽음을 십자가에서 대신하심으로 그는 성육신하셔서 죽음의 문제를 해결해 주신 것입니다. 그리고 그의 부활로 우리의 의로운 새 인생이 가능한 삶의 길을 열어주신 것이 아닙니까? 이제 로마서 4장 25절의 말씀을 보십시다. "예수는 우리가 범죄한 것 때문에 내줌이 되고 또한 우리를 의롭다 하시기 위하여 살아나셨느니라." 예수 그리스도는 그의 십자가의 부활로 이미 죄 사함 받은, 당신을 믿는 자들을 성령의 능력으로 의롭다 하시고 그들이 의롭게 사는 새 삶의 출발을 가능하게 하신 것이 아닙니까? 이 진리야말로 인류가 깨달아야 할 가장 위대한 비밀 중의 비밀인 것입니다.

2. 그는 천사들에게 보이시고 만국에서 전파되신 분이십니다.

예수 그리스도 사건의 정점은 그의 죽음과 부활입니다. 그러나 그의 영광의 드라마는 그때부터가 시작입니다. 성경은 부활하신 예수 그리스도가 승천하셨다고 말합니다. 이 승천의 증인은 천사들이었습니다. 오늘 본문에 '천사들에게 보이시고'라고 한 것은 바로 이 천사들의 증인됨을 선포한 것입니다. 사도행전 1장 9-11절에서의 누가의 증언을 보십시오. "이 말씀을 마치시고 그들이 보는데 올려져 가시니 구름이 그를 가리어 보이지 않게 하더라 올라가실 때에 제자들이 자세히 하늘을 쳐다보고 있는데 흰 옷 입은 두 사람이 그들 곁에 서서 이르되 갈릴리 사람들아 어찌하여 서서 하늘을 쳐다보느냐 너희 가운데서 하늘로 올려지신 이 예수는 하늘로 가심을 본 그대로 오시리라 하였느니라." 여기 흰 옷 입은 두 사람은 사람의 모습으로 나타난 천사들입니다. 이 천사들이 바로 예수 승천 사건의 증인이었습니다.

예수님의 승천 이후 가장 주목할 사건은 오순절 성령 강림이었습니다. 예수께서 예언하신 그대로 보혜사 성령이 마가의 다락방에 임하시고 이 성령 강림 사건은 만국에 복음이 전파되는 기점이 되었습니다. 승천하신 예수님이 위로부터 약속한 성령을 제자들에게 부어 주심으로 그들은 성령의 능력을 힘입어 땅끝까지 복음의 증인이 된 것입니다. 사도행전 1장 8절이 실현되게 된 것입니다. "오직 성령이 너희에게 임하시면 너희가 권능을 받고 예루살렘과 온 유대와 사마리아와 땅 끝까지 이르러 내 증인이 되리라 하시니라." 오순절에 각처에 모인 사람들을 향하여 사도행전 2장 33절에서 베드로는 이렇게 설교합니다. "하나님이 오른손으로 예수를 높이시매 그가 약속하신 성령을 아버지께 받아서 너희가 보고 듣는 이것을 부어 주셨느니라." 이어지는 사도행전 2장 39절의 말씀을 보겠습니다. "이 약속은 너희와 너희 자녀와 모든 먼 데 사람 곧 주 우리 하나님이 얼마든지 부르시는 자들에게 하신 것이라."

그렇게 만국 선교시대가 열린 것입니다. 그리고 만국 백성들이 예수를 믿고 구원받는 시대가 열린 것입니다. 이것은 실로 역사 속에 감추어져 왔던 놀라운 비밀이었습니다. 그렇습니다. 이천 년 전 이 땅에 오신 아기 예수, 그는 천사들에게 보이시고 만국에 전파되실 분이셨습니다. 할렐루야!

3. 그는 세상에서 믿은 바 되시고 영광 가운데 올려지실 분이십니다.

본문이 증언하는 예수의 비밀 마지막은 그는 세상에서 믿은 바 되시고 영광 가운데 올려지게 될 분이라는 것입니다. '올려진다'는 단어는 다시 우리에게 승천사건을 연상시키게 됩니다만 존 스토트(John Stott)는 예수 사건의 연대기적 마지막으로 재림사건을 증언한 것으로 보는 것이 더 합당하다고 말합니다. 세상에서 충분히 복음이 증거되고, 충분히 그를 믿는 자들의 그분을 향한 고백과 증거가 이루어진 다음, 복음을 믿은 자들의 영적 추수를 위해 그분 예수는 예언하신 대로 다시 오실 것입니다. 이것을 기독교에서는 재림(Second Coming) 사건이라고 말합니다. 재림은 성경이 가르치는 가장 위대한 비밀입니다. 초대 그리스도인들은 서로 만날 때마다 "마라나타!"라고 인사했습니다. "주님, 곧 오십니다!" 혹은 "주여 오시옵소서!"라는 아람어 인사였습니다.

성경의 마지막 책 요한계시록 22장 20절의 마지막 약속과 마지막 기도를 기억하십니까? "이것들을 증언하신 이가 이르시되 내가 진실로 속히 오리라 하시거늘 아멘 주 예수여 오시옵소서." 마라나타입니다. 초대교회를 역동하게 만든 비밀, 마라나타 신앙입니다. 곧 오셔서 역사를 심판하시고 역사를 완성하실 그분을 바라보고 살기를 소원한 것입니다. 그 영광의 날을 바라보고 매일 매 순간을 살아간 그들에게는 하루하루 재림의 기대와 준비의 흥분이 있었던 것입니다. 이 마라나타의 비밀 신앙이 회복되기를 기도합시다. 주님이 그가 다시 오실 날을 아무도 모르게 비밀에 붙여두신 이유, 무엇이겠습니까? 날마다 그가 다시 오시기를 기대하며 기다림으로 준비하게 하심이 아니겠습니까?

이제 예수님 자신이 예언하신 재림의 영광을 마태복음 24장 30-31절에서 확인해 보십시오. "그 때에 인자의 징조가 하늘에서 보이겠고 그 때에 땅의 모든 족속들이 통곡하며 그들이 인자가 구름을 타고 능력과 큰 영광으로 오는 것을 보리라 그가 큰 나팔소리와 함께 천사들을 보내리니 그들이 그의 택하신 자들을 하늘 이 끝에서 저 끝까지 사방에서 모으리라." 그날이 바로 역사의 추수가 완성되는 날입니다. 그날 그는 큰 영광으로 오시고 큰 영광 가운데 구원받은 모든 무리와 함께 영원한 영광으로 들어 올려 지시게 될 것입니다. 성탄은 그가 미래의 그날에 영광을 받으시기에 앞서 우리를 위한 속죄의 고난을 받으시고자 역사 속에 오신 날입니다. 그리스도께서 구속의 역사를 완성하실 그때까지 역사는 한동안 진통하며 고통의 시간을 지속할 것입니다. 그러므로 우리는 오늘의 역사에서 경험하는 고통을 고통 저 건너의 영광을 바라봄으로 이겨내야 할 것입니다.

로마서 8장 17-18절의 말씀을 함께 기억합시다. "자녀이면 또한 상속자 곧 하나님의 상속자요 그리스도와 함께 한 상속자니 우리가 그와 함께 영광을 받기 위하여 고난도 함께 받아야 할 것이니라 생각하건대 현재의 고난은 장차 우리에게 나타날 영광과 비교할 수 없도다." 아멘이십니까? 그러므로 오늘의 고통 속에 성탄을 맞이하는 우리 모두는 고난 저 건너에서 다시 오실 영광의 그리스도를 바라봄으로 이미 승리한 자들임을 고백할 수 있어야 합니다. 이제 다시 로마서 8장 24-25절의 바울의 권면을 경청합시다. "우리가 소망으로 구원을 얻었으매 보이는 소망이 소망이 아니니 보는 것을 누가 바라리요 만일 우리가 보지 못하는 것을 바라면 참음으로 기다릴지니라."

우리가 신앙생활을 한다는 것은 그리스도와 연합되어 살아가는 것을 의미합니다. 그리고 우리가 참으로 그리스도와 연합하여 그와 함께 인생을 산다는 것은 우리가 그의 영광을 바라보고 그와 함께 누릴 영광을 기대할 뿐만 아니라, 그와 함께 고난도 감수하는 삶을 사는 것을 의미합니다. 신앙생활은 여러 가지 면에서 우리의 결혼생활과 유사한 면이 있습니다. 신앙생활의 정수는 그리스도와의 연합입니다. 마치 결혼생활의 정수가 부부의 연합인 것처럼 말입니다. 그런데 서양 사람들의 유머 중에 사람이 결혼하면 세 개의 반지(ring)를 교환한다는 말이 있습니다. 첫째가 wedding-ring(결혼 반지)이겠지요. 그런데 둘째는 suffe(r)-ring(고난)을 함께 한다는 것입니다. 그리고 마지막으로 endu(re)-ring(인내, 견딤)을 해야 한다는 것입니다. 부부는 고난을 함께하고 서로 참아가며 사는 것이 아니겠습니까? 그러므로 우리도 오늘의 고난을 이기고 주님 다시 오심의 영광을 소망하며 하루하루를 거룩한 견딤으로 승리하는 우리가 되기를 기도합시다!

디/모/데/전/후/서

8

거룩에 이르는 삶의 길

디모데전서 4장 1-5절

[1]그러나 성령이 밝히 말씀하시기를 후일에 어떤 사람들이 믿음에서 떠나 미혹하는 영과 귀신의 가르침을 따르리라 하셨으니 [2]자기 양심이 화인을 맞아서 외식함으로 거짓말하는 자들이라 [3]혼인을 금하고 어떤 음식물은 먹지 말라고 할 터이나 음식물은 하나님이 지으신 바니 믿는 자들과 진리를 아는 자들이 감사함으로 받을 것이니라 [4]하나님께서 지으신 모든 것이 선하매 감사함으로 받으면 버릴 것이 없나니 [5]하나님의 말씀과 기도로 거룩하여짐이라

8
거룩에 이르는 삶의 길

한 해를 결산하면서 가장 중요한 것은 '한 해 동안 우리가 하나님의 기대를 얼마나 이루면서 살아왔는가'라는 질문입니다. 구원받은 당신의 백성들에게 주님의 가장 중요한 명령이 무엇입니까? 신학자들은 기독교 구원의 교리를 가르치며 구원의 세 단계를 말하며 그 첫 번째 단계를 〈칭의의 단계〉라고 불렀습니다. 우리가 십자가에서 우리 죄를 담당하시고 죽으시고 삼 일 만에 부활하신 예수 그리스도를 구주와 주님으로 믿는 순간 우리는 죄 사함을 받고 '의롭다 함'(Justification)을 얻는다는 것입니다. 그런데 두 번째 구원의 단계를 〈성화의 단계〉라고 불렀습니다. 우리가 예수를 믿는 순간부터 평생에 이르는 삶의 숙제가 성화(Sanctification)라는 것입니다. 그리고 이 성화의 숙제가 완성되는 마지막 단계를 영화(Glorification)라고 합니다.

사도 베드로는 그의 편지 베드로전서 1장을 열면서 당시 네로의 박해로 흩어져 살게 된 그리스도인들이 붙잡아야 할 가장 중요한 첫째 신앙의 진리는 구원의 확신임을 명확하게 하고 있습니다. 베드로전서 1장 5절을 보십시오. "너희는 말세에 나타내기로 예비하신 구원을 얻기 위하여 믿음으로 말미암아 하나님의 능력으로 보호하심을 받았느니라." 이어지는 베드로전서 1장 9절에서 "믿음의 결국 곧 영혼의 구원을 받음이라"고 말합니다. 그러면 구원받은 사람들에게 주어진 다음 과제는 무엇입니까? 베드로전서 1장 15-16절을 보겠습니다. "오직 너희를 부르신 거룩한 이처럼 너희도 모든 행실에 거룩한 자가 되라 기록되었으되 내가 거룩하니 너희도 거룩할지어다 하셨느니라." 그것은 주님을 닮은 거룩한 삶의 길을 걷는 것입니다. 그렇다면 한 해 동안 우리는 얼마나 성화의 진보가 있었는지를 점검해야 할 시간입니다. 다시 바울의 편지로 돌아오겠습니다. 바울은 그의 사역의 승계자 디모데가 이 성화의 문제를 잘못 가르칠 거짓 교사들과 직면할 것을 경계하고자 한 것입니다. 본문 4장 1절을 보겠습니다. "그러나 성령이 밝히 말씀하시기를 후일에 어떤 사람들이 믿음에서 떠나 미혹하는 영과 귀신의 가르침을 따르리라 하셨으니." 그들의 정체는 2절에 의하면 "자기 양심이 화인을 맞아서 외식함으로 거짓말하는 자들"이라고 합니다.

그런데 바울이 경고한 이런 거짓 교사들은 우리 시대에도 여전히 존재하며 우리의 성화의 길을 오도하고 있다는 것입니다. 본문에서 바울은 'not A, but B'(A가 아니라 B)의 형식으로 거룩의 길이 아닌 길을 먼저 경계하고 참된 거룩의 길을 가르칩니다. 그러면 먼저 거룩에 이르지 못할 길은 무엇입니까?

1. 금욕주의의 길이 아닙니다.

한마디로 우리가 무엇 무엇을 하지 않음으로 거룩하게 되는 것이 아니라는 것입니다. 당시 이런 금욕주의를 초대교회에 퍼트린 원흉이 있었다면 이단적인 영지주의(Gnosticism) 사상이었습니다. 영지주의는 이원론에 입각해서 우리의 영혼은 거룩하지만 육체나 물질은 악한 것으로 보고 육체나 물질을 억제하고 멀리함으로 영이 거룩해진다고 가르쳤습니다. 따라서 그들은 인간에게 주어진 식욕이나 성욕을 악한 것으로 보고 이 두 가지를 통제해야 한다고 가르쳤습니다. 결과적으로 결혼제도를 부인하게 되었고 모든 육식을 우리의 악한 욕심의 원천으로 보게 된 것입니다. 그런데 바울은 이런 가르침의 원천은 미혹하는 영이며 귀신의 가르침이라고 말합니다. 본문 3절을 보겠습니다. "혼인을 금하고 어떤 음식물은 먹지 말라고 할 터이나 음식물은 하나님이 지으신 바니 믿는 자들과 진리를 아는 자들이 감사함으로 받을 것이니라." 그래서 바울은 무엇을 강조하는 것입니까?

1) 결혼제도를 부인해서는 안 됩니다.

한마디로 바울은 혼인을 금해서는 안 된다고 가르칩니다. 결혼제도는 하나님이 정하신 인류 번식의 계획이셨습니다. 인류를 남자와 여자로 지으신 하나님은 그들에게 결혼을 통해 성적 연합을 하게 하시고 생육하고 번성하게 하신 것입니다. 물론 바울은 후일 고린도전서 7장에서 독신의 은사가 있는 사람은 그 은사를 통해 하나님을 섬길 수 있다고 가르칩니다. 하지만 그런 경우는 예외적이고 남과 여의 부부의 연합을 통해 믿는 자들은 주를 섬겨야 한다고 가르칩니다. 그래서 독신의 부르심도 있지만 부부의 자리를 지키는 더 보편적인 부르심이 있다고 가르칩니다. 바울의 실제적 교훈을 들어보십시오. 고린도전서 7장 9절입니다. "만일 절제할 수 없거든 결혼하라 정욕이 불 같이 타는 것보다 결혼하는 것이 나으니라." 고린도전서 7장 10절을 보십시오. "결혼한 자들에게 내가 명하노니 (명하는 자는 내가 아니요 주시라) 여자는 남편에게서 갈라서지 말고." 다음 11절에서는 "남편도 아내를 버리지 말라"고 가르칩니다. 인간의 성욕은 창조주의 선물로 이를 잘 선용함으로 호모 사피엔스를 지속하게 하는 창조주의 선하신 계획이셨습니다.

2) 음식물의 축복을 부인해서는 안 됩니다.

본문 3절을 보겠습니다. "어떤 음식물은 먹지 말라고 할 터이나." 당시 이것은 주로 육식을 뜻하고 있었습니다. 그리고 자연스럽게 이런 말씀은 채식주의자들을 낳게 되었습니다. 채식하는 것이 나쁜 것은 아니고 건강에 좋을 수가 있지만 하나님이 육식을 금한 일이 없다는 것을 우리는 기억해야 합니다. 창세기 9장 3절을 보십시오. "모든 산 동물은 너희의 먹을 것이 될지라 채소 같이 내가 이것을 다 너희에게 주노라." 노아의 홍수 이후에 하나님은 채식과 함께 육식을 인간에게 허락하신 것을 볼 수 있습니다. 채식이 인간의 생존의 음식이 된 것처럼 육식도 인간의 생존을 위해 하나님이 허락하신 음식물이 된 것입니다. 따라서 인간의 식욕을 충족할 수 있는 이런 선물을 주신 것을 우리는 감사함으로 받을 수 있어야 합니다. 그럼에도 불구하고 육식은 인간의 영혼을 더럽힌다는 사상은 지속적으로 회자되어 왔습니다. 오죽하면 예수님이 이렇게 말씀하셨을까요? 마가복음 7장 15-16절을 보십시오. **"무엇이든지 밖에서 사람에게로 들어가는 것은 능히 사람을 더럽게 하지 못하되 사람 안에서 나오는 것이 사람을 더럽게 하는 것이니라."** 문제는 인간에게 내재하는 부패성이지 음식 자체가(건강한 음식이라면) 우리를 더럽게 하지 못한다는 것입니다. 그러면 우리로 거룩에 이르게 하는 길은 무엇입니까?

2. 기독교 기초 영성의 길입니다.

그것은 기독교 신앙이 언제나 기초적으로 강조해 왔던 영성의 길, 곧 말씀과 기도의 길입니다. 본문 5절을 다시 보겠습니다. **"하나님의 말씀과 기도로 거룩하여짐이라."** 말씀과 기도는 인간이 하나님과 교통할 수 있는 기초적 영성의 통로가 아니겠습니까? 우리는 말씀을 열어 주의 음성을 듣고 기도로 우리의 마음을 열고 주께 나아갑니다.

1) 말씀이 거룩의 통로입니다.
요한복음 17장 17절에서의 주님의 기도를 들어보십시오. **"그들(제자들)을 진리로 거룩하게 하옵소서 아버지의 말씀은 진리니이**

다." 주님은 주를 따르는 제자들의 성화의 방편으로 말씀을 예비하신 것입니다. 그러면 어떻게 이 말씀이 제자들에게 작동하여 그들의 삶에 변화를 가능하게 할까요? 요한계시록 1장 3절을 보겠습니다. "이 예언의 말씀을 읽는 자와 듣는 자와 그 가운데에 기록한 것을 지키는 자는 복이 있나니 때가 가까움이라." 그래서 사도시대에서 시작하여 속사도시대 소위 사막 교부시대를 지나가면서 벌써 진지한 수도자들에 의해 렉시오 디비나(Lectio Divina, 거룩한 독서/성경 읽기)운동이 벌어지게 된 것입니다. 성경 두루마리를 읽고 그 말씀에서 유의미한 단어, 거룩한 단어(sacred word)를 선택하여 그 말씀을 붙들고 여러 날, 때로는 한 달 동안 묵상하고 읊조리는 운동이 벌어집니다. 우리 시대에는 네비게이토 선교회 같은 곳에서 성구 암송운동으로 말씀을 성도들의 삶에 가까이 적용하는 운동이 소개되었습니다. 독일에서는 종교개혁 이후 개혁적 실천으로 경건주의운동이 일어났습니다. 특히 진젠도르프(Zinzendorf)의 헤른후트(Herrnhut) 공동체에서 소개된 Q.T. 운동은 주일에 한 번이 아니라, 매일 그날에 주시는 말씀을 붙들고 살도록 하는 말씀 묵상 운동이었습니다. 여하간 말씀을 떠나서는 거룩한 삶을 실현할 수 없습니다.

2) 기도가 거룩의 통로입니다.

예수님은 친히 주기도를 가르치시면서 "오늘 우리에게 일용할 양식을 주시옵고, 우리를 시험에 들게 하지 마시옵고 다만 악에서 구하시옵소서"(마 6:11,13)라고 기도하게 하셨습니다. 날마다 음식을 먹을 때마다 시험과 악에서의 승리를 위해 기도하게 하신 것입니다. 우리가 먹는 육식이 우리를 더럽게 하는 것이 아니고, 그렇다고 채식이 우리를 거룩하게 하는 것이 아니라, 차라리 기도할 때마다 드리는 우리의 감사 기도가 우리를 거룩하게 한다는 가르침입니다. 그런 의미가 본문 4절에 담겨진 의도가 아니겠습니까? "하나님께서 지으신 모든 것이 선하매 감사함으로 받으면 버릴 것이 없나니." 그러나 우리의 기도의 찬스를 식사시간만으로 국한해서는 안 될 것입니다. 사막 교부시대에 우리의 선배들이 붙잡았던 거룩의 왕도는 데살로니가전서 5장 17절의 "쉬지 말고 기도하라"는 말씀이었습니다. 그렇다고 매 순간 호흡하는 모든 때마다 기도할 수는 없었던 그들은 수도원에서 7번 종을 치던 관습을 따라 하루 최소 7번의 숨기도(breath prayer)를 가르쳤습니다. 하루 7번이라도 깊이 날숨, 들숨을 하면서 짤막한 기도를 자주 드리라는 제안이었습니다.

예루살렘 초대교회가 헬라파 과부와 히브리파 과부 중 누구에게 구제금이 더 많이 쓰여지는가 하는 문제로 교회 내에 갈등이 생겨났을 때 그들은 이런 문제를 잘 다룰 수 있는 성령과 지혜가 충만한 일곱 사람을 뽑아 그 일을 맡깁니다. 그리고 교회 지도자들인 사도들의 삶의 우선순위를 결정합니다. 사도행전 6장 4절을 보십시오. "우리는 오로지 기도하는 일과 말씀 사역에 힘쓰리라." 다시 말하면 지도자들은 기도와 말씀, 말씀과 기도를 우선순위로 살아야 한다는 것입니다. 그렇다면 이제 우리는 지난 시간을 돌아보며, 그리고 새롭게 살아가야 할 시간을 내다보며 우리의 일상에서 말씀과 기도가 과연 우선순위를 갖고 있었는지 진지하게 살펴야 할 때입니다.

과거 우리의 선배들이 렉시오 디비나 운동에서 그다음 두 개의 중요한 단계로 메디타치오(Meditatio)와 오라치오(Oratio)를 제안합니다. 메디타치오(Meditatio)는 meditaion, '묵상'입니다. 말씀을 읽고 시시때때로 묵상하는 것입니다. 묵상은 음식을 삼킨 다음에 하는 되새김질(rumination)과 같은 것입니다. 읽고 들은 말씀을 지속적으로 되새김질한다면 그 말씀은 우리를 만들고 변화시키는 자양분이 되는 것입니다.

다음 단계는 오라치오(Oratio)입니다. 여기서 나온 말이 oral(구두의)입니다. 입으로 하는 말과 기도가 다 포함됩니다. 더 정확하게 말하면 '입으로 읊조리기'입니다. 우리는 하루 종일 무엇인가를 읊조리면서 살아갑니다. 그런데 우리가 주의 말씀을 끊임없이 읊조리고 기도하며 하루하루를 살아갈 수 있다면 어떤 변화가 일어날까요? 잠시 우리는 성경의 가장 위대한 말씀 예찬의 장이라고 일컬어지는 시편 119편의 몇 구절을 살펴보겠습니다. 시편 119편은 말씀의 장이면서 그 말씀이 삶이 되기 위한 기도의 장입니다. 시편 119편 23절입니다. "…주의 종은 주의 율례들을 작은 소리로 읊조렸나이다." 48절입니다. "또 내가 사랑하는 주의 계명들을 향하여 내 손을 들고 주의 율례들을 작은 소리로 읊조리리이다." 78절입니다. "…나는 주의 법도들을 작은 소리로 읊조리리이다." 97절입니다. "내가 주의 법을 어찌 그리 사랑하는지요 내가 그것을 종일 작은 소리로 읊조리나이다." 여기 연속적으로 반복되는 단어가 무엇입니까? '읊조리기'입니다. 물론 여기 이 단어는 영어 meditate(묵상하다)의 번역입니다. 그러나 그냥 두뇌 활동만의 묵상이 아니라, 말씀을 입에 놓고 읊조리면서 기도하는 모습을 잘 살려 번역했습니다. 저는 유대인 랍비와 한 비행기를 탄 적이 있습니다. 몇 자리 앞에 랍비 복을 입고 앉아 있었는데 종종 시간의 편차를 두고(매 30분 간격으로) 일어나 앞에 토라를 펴놓고 허리를 흔들고 읽어가며 읊조리는 모습을 목격하고 도전을 받은 적이 있었습니다. 성경은 성도를 향하신 하나님의 절대적인 뜻을 이렇게 말씀하십니다. "하나님의 뜻은 이것이니 너희의 거룩함이라."(살전 4:3) 그리고 본문은 해답을 제시합니다. "하나님의 말씀과 기도로 거룩하여짐이라."(딤전 4:5) 이 거룩함의 복을 누리는 우리가 됩시다!

9

그리스도 예수의
좋은 일꾼이 되자

⁶네가 이것으로 형제를 깨우치면 그리스도 예수의 좋은 일꾼이 되어 믿음의 말씀과 네가 따르는 좋은 교훈으로 양육을 받으리라 ⁷망령되고 허탄한 신화를 버리고 경건에 이르도록 네 자신을 연단하라 ⁸육체의 연단은 약간의 유익이 있으나 경건은 범사에 유익하니 금생과 내생에 약속이 있느니라 ⁹미쁘다 이 말이여 모든 사람들이 받을 만하도다 ¹⁰이를 위하여 우리가 수고하고 힘쓰는 것은 우리 소망을 살아 계신 하나님께 둠이니 곧 모든 사람 특히 믿는 자들의 구주시라 ¹¹너는 이것들을 명하고 가르치라 ¹²누구든지 네 연소함을 업신여기지 못하게 하고 오직 말과 행실과 사랑과 믿음과 정절에 있어서 믿는 자에게 본이 되어 ¹³내가 이를 때까지 읽는 것과 권하는 것과 가르치는 것에 전념하라 ¹⁴네 속에 있는 은사 곧 장로의 회에서 안수 받을 때에 예언을 통하여 받은 것을 가볍게 여기지 말며 ¹⁵이 모든 일에 전심 전력하여 너의 성숙함을 모든 사람에게 나타나게 하라 ¹⁶네가 네 자신과 가르침을 살펴 이 일을 계속하라 이것을 행함으로 네 자신과 네게 듣는 자를 구원하리라

9
그리스도 예수의
좋은 일꾼이 되자

평생을 그리스도인으로 살면서 거룩한 야망이 있다면 그리스도 예수의 좋은 일꾼이 되는 것입니다. 어떤 공동체나 네 가지 유형의 사람들이 존재한다고 합니다. 말꾼, 구경꾼, 싸움꾼, 일꾼들입니다. 말꾼은 말만 퍼트리고 다니는 사람이고, 구경꾼은 문자 그대로 공동체를 섬기지 않고 방관만 하는 사람입니다. 그런가 하면 적극적으로 공동체를 훼방하고 분열을 일으키는 싸움꾼도 있습니다. 그러나 공동체가 필요로 하는 사람은 일꾼입니다. 여기 일꾼이란 단어는 집사와 같은 '디아코노스'(diakonos, deacon)입니다. 섬기는 지도자를 뜻하는 말입니다. 디모데전서 3장에서 집사직을 논하면서 말씀드렸습니다만 최고의 집사는 예수 그리스도이십니다. 바울은 그의 후계자인 디모데가 예수 그리스도를 본받고 예수 그리스도에 의해 쓰임 받는 진정한 일꾼이 되기를 부탁하고 있는 것입니다. 그냥 일꾼이 아니라 좋은(kalos, 선한 성품을 지닌)일꾼이 되기를 부탁하고 있는 것입니다.

요즈음 미국의 신학교에서는 〈영적 형성〉(Spiritual Formation)이란 과목을 개설하기 시작했습니다. 영적 지도자는 영적 형성의 과정을 거쳐서 일꾼다운 일꾼이 되기 때문에 그런 구체적인 훈련이 필요하다고 본 것입니다. 우리는 하루아침에 영적 지도자가 되는 것이 아니라, 그런 지도자가 되어가기 위해서 성령의 간섭하심과 시간적 과정이 필요하기 때문입니다. 바울은 지금 디모데가 에베소 교회에서 사역을 하게 되었지만 그의 자질 형성이 아직도 진행 중인 것을 알고 그런 진지한 부탁을 하고 있는 것입니다. 사실 하나의 공동체는 그 공동체를 이끌어가는 지도자의 성숙만큼만 성숙할 수 있는 것입니다. 나는 성숙이 더 이상 필요 없다는 생각을 하는 지도자처럼 위험한 지도자는 없습니다. 디모데는 20대에 바울을 만나 그의 제자가 됩니다. 바울의 전도여행에 동참하면서 많은 현장 교육을 받을 수 있었습니다. 그리고 30대가 된 그는 바울이 목회하던 에베소 교회의 사역을 위임받게 된 것입니다. 이제 미숙을 넘어서서 성숙의 본을 보여야 할 시점에 도달하고 있었습니다. 이런 디모데에게 바울은 그리스도 예수의 좋은 일꾼이 되어달라고 부탁하는 것입니다. 그리스도 예수의 좋은 일꾼이 되려면 어떻게 해야 할까요?

1. 경건에 이르도록 자신을 연단해야 합니다.

우리가 지도자가 되었다는 것이 영적 성장의 멈춤을 의미하지 않습니다. 지도자에게는 더더욱 영적 양육의 필요가 있습니다. 본문 6절을 함께 보겠습니다. "네가 이것으로 형제를 깨우치면 그리스도 예수의 좋은 일꾼이 되어 믿음의 말씀과 네가 따르는 좋은 교훈으로 양육을 받으리라." 초신자나 새 신자에게만 양육이 필요한 것이 아니라는 것입니다. 이제 에베소 교회의 지도자로서 성도들을 양육해야 할 디모데에게 바울은 디모데 자신이 먼저 믿음의 말씀과 교훈으로 양육을 받아야 한다고 말씀합니다. 양육에 진보가 없는 지도자가 다른 성도들을 양육할 수 없기 때문입니다. 그리고 이어서 7절에서 연단의 중요성을 강조합니다. "망령되고 허탄한 신화를 버리고 경건에 이르도록 네 자신을 연단하라." 여기 '연단'이란 단어는 원어에 '귐나조'(gyimnazo)로 exercise 혹은 train으로 번역됩니다. 체육관을 뜻하는 gymnasium이 여기서 나온 말입니다. 모든 운동은 결실을 거두려면 꾸준하게 일관성 있게 시간을 드려 노력하는 것을 전제로 합니다. '경건'은 이미 우리가 살펴 본대로 하나님에게 속한 성품을 뜻하는 '유세베이아'(eusebeia)로 영어로는 godliness 혹은 piety라는 단어로 번역됩니다. 하나님을 닮아가는 성품에 이르도록 꾸준히 훈련하라는 말입니다.

망령되고 허탄한 신화는 일체의 비성경적인 사람이 만들어낸 인위적 잡설과 허황된 교리들입니다. 당시 영지주의자들은 우리를 경건하게 한다는 미명으로 온갖 신화적 금욕주의 교훈을 가르치고 있었던 것입니다. 바울 사도는 이에 맞서서 이미 주신 말씀의 교훈을 붙들고 날마다 삶의 마당에 그 말씀을 적용하는 훈련만이 경건의 유일한 길인 것을 역설합니다. 말씀을 떠나서 경건의 왕도가 없다는 것입니다. 육체를 훈련하기 위한 운동처럼 꾸준히 노력하라고 말합니다. 8절의 말씀을 보겠습니다. **"육체의 연단은 약간의 유익이 있으나 경건은 범사에 유익하니 금생과 내생에 약속이 있느니라."** 여기 바울은 육체를 단련하는 운동도 우리에게 유익하다고 말합니다. 그러나 그 유익은 금생에 국한된 것입니다. 우리가 하나님을 닮아가는 성품을 연마할 때 우리는 그 성품을 갖고 하나님 앞에 서서 영원한 삶을 살게 될 것입니다. 그래서 영적 훈련은 금생과 내생에 이르도록 유익하다고 말합니다.

우리가 신학적으로 하나님의 성품을 연구할 때 하나님과 공유할 수 없는 성품, 곧 비공유적 성품과 하나님과 공유하는 공유적 성품으로 나누어 설명합니다. 예컨대 비공유적 성품의 대표적인 것은 전지성, 전능성, 편재성, 영원성 같은 것들입니다. 이것들은 본받을 수 없는 것들이고 하나님을 하나님 되게 하는 성품들입니다. 그러나 예컨대 거룩성, 사랑, 자비, 긍휼 같은 것들은 우리가 본받을 수 있는 것들입니다. 내가 거룩하니 너희도 거룩하라고 하십니다. 하나님이 사랑이신 것처럼 우리도 사랑해야 한다고 가르치십니다. 하나님이 자비하시고 긍휼하신 것처럼 우리도 이웃들에게 자비하고 긍휼을 베풀어야 한다고 가르치십니다. 이런 공유적 성품들은 우리가 하나님을 늘 바라보고 그분과 함께 하는 시간이 많을수록 하나님의 자녀로 하나님 아버지를 닮아가게 하는 것입니다. 그런 닮아감이 바로 경건의 핵심입니다. 예수 그리스도의 장성한 분량에 이르도록 충만하고 온전한 사람됨이 바로 경건의 척도가 되는 것입니다. 이런 경건에 이르도록 자신을 훈련하는 우리가 되기를 기도합시다.

2. 소망을 하나님께 두고 살아야 합니다.

우리가 그리스도 예수의 좋은 일꾼이 되기 위해서는 또 하나, 소망을 사람이 아닌 하나님에게 두고 살아야 합니다. 그 이유는 하나님만이 우리들, 믿는 자들의 구주가 되시기 때문입니다(딤전 4:10). 사람은 아무리 훌륭해도 우리를 구원하지 못합니다. 하나님과 하나님의 아들 예수 그리스도, 그분만이 우리의 구주이시고 따라서 그분만을 바라보고 살아가야 합니다. 우리를 구원할 수 없는 이는 누구든지 우리의 모본이 되지 못합니다. 하나님과 하나님의 아들 예수 외에 그 누구도 영원한 존재가 못됩니다. 인간은 누구나 유한하기 때문에 그들이 보이는 모범도 불완전한 것입니다. 따라서 사람을 따르는 것은 우상 숭배입니다. 바울 당시에 전 세계를 지배하고 신적 숭배를 강요하던 로마의 황제들도 그리스도인의 관점에서는 우상이었습니다. 그래서 바울은 우리 소망을 살아계신 하나님에게 둔다고 고백합니다. 로마의 황제 중에는 기독교 신앙에 호의적인 지도자들도 있었습니다. 그래도 그들은 우리의 소망이 아니었습니다. 소망은 오직 살아계신 하나님 그리고 부활하신 하나님의 아들 예수 그리스도뿐이었습니다.

바울은 이제 디모데가 참으로 본받아야 할 삶의 영역을 구체적으로 열거합니다. 본문 12절을 보겠습니다. **"누구든지 네 연소함을 업신여기지 못하게 하고 오직 말과 행실과 사랑과 믿음과 정절에 있어서 믿는 자에게 본이 되어."** 여기 사용된 연소함이란 단어는 당시 나이가 40세까지 적용된 것이었고 따라서 디모데가 아직 40세에 미치지 못하는 30대였음을 알게 하는 대목입니다. 당시 사회는 40세 미만을 아직 젊은 나이로 간주하고 있었고, 바울은 디모데가 자신의 젊은 나이에도 불구하고 사람들에게 존경받는 지도자의 삶을 살 것을 기대한 것입니다. 그리고 그런 기대는 특히 다섯 가지 삶의 영역에서 믿는 자의 본으로 살아가는 것이었습니다. 1)말-언어생활의 모본, 2)행실-말을 증명하는 구체적 삶의 모습, 3)믿음-말씀대로 살아 말씀의 권위를 드러내는 말씀에 대한 신뢰, 4)사랑-아가페로써 이기적인 욕망을 초월하는 이타적 삶의 모습, 5)정절-가족과 가정에 충실한 도덕적인 삶의 모본을 기대한 것입니다. 다시 이런 삶을 살아내기 위한 권면을 13절에서 말합니다. **"내가 이를 때까지 읽는 것과 권하는 것과 가르치는 것에 전념하라."** 바울 당시에는 성경을 소지하지 못하고 쪽 복음 형태로 교회가 두루마리 성경들을 부분적으로 소유했고 예배 시에 가장 중요한 시간이 성경 봉독이었습니다. 봉독 이후에는 지도자들의 권고와 가르침이 따랐던 것입니다. 말씀이 봉독되는 순간, 그 말씀은 모든 회중이 한 주간 혹은 한 달 동안 붙들고 살아야 할 말씀이었습니다. 저는 프랑스의 떼제 공동체를 방문했을 때 성경 봉독 시간이 끝나면 수사가 종을 치고 이어 한 5분간 그 말씀을 받기 위해 모든 회중이 조용히 침묵하던 그 고요와 거룩한 묵상의 시간을 잊을 수 없습니다.

3. 무엇보다 영적으로 성숙해야 합니다.

바울 사도의 디모데에 대한 목회적 기대는 오늘의 본문 15절에 잘 요약되어 있습니다. "이 모든 일에 전심 전력하여 너의 성숙함을 모든 사람에게 나타나게 하라." 그리고 그런 성숙함의 실현은 바로 하나님께서 그에게 허락한 영적 은사를 최선을 다해 활용하는 것이었습니다. 본문 14절이 그런 기대를 보여주고 있습니다. "네 속에 있는 은사 곧 장로의 회에서 안수 받을 때에 예언을 통하여 받은 것을 가볍게 여기지 말며." 우리는 이 말씀만 가지고 구체적으로 디모데가 어떤 은사를 받았는지 그리고 어떤 은사적 사명을 부탁받았는지는 알 수가 없습니다. 그러나 그의 은사를 잘 활용하여 그가 처한 상황에서 그가 할 수 있는 방법으로 복음의 진보를 위해 헌신하는 성숙을 권면하고 있는 것만큼은 분명해 보입니다. 본래 은사는 '카리스마'(karisma)라는 단어인데 이 단어의 어근은 '카라'(kara)로 기쁨이란 뜻입니다. 그 일을 하면 자신이 즐겁고 보람과 의미를 느끼는 어떤 것, 그것은 은사와 연관되어 있을 가능성이 큽니다. 우리 자녀들에게도 부모의 기대가 아닌 그들 자신이 하고 싶어 하는 일, 그런 일을 하도록 격려할 때 자녀들은 훨씬 더 의미를 느끼고 성숙을 이루어 갑니다.

저는 초등학교 시절부터 문학적 감수성이 있고 학교 공부보다 책 읽기를 좋아해서 책 한 권을 다 읽고 나면 맨 뒷장에다 그책의 소감문을 써 놓았습니다. 그것이 계기가 되어 중고등학교 시절, 시 짓기 같은 대회에서는 입상이 안 되다가 독후감 대회를 나가보았더니 거의 모든 대회에서 입상할 수 있었습니다. 군대에 가서는 상급자들의 연애편지를 대필해서 편하게 지낼 수도 있었습니다. 저는 그것이 후일 설교자로서 성경과 책을 읽고 요약하고 표현하며 생각을 소통하는 일에 이렇게 제 은사가 쓰여질 줄을 몰랐습니다. 결국 설교자는 글과 말로 성경 기자들의 생각을 청중들에게 전달하는 것이 사명 아니겠습니까? 오늘 편지를 쓰고 있는 바울 사도도 평생 말로 복음을 전하고 글로 편지를 써서 전달하는 것으로 그의 사명을 감당하고 있었습니다. 심지어 감옥에서도 그는 그의 은사로 그 사역을 감당했습니다. 그리고 지금 그의 승계자 디모데에게도 너의 은사로 너 자신의 성숙을 도모하며 사역을 감당하라고 권면하고 있는 것입니다.

"네 연소함을 업신여기지 못하게 하라"(딤전 4:12)는 말씀에 가장 가까운 성숙한 인생을 산 근대 기독교 지도자가 있다면 그는 본회퍼(Bonhoeffer) 목사일 것입니다. 그는 21세에 박사학위를 받고 24세에 대학교수 자격을 취득합니다. 31세에 《나를 따르라》라는 불멸의 고전을 출간합니다. 그러나 고국 독일이 나치에 의해 오도되는 모습을 보고 미국에서 귀국해 37세에 반 히틀러 운동에 가담해서 나치에 의해 체포당한 그는 2년간의 옥살이를 하며

두 권의 책을 출간합니다. 하나는 《옥중서신-저항과 복종》(복있는
사람)이고 또 하나는 약혼자 마리아와의 편지를 모은 《옥중연서》
(복있는사람)입니다. 이 두 권의 책으로 그의 옥중생활을 엿볼 수 있
습니다. 한 간수는 본회퍼가 감옥의 방을 '수도자의 방'으로 바
꾸었다고 말합니다. 그는 사랑하는 여인과 사랑의 편지를 교환
합니다. 어쩌면 그것은 이룰 수 없는 사랑을 영원한 사랑으로 바
꾸려는 노력이었습니다. 두 번의 성탄절을 보내면서 1944년 마
지막으로 성탄 인사편지를 씁니다. "*신실하신 주님 팔에 고요히
둘러싸인 / 보호와 위로 놀라워라 / 오늘도 나는 억새처럼 함께 살며
/ 활짝 열린 가슴처럼 새로운 해를 맞으렵니다. … 주님의 강한 팔에
안겨있는 놀라운 평화여! / 낮이나 밤이나 우리와 함께 하시는 하나
님은 / 다가올 모든 날에도 변함없으시니 / 무슨 일 닥쳐올지라도 확
신 있게 맞으렵니다.*" 이 시가 〈선한 능력으로〉라는 노래가 된 것
입니다. 그는 제2차 대전 종전을 한 달 앞둔 1945년 4월 9일,
39세로 교수대에서 떠납니다. 그의 죽음의 입회자인 의사는 "내
가 목격한 가장 경건한 죽음이었다"는 증언을 남깁니다.

10

영적 가족을 향한 책임

디모데전서 5장 1-16절

[1]늙은이를 꾸짖지 말고 권하되 아버지에게 하듯 하며 젊은이에게는 형제에게 하듯 하고 [2]늙은 여자에게는 어머니에게 하듯 하며 젊은 여자에게는 온전히 깨끗함으로 자매에게 하듯 하라 [3]참 과부인 과부를 존대하라 [4]만일 어떤 과부에게 자녀나 손자들이 있거든 그들로 먼저 자기 집에서 효를 행하여 부모에게 보답하기를 배우게 하라 이것이 하나님 앞에 받으실 만한 것이니라 [5]참 과부로서 외로운 자는 하나님께 소망을 두어 주야로 항상 간구와 기도를 하거니와 [6]향락을 좋아하는 자는 살았으나 죽었느니라 [7]네가 또한 이것을 명하여 그들로 책망 받을 것이 없게 하라 [8]누구든지 자기 친족 특히 자기 가족을 돌보지 아니하면 믿음을 배반한 자요 불신자보다 더 악한 자니라 [9]과부로 명부에 올릴 자는 나이가 육십이 덜 되지 아니하고 한 남편의 아내였던 자로서 [10]선한 행실의 증거가 있어 혹은 자녀를 양육하며 혹은 나그네를 대접하며 혹은 성도들의 발을 씻으며 혹은 환난 당한 자들을 구제하며 혹은 모든 선한 일을 행한 자라야 할 것이요 [11]젊은 과부는 올리지 말지니 이는 정욕으로 그리스도를 배반할 때에 시집 가고자 함이니 [12]처음 믿음을 저버렸으므로 정죄를 받느니라 [13]또 그들은 게으름을 익혀 집집으로 돌아 다니고 게으를 뿐 아니라 쓸데없는 말을 하며 일을 만들며 마땅히 아니할 말을 하나니 [14]그러므로 젊은이는 시집 가서 아이를 낳고 집을 다스리고 대적에게 비방할 기회를 조금도 주지 말기를 원하노라 [15]이미 사탄에게 돌아간 자들도 있도다 [16]만일 믿는 여자에게 과부 친척이 있거든 자기가 도와 주고 교회가 짐지지 않게 하라 이는 참 과부를 도와 주게 하려 함이라

10
영적 가족을 향한 책임

우리는 흔히 좋은 교회, 이상적 교회를 말할 때 가정 같은 교회라고 말합니다. 그러나 이상적 교회는 가정 같은 교회이어서는 안 됩니다. 왜냐하면 이상적 교회는 바로 영적 가정이기 때문입니다. 가정 같은 교회가 아니라 교회는 가정이고 가족이어야 한다는 말입니다. 그리고 이상적인 영적 교회는 가족 상호간에 책임을 다하고 있는 관계에 있어야 합니다. 오늘의 본문 8절이 그것을 가르칩니다. "누구든지 자기 친족 특히 자기 가족을 돌보지 아니하면 믿음을 배반한 자요 불신자보다 더 악한 자니라." 성경을 보면 하나님의 창조 사역의 마지막 절정에서 가정이 태어납니다. 하나님께서 여섯째 날 하나님의 형상대로 남자와 여자를 지으시고 그들을 부부로 연합하게 하심으로 가정이 태어납니다. 또한 하나님의 구원 사역의 절정에서는 교회가 태어납니다. 우리는 흔히 교회를 예수님의 피로 값 주고 사신 공동체라고 말합니다. 예수님이 십자가에서 우리 죄를 대신 짊어지시고 대속의 죽음으로 보혈을 흘려주심으로 우리는 구원받고 예수의 몸에 속한 지체가 된 것입니다.

이제 가정과 교회는 서로 상호 보완적인 영적 관계를 갖게 되었습니다. 바울은 가정생활의 원리를 그리스도와 그의 몸 된 교회와의 관계에서 찾고 있습니다. 남편이 아내 사랑하기를 그리스도가 교회를 사랑하시고 자신을 내어 주신 것처럼 사랑해야 한다고, 그리고 아내는 남편에게 교회가 그리스도에게 순복하듯 해야 한다고 가르칩니다. 그리하여 우리는 가정을 통해 영적 가정인 교회의 머리가 되신 그리스도를 드러낼 수 있어야 합니다. 교회가 그리스도의 몸이어야 하는 것처럼 우리 가정도 그리스도의 몸으로서 그리스도가 일하시는 축복의 통로가 될 수 있어야 합니다. 그런데 또한 교회도 그리스도의 영적 가족으로서 서로를 향한 책임을 다할 때 하나님의 아름다운 집이 될 수 있는 것입니다. 이제 바울 사도는 오늘의 본문에서 교회 내 늙은 남자와 늙은 여자 그리고 젊은 남자와 젊은 여자 그리고 특히 과부에 대하여 어떤 태도로 책임 있는 관계를 맺어야 하는가를 가르치고 있습니다. 이 모든 이들은 우리의 영적 가족들로서 우리와의 책임 있는 관계를 요청하고 있는 것입니다.

1. 늙은 남자와 늙은 여자를 향한 책임입니다.

한마디로 아버지에게 하듯, 어머니에게 하듯 해야 한다고 가르칩니다. 5장 1절이 어떻게 시작됩니까? **"늙은이를 꾸짖지 말고 권하되 아버지에게 하듯 하며."** 다음 2절을 보십시오. **"늙은 여자에게는 어머니에게 하듯 하며."** 교회 내 늙은 남자와 여자들을 다 영적 부모처럼 모시라는 말입니다. 타락한 우리 시대의 영향으로 오늘날 많은 부모들이 자식들에게 버림받고 배척받는 시대가 되었습니다. 이런 시대에 자식들에게 버림받고 상처받은 부모들이 교회에 와서 교회의 젊은이들에게 아버지로 어머니로 존중받을 수 있다면 그것은 얼마나 놀라운 간증이 되겠습니까? 교회 내 젊은이들은 늙은이들을 보면서 그들이 바로 내 영적 부모라는 인식을 가져야 한다는 것입니다.

소리꾼 장사익 선생의 노래 중 〈꽃구경〉(시 김형영, 곡 장사익)을 기억하십니까? "어머니 꽃구경 가요 / 제 등에 업히어 꽃구경 가요 / 세상이 온통 꽃 핀 봄날 / 어머니는 좋아라고 아들 등에 업혔네 / 마을을 지나고 산길을 지나고 / 산자락에 휘감겨 숲길이 짙어지자 / 아이구머니나! / 어머니는 그만 말을 잃더니 / 꽃구경 봄 구경 눈감아 버리더니 / 한 움큼씩 한 움큼씩 솔잎을 따서 / 가는 길 뒤에다 뿌리며 가네 / 어머니 지금 뭐하신대요 / 이 솔잎은 따서 뭐하신대요 / 아들아 아들아 내 아들아 / 너 혼자 내려갈 일 걱정이구나 / 길 잃고 헤맬까 걱정이구나." 이 노래는 옛날 부모를 산속에 버리던 고려장 풍습을 연상하게 합니다만 요즈음 우리는 산속 요양원에 부모를 방치해 놓고 자식으로 할 일을 다 했다고 생각하는 것은 아닌지 모르겠습니다. 우리네 부모들은 그 요양원 산길에서 자식들이 길을 잃지 않을까 오늘도 걱정인데 말입니다. 눈을 뜨고 보면 우리 주변에서 어머니 아버지의 모습을 한 영적 가족들이 우리 영적 자녀들의 손길을 기다리고 있는 것은 아닌지요?

2. 젊은 남자와 젊은 여자를 향한 책임입니다.

다시 본문 1절에 보면 "젊은이에게는 형제에게 하듯 하고", 2절에 보면 "젊은 여자에게는 온전히 깨끗함으로 자매에게 하듯 하라"고 합니다. 한마디로 나보다 나이 어린 젊은 형제자매에게는 진정으로 형제자매에게 하듯 하라는 것입니다. 그리하여 교회는 큰 가족이 되어야 한다는 것입니다. 나이 많은 늙은 남자와 여자는 교회에서 아버지 어머니로 공경받게 하고 나이가 젊은 남자와 여자들은 내 형제와 자매가 되는 것입니다. 오늘날 우리 사회에서는 이런 개념을 연장된 가족(extended family)이라고 부릅니다. 문자 그대로 두 사람이 결혼하여 한 사람도 낳지 못하는 오늘의 한국 사회에서 과연 교회가 이런 연장된 가정의 역할을 할 수 있느냐를 테스트 받고 있는 것입니다.

옛날 한 가정에서 며느리를 들일 때에는 형제가 많은 가족에서 여인을 데려오면 실패가 없다는 말이 있었습니다. 왜 이런 생각이 등장했을까요? 형제자매가 많은 사이에서 자라난 사람들은 성장 과정에서 인격이 원만하게 다듬어질 가능성이 더 많기 때문입니다. 그런데 요즘은 외아들, 외동딸들이 많아 일방적으로 받기만하고 자라나 인격적 연단의 기회가 적고 성격이 이기적이 될 가능성이 더 많습니다. 이런 약점을 보완할 수 있는 곳이 바로 교회 공동체라는 것입니다. 교회에서 우리는 여러 영적인 아버지, 어머니들을 접할 수 있을 뿐 아니라, 여러 형제자매들을 접하면서 그들과의 교제에서 인격적 연마의 기회를 갖는 것입니다. 단 이성들과의 관계에서는 깨끗한 교제를 가짐으로 더 큰 상처를 예방할 수 있어야 하는 단서가 붙어 있습니다. 그렇게만 되면 교회 내 성도의 교제는 시편 133편 1절과 3절의 이상을 실현하게 될 것입니다. "보라 형제가 연합하여 동거함이 어찌 그리 선하고 아름다운고, …거기서 여호와께서 복을 명령하셨나니 곧 영생이로다." 하늘의 여호와 하나님을 통치자로 모시고 형제자매 어우러져 삶을 나누는 곳, 그곳이 바로 천국이 아니겠습니까?

3. 참 과부를 향한 책임입니다.

본문 3절 말씀을 보겠습니다. "참 과부인 과부를 존대하라." 우선 여기 참 과부의 뜻을 알아야 하겠습니다. 오늘 같은 사회복지 시스템이 없던 옛날, 남편이 죽은 여인의 처지는 곤고했습니다. 그런데 초대교회는 이런 여인들을 돌아보는 일을 사역의 차원에서 감당하고 있었던 것입니다. 우선 홀로 된 여인에게 자녀나 손자가 있다면 여기서 말하는 참 과부 곧 교회가 돌아볼 과부에 해당하지 않았습니다. 4절 말씀을 보겠습니다. "만일 어떤 과부에게 자녀나 손자들이 있거든 그들로 먼저 자기 집에서 효를 행하여 부모에게 보답하기를 배우게 하라 이것이 하나님 앞에 받으실 만한 것이니라." 또 이런 참 과부로 교회가 돌볼 사람들은 나이가 60세 이상은 되고 과부가 되기 전에도 신실한 믿음의 삶을 사는 사람이어야 했습니다. 9-10절의 말씀을 보십시오. "과부로 명부에 올릴 자는 나이가 육십이 덜 되지 아니하고 한 남편의 아내였던 자로서 선한 행실의 증거가 있어 혹은 자녀를 양육하며 혹은 나그네를 대접하며 혹은 성도들의 발을 씻으며 혹은 환난 당한 자들을 구제하며 혹은 모든 선한 일을 행한 자라야 할 것이요."

사실 60세가 안 된 과부 여인들은 언젠가 다시 좋은 사람을 만나 시집갈 가능성이 있었고, 심지어 안 믿는 남편을 만나 신앙을 포기할 가능성도 있었기에 이런 사람들은 참 과부 자격에 해당하지 않았던 것입니다. 이것은 교회가 얼마 안 되는 자원으로 참 과부를 돌보는 일에 집중하기 위해서였던 것입니다. 본문의 결론과 같은 16절 말씀을 보십시오. "만일 믿는 여자에게 과부 친척이 있거든 자기가 도와 주고 교회가 짐지지 않게 하라 이는 참 과부를 도와 주게 하려 함이라." 그리고 이런 참 과부를 교회가 돌보고 섬기는 목적은 그들이 사역자의 차원에서 주께 헌신하는 자들이었기 때문입니다. 본문 5절을 보십시오. "참 과부로서 외로운 자는 하나님께 소망을 두어 주야로 항상 간구와 기도를 하거니와."

우리는 성경에서 실제로 이런 경건한 과부들의 헌신의 사례를 볼 수 있지 않습니까? 우선 과부 안나를 생각해 보십시오. 누가복음 2장 36-37절을 보십시오. 여기 안나는 과부였을 뿐 아니라 선지자로 기록되고 있습니다. "또 아셀 지파 바누엘의 딸 안

나라 하는 선지자가 있어 나이가 매우 많았더라 그가 결혼한 후 일곱 해 동안 남편과 함께 살다가 과부가 되고 팔십사 세가 되었더라 이 사람이 성전을 떠나지 아니하고 주야로 금식하며 기도함으로 섬기더니." 그녀는 성전을 지키며 기도로 사역하고 있었던 것입니다. 다음 절인 누가복음 2장 38절은 그녀가 또한 메시아를 증거하는 일에도 쓰임을 받았다고 기록합니다. "마침 이 때에 나아와서 하나님께 감사하고 예루살렘의 속량을 바라는 모든 사람에게 그에 대하여(메시아) 말하니라." 그녀는 성전 지킴이로 기도 사역자로 그리고 메시아를 증거하는 전도자로도 사역한 것입니다. 그러므로 그녀의 과부됨은 사역자로 헌신하는 기회가 된 것입니다. 우리는 구약 열왕기상에서 사르밧 과부가 극한 상황의 가난 중에도 선지자 엘리야를 선대하고 그를 집안에 모셔 섬김으로 아들이 살아나고 필요를 공급하시는 하나님의 기적을 체험하는 사례를 볼 수 있습니다.

또한 신약 복음서에는 자신의 생활비 전부였던 두 렙돈을 성전 헌금궤에 드린 한 과부의 헌신의 이야기, 사도행전에서는 가난한 과부를 도왔던 도르가라는 여인이 옷을 지어 과부들에게 입히던 선행이 기록되고 있습니다. 그녀가 죽었을 때 베드로는 그녀의 도움을 받은 과부들을 입회시켜 그녀의 부활의 증인이 되게 하신 것을 볼 수가 있습니다. 고아와 나그네들과 함께 하나님의 끊임없는 사랑의 대상인 과부들에 대한 연민은 성경적 사랑 실천의 가장 중요한 대상이었습니다. 오늘날의 교회 중에 참 과부 명단을 만들어 과부를 돕고 있는 교회들은 얼마나 될까를 묻지 않을 수 없습니다. 제가 지구촌교회 개척하고 10년이 되어갈 때 선교/전도 사역과 균형을 이루어야 할 사회복지 사역을 위한 다음 10년을 기획하고 사회복지 법인의 인가를 받을 때 우리 교회 사회복지/구제 사역의 모델로 한 교회가 미국의 워싱턴에 있던 세이비어교회(Church of the Saviour)였습니다.

세이비어교회는 미국을 움직이는 20대 교회, 50대 교회하면 빠지지 않고 들어가는 교회입니다. 그런데 이 교회는 대형교회가 아니고 80-150명 정도가 회집하는 4개의 교회와 한 개의 수양관으로 이루어진 다 합해도 1,000명이 안 되는 교회입니다. 본래 이 교회는 1947년 고든 코스비(Gordon Cosby)라는 목사님이 저와 같은 남침례교 신학출신으로 신학교 졸업 후, 워싱턴 백악관에서 2마일 북쪽으로 떨어진 빈민지역에서 시작한 교회입니다. 이 교회는 철저하게 공동체 정신을 지향하고 있습니다. 정식 교인으로 등록하면 소그룹에 들어가 소위 미션에 정기적으로 참여하여 섬겨야 합니다. 이 교회는 모든 교우들은 자기 안에 깊이 들어가는 내적 여정(Inner Journey)에 참여하고 다음으로 외적으로 소외된 이웃들을 섬기는 외적 여정(Outward Journey)에 참여해야 합니다. 이런 여정을 훈련받기 위한 섬김학교(Servant Leadership School)에서 모든 교우들이 〈영적 가족이 되는 훈련〉을 받습니다.

이렇게 규모가 크지 않은 교회가 감당하는 미션 사역들을 열거하면 다음과 같습니다. 이 사역들은 거의 다 자원봉사로 이루어집니다.

1) 토기장이의 집(서점과 카페, 저녁에는 모임장소)

2) Children and Family Service(빈민지역 자녀 돌봄 사역)

3) Dayspring Retreat Center(침묵 훈련을 중심으로 한 수양관)

4) 사라의 집(노숙자 여성 노인들을 위한 사역의 집)

5) 사마리아인의 집(마약과 알콜 중독 환자 치유와 회복)

6) 미리암과 요셉의 집(남녀 후천성 면역 결핍증 환자 요양원)

7) 그리스도의 집(노숙자 돌봄 및 치료 시설)

8) 콜롬비아 로드 진료소(건강보험이 없는 이들을 진료)

9) 희년 주거 사역(아파트 임대 사역) 및 만나지역 개발(임시주거 사역) 등…

영적 가족의 정신이 살아있는 교회가 감당한 놀라운 사역들입니다. 한국 교회 안에도 이런 교회들의 부흥을 기대해 봅니다.

11

교회 내 리더들과
팔로워들의 책임

5:17잘 다스리는 장로들은 배나 존경할 자로 알되 말씀과 가르침에 수고하는 이들에게는 더욱 그리할 것이니라 18성경에 일렀으되 곡식을 밟아 떠는 소의 입에 망을 씌우지 말라 하였고 또 일꾼이 그 삯을 받는 것은 마땅하다 하였느니라 19장로에 대한 고발은 두세 증인이 없으면 받지 말 것이요 20범죄한 자들을 모든 사람 앞에서 꾸짖어 나머지 사람들로 두려워하게 하라 21하나님과 그리스도 예수와 택하심을 받은 천사들 앞에서 내가 엄히 명하노니 너는 편견이 없이 이것들을 지켜 아무 일도 불공평하게 하지 말며 22아무에게나 경솔히 안수하지 말고 다른 사람의 죄에 간섭하지 말며 네 자신을 지켜 정결하게 하라 23이제부터는 물만 마시지 말고 네 위장과 자주 나는 병을 위하여는 포도주를 조금씩 쓰라 24어떤 사람들의 죄는 밝히 드러나 먼저 심판에 나아가고 어떤 사람들의 죄는 그 뒤를 따르나니 25이와 같이 선행도 밝히 드러나고 그렇지 아니한 것도 숨길 수 없느니라 6:1무릇 멍에 아래에 있는 종들은 자기 상전들을 범사에 마땅히 공경할 자로 알지니 이는 하나님의 이름과 교훈으로 비방을 받지 않게 하려 함이라 2믿는 상전이 있는 자들은 그 상전을 형제라고 가볍게 여기지 말고 더 잘 섬기게 하라 이는 유익을 받는 자들이 믿는 자요 사랑을 받는 자임이라 너는 이것들을 가르치고 권하라

11
교회 내 리더들과
팔로워들의 책임

어느 공동체나 리더가 존재하고 팔로워가 존재합니다. 리더와 팔로워의 역학 관계에 따라 공동체의 성격과 분위기가 형성됩니다. 기독교 역사 속에는 다른 교회들에 대하여 그리고 심지어 교회가 위치한 사회에 대하여 건강한 영향을 끼쳐온 건강한 지역 교회들이 있었습니다. 교회 사학자들과 교회 행정연구자들의 견해를 집약하여 그런 교회들의 공통점을 열거한다면 세 가지의 특성들이 존재하고 있었습니다. 1)좋은 리더와 좋은 팔로워가 존재했다는 것, 2)서로(리더와 팔로워)의 약점을 건강하게 다룰 수 있는 시스템이 존재했다는 것, 3)무엇보다 공동체가 편견 없이 공평하게 운영되고 있었다는 것(딤전 5:21, **너는 편견이 없이 이것들을 지켜 아무 일도 불공평하게 하지 말며**)을 지적할 수 있습니다. 그러나 한 교회가 좋은 교회로 계속하여 존재하는 것은 아닙니다. 한때 좋은 교회가 시간이 흘러가며 좋지 않은 교회가 되기도 하고, 좋지 않은 교회가 새로운 리더십을 수용하면서 질적 개선을 통하여 좋은 교회로 변화되기도 합니다.

요한계시록 2-3장에 보면 소아시아에 존재하던 일곱 교회를 향해 사도 요한이 밧모섬에서 편지를 쓰고 있습니다. 우선 그 편지 서두에는 'OOO 교회의 사자에게 편지하기를'이란 말로 시작됩니다. 이 편지가 각 교회의 리더십을 향하여 쓰여진 편지임을 알게 합니다. 일단 교회를 만드는 가장 중요한 역할은 리더십의 책임이라는 것을 알 수 있습니다. 그리고 각각의 일곱 교회를 향한 칭찬과 책망의 메시지가 있습니다. 건강한 교회는 칭찬이 풍성하고 또한 잘못을 교정하려는 노력이 함께하는 균형 있는 교회임을 알 수가 있습니다. 그리고 셋째로 성령의 음성을 듣고 순종하려는 열린 교회가 되어야 한다는 것을 알 수 있습니다. "성령이 교회들에게 하시는 말씀을 들을 지어다"라는 메시지가 반복됩니다. 그리고 마지막으로 교회가 궁극적인 승리를 향해 나아가려는 미래 지향적인 공동체가 되어야 한다는 것입니다. 계시록 2-3장의 일곱 교회를 향하여 마지막에 '이기는 그에게는'이라는 승리의 약속을 나누고 있습니다.

자, 이제 바울 사도가 디모데에게 교회의 리더들과 팔로워들이 어떤 책임감을 갖고 교회를 세워나가라고 가르치고 있는지를 살펴보겠습니다.

1. 리더들에 대한 책임

1) 리더들을 존경해야 한다는 것입니다.

리더가 존경받지 못하는 공동체는 영향력 있는 공동체가 될 수 없습니다. "잘 다스리는 장로들은 배나 존경할 자로 알되…."(딤전 5:17) 여기 다스리고 가르치는 장로들이 언급되는데 오늘날의 표현으로 하면 목회자들을 가리키는 단어입니다. 그런데 어떻게 하는 것이 리더들을 존경하는 것일까요? 여기 사용된 '티메'(time)라는 단어는 정신적이고 물질적인 양면성을 가진 말입니다. 정신적으로 존중한다는 것, 그리고 물질적으로 충분한 수고의 대가를 지불하여 격려한다는 이중적 의미가 있습니다. 영어로는 정신적으로 존경하는 것을 honour한다고 말하고, 그들을 향한 감사의 사례비를 honorarium이라고 불렀습니다. 18절의 말씀을 함께 읽어봅시다. "성경에 일렀으되 곡식을 밟아 떠는 소의 입에 망을 씌우지 말라 하였고 또 일꾼이 그 삯을 받는 것은 마땅하다 하였느니라." 사실 이 편지를 쓰고 있는 바울 사도는 천막 제조하는 일(tentmaking)을 하며 자급자족의 정신으로 복음을 전했습니다. 자비량 선교를 한 것입니다. 그러나 바울은 자신의 경우를 보편적으로 이해한 것이 아니라 예외적인 케이스로 이해했고 보편적으로는 일꾼이 일을 하고 그 삯을 받는 것이 당연하다고 말을 합니다. 초대교회에서는 일꾼들을 사례비로 격려함으로 그들을 향한 존중을 표현했던 것입니다.

2) 리더들은 말씀과 가르침으로 섬겨야 한다는 것입니다.

17절에 다스리는 장로에 이어 가르치는 장로에 대하여 바울은 **"말씀과 가르침에 수고하는 이들에게는 더욱 그리할 것이니라"** 라고 합니다. 더욱 무엇을 하라는 것입니까? 더욱 존경을 표현하라는 것입니다. 그들의 가르침으로 영적 공동체는 하늘의 음성을 듣고 하나님에게 순종하는 교회가 될 수 있기 때문입니다. 따라서 교회는 리더들을 잘 배려하여 그들이 영적 리더로서 말씀을 충분히 준비하고 묵상할 수 있는 시간을 갖게 해야 합니다. 교회의 영적 리더들은 또한 자신들에게 주어진 가장 고귀한 책임이 하나님의 말씀을 대언하는 책임임을 인지하고 말씀으로 은혜를 끼치고 말씀으로 공동체를 리드할 줄 알아야 한다는 것입니다. 저는 담임 목회를 하는 동안 말씀 준비 시간을 다른 어떤 시간 계획보다 우선순위에 두고 준비해 왔다고 고백할 수 있습니다. 내게 맡겨주신 양무리들에게 신선한 꼴을 먹이는 일, 그것은 다른 어떤 책임과도 바꿀 수 없다고 믿었기 때문입니다.

3) 리더의 책벌은 신중하게 수행되어야 한다는 것입니다.

교회의 리더가 흔들리면 공동체 전체가 흔들릴 수밖에 없습니다. 그래서 교회 내에서 리더의 실수나 오류가 문제가 될 때 그런 문제는 정말 신중하게 다루어지는 것이 마땅한 일입니다. 이제 그런 배경에서 19절 말씀을 보십시오. **"장로에 대한 고발은 두세 증인이 없으면 받지 말 것이요."** 우리가 자주 하는 말 중에 "아니 땐 굴뚝에 연기가 나랴"라는 말이 있는데, 아니 땐 굴뚝에서도 연기가 날 수 있습니다. 오죽하면 요즈음 우리 사회 최대의 이슈가 '가짜 뉴스'이겠습니까? 우리 사회에 가짜 뉴스가 범람한다는 말이 아니겠습니까? 우리는 그런 증인이 없는, 증명될 수 없는 일로 우리가 사랑하는 리더를 무너지게 하는 일이 없어야 하겠습니다. 물론 진짜 리더가 잘못할 수도 있습니다. 리더가 신이 아닌 이상 오류가 없을 수 없습니다. 본문 20-21절의 말씀이 무슨 의미이겠습니까? 그럴 때는 신중하게 그리고 공평하게 지적받고 꾸짖음 받아야 한다는 것입니다. 그리고 중요한 것은 리더의 책망은 궁극적으로 그를 다시 회복시켜야 한다는 것입니다.

4) 리더에게는 건강한 자기 관리의 책임이 있다는 것입니다.

본문 22절에서 사도 바울은 다시 리더의 중요한 자격을 디모데에게 가르칩니다. "네 자신을 지켜 정결하게 하라"는 것입니다. 물론 이 말씀은 리더의 도덕적 자질을 명시하는 것이지만 여기에서의 '정결'은 '하그노스'(hagnos)인데 도덕적으로 순결한 자질 이상으로 '흠이 없는 건강함'을 뜻하는 말입니다. 이것은 다음 구절 23절의 부탁과 연결되어 있습니다. "이제부터는 물만 마시지 말고 네 위장과 자주 나는 병을 위하여는 포도주를 조금씩 쓰라." 리더는 자신을 건강하게 지킬 수 있어야 한다는 말입니다. 리더의 건강은 바로 공동체의 건강이기도 하기 때문입니다. 리더가 건강 관리에 실패하면 그것은 바로 공동체의 위기를 초래하기 때문입니다. 옛날 그리스의 철학자들은 "건강한 육체에 건강한 정신이 깃든다"(Sound mind in sound body)는 것을 주장해 왔습니다. 우리의 육체와 정신을 만드신 창조주 하나님에게도 이 주장은 진리로 용납될 수가 있습니다. 그리스도인 리더에게는 자신만을 위해서가 아니라 하나님의 나라와 교회를 위해 자신의 몸과 마음을 건강하게 지키는 리더십이 필요하다는 말입니다.

2. 팔로워들에 대한 책임

바울 사도는 리더에 대한 책임을 논하면서 디모데전서 6장 1-2절에서 이제 팔로워의 책임에 대한 가르침을 이어갑니다. 공동체에서는 무엇보다 리더가 더 중요한 영향을 끼치지만 리더만으로 공동체의 질서와 미학이 만들어지는 것이 아닙니다. 그런 의미에서 우리는 리더십(Leadership) 못지않게 팔로워십(Followership)에도 관심을 가져야 합니다. 그래서 1절에 멍에 아래 있는 종들에게 가르침을 전달합니다. 그들은 예수를 믿는 종들, 팔로워들이었을 것입니다. 바울 당시의 로마 세계를 연구하는 학자들은 많을 때는 로마의 인구 절반이 노예들이었다는 증언을 남깁니다. 그리고 이 노예들은 식민지 정복의 결산으로 여러 나라에서 온 총명한 노예들이 많아서 가정의 단순한 노동만 감당한 것이 아니라, 로마 귀족들의 자녀들의 가정교사로, 혹은 관청의 기술자, 과학자로 복무하고 있었다고 말합니다.

성경학자들은 당시의 그리스도인들이 로마의 노예 제도를 직접적으로 비판하거나 노예들에게 저항을 위한 선동을 한 것은 아니었지만, 로마의 노예와 주인들에게 동시에 전해진 예수 그리스도의 복음의 능력은 결과적으로나 역사적으로 노예 제도의 철폐를 가져온 가장 중요한 원인이 되었다고 지적합니다. 자, 이제 바울은 팔로워들에게 무엇을 가르치고 있습니까?

1) 리더를 공경해야 한다고 가르칩니다.

6장 1절의 말씀입니다. "무릇 멍에 아래에 있는 종들은 자기 상전들을 범사에 마땅히 공경할 자로 알지니 이는 하나님의 이름과 교훈으로 비방을 받지 않게 하려 함이라." 여기 바울이 그리스도인 종들(피고용인)에게 그들이 상전들(고용인)에게 순종하고 공경해야 할 이유를 단순하게 상전들에게 잘 보이거나 잘 대우 받기 위해서가 아닌 신앙적인 이유를 들고 있음을 주목해야 합니다. '하나님의 이름과 교훈이 비방 받지 않기 위해서'라고 말합니다. 너희들이 믿고 있는 그 하나님의 명예를 높이고 너희들이 따르고 있는 하나님의 말씀의 교훈이 가정과 사회에서 얼마나 유익할 수 있는가를 증명하기 위해서라도 그리스도인 종들은 상전들에게 공경하는 태도로 일하는 자가 되어야 한다고 가르치는 것입니다. 다시 여기에 사용된 '티메'(time)란 말은 정신적으로 상대를 존중하고 실제적으로 상대를 높여주는 태도를 뜻하는 말입니다. 외적으로만 그런 태도를 갖는 것이 아닌, 진심으로 하나님의 형상대로 지음 받은 인간의 존엄함을 지켜주는 자세를 가지라는 말입니다. 그런 태도가 너희가 또한 하나님의 사람임을 증명하는 방식이 될 것이라는 권면인 것입니다.

 2) 믿는 리더들을 모시는 팔로워들은 주인들을 더 잘 섬겨야 한다고 가르칩니다.

6장 2절의 말씀입니다. "믿는 상전이 있는 자들은 그 상전을 형제라고 가볍게 여기지 말고 더 잘 섬기게 하라 이는 유익을 받는 자들이 믿는 자요 사랑을 받는 자임이라 너는 이것들을 가르치고 권하라." 믿는 상전과 믿는 종의 관계는 그리스도 안에서 형제입니다. 이 영적 형제 됨을 종종 남용하여 믿는 상전에게 예의 있게 대하지 않는 믿는 종들이 있었던 것으로 보여집니다. 이런 태도는 결국 상전과 종의 관계가 함께 유익을 도모하지 못하는 관계로 전락할 수 있습니다. 그리스도 안에서 형제 됨이 직장에서의 상관이라는 관계를 무효화하지는 못합니다. 그는 여전히 직장 상사에 대한 윤리적 의무가 있고, 그가 그리스도인 피고용자라면 더욱 믿는 상전에게 예의를 가지고 대할 때 그의 신앙이 직장에서의 덕을 쌓는 결과를 초래할 수가 있어야 한다는 것입니다.

 우리는 성경에서 믿는 상전과 믿는 종의 관계를 아름답게 한 케이스, 빌레몬서의 주인공인 빌레몬과 그의 종 오네시모의 관계를 생각해 봅니다. 우리는 빌레몬서를 통하여 오네시모라는 종이 복음을 받아들이기 전에 자기의 주인 빌레몬에게 경제적 피해를 입히고 소아시아 골로새에서 로마로 도망간 경우를 짐작하게 됩니다. 그런데 오네시모가 로마에 가서 당시 감옥에 있던 바울을 만나게 됩니다. 바울은 오네시모에게 전도하여 그리스도를 자신의 구주로 영접하게 하고 오네시모는 바울에게 신앙의 양육을 받게 됩니다. 그리고 바울은 오네시모가 과거에 그가 자기 주인 빌레몬에게 경제적 피해를 입힌 것을 알게 되자, 새로운 출발을 위해 오네시모가 옛 주인 빌레몬의 용서를받고 화해하는 것이 필요하다고 느껴 그에게 다시 소아시아 골로새로 돌아가 옛 주인을 만날 것을 요청합니다. 바울의 요청에 동의하고 새 인생을 살아가고자 주인에게로 떠나는 오네시모에게 바울은 편지 한 장을 씁니다. 그것이 바로 빌레몬서입니다. 빌레몬서 10절을 보십시오. "갇힌 중에서 낳은 아들 오네시모를 위하여 네게 간구하노라." 16절을 보십시오. "이 후로는 종과 같이 대하지 아니하고 종 이상으로 곧 사랑 받는 형제로 둘 자라…." 그리고 18절입니다. "그가 만일 네게 불의를 하였거나 네게 빚진 것이 있으면 그것을 내 앞으로 계산하라." 그렇게 해서 그는 용서받은 종이 되고 후일 그는 에베소 교회의 감독이 됩니다. 얼마나 아름다운 복음의 영향력인지요?

12

돈 사랑을 극복하려면

디모데전서 6장 3-10절

[3]누구든지 다른 교훈을 하며 바른 말 곧 우리 주 예수 그리스도의 말씀과 경건에 관한 교훈을 따르지 아니하면 [4]그는 교만하여 아무 것도 알지 못하고 변론과 언쟁을 좋아하는 자니 이로써 투기와 분쟁과 비방과 악한 생각이 나며 [5]마음이 부패하여지고 진리를 잃어 버려 경건을 이익의 방도로 생각하는 자들의 다툼이 일어나느니라 [6]그러나 자족하는 마음이 있으면 경건은 큰 이익이 되느니라 [7]우리가 세상에 아무 것도 가지고 온 것이 없으매 또한 아무 것도 가지고 가지 못하리니 [8]우리가 먹을 것과 입을 것이 있은즉 족한 줄로 알 것이니라 [9]부하려 하는 자들은 시험과 올무와 여러 가지 어리석고 해로운 욕심에 떨어지나니 곧 사람으로 파멸과 멸망에 빠지게 하는 것이라 [10]돈을 사랑함이 일만 악의 뿌리가 되나니 이것을 탐내는 자들은 미혹을 받아 믿음에서 떠나 많은 근심으로써 자기를 찔렀도다

12
돈 사랑을 극복하려면

돈은 필요한 것입니다. 성경은 돈의 필요를 부정하지 않습니다. 제가 좋아하는, 시카고에서 CPA(회계사)로 일하시며 한국 교회에서 청지기 세미나 강의로 유익을 끼치시는 김동윤 장로님이 오래전에 쓰신 책 중에 제목이 《솔직히 말해서, 예수님 다음으로 돈이 좋아요》(교회성장연구소)라는 책이 있습니다. 매우 솔직한 고백의 책이 아닙니까? 누구나 돈을 필요로 하고 돈을 좋아할 것입니다. 저는 돈 자체가 죄악은 아니라고 생각합니다. 본문 중에 우리에게 가장 많이 알려진 구절이 10절일 것이라고 생각합니다. **"돈을 사랑함이 일만 악의 뿌리가 되나니….**" 그런데 이 구절을 제일 잘못 읽는 것은 '돈'이 일만 악의 뿌리라고 읽는 것입니다. 아닙니다. 성경은 결코 돈이 악이라고 말한 것이 아닙니다. '돈을 사랑함'이 일만 악의 뿌리라고 말합니다. 돈은 필요한 것이고, 좋아할 수도 있겠지만 돈을 사랑하는 데까지는 가지 말아야 한다는 것입니다.

오늘날 사랑이란 단어가 세속화되어 아무 대상을 향해서나 사랑이란 단어가 남용되고 있지만 본래 사랑은 인격적 대상을 향해서만 사용되어야 할 단어입니다. 성경에서는 가장 중요한 사랑이 하나님 사랑이고 다음이 이웃 사랑입니다. 그런데 그 자리에 돈을 두어서는 안 된다는 것입니다. 돈은 결코 인격적 사랑의 대상이 될 수 없고 인격적 가치가 종속될 수 없는 대상입니다. 돈은 우리가 가진 가치관에 따라 잘 사용하면 됩니다. 그러나 돈 자체에 인격적 가치를 부여한 나머지, 돈의 지배를 받아서는 안 된다는 말입니다. 다시 말하면 돈은 하인(종)으로 잘 부려야지 돈을 주인 삼고 돈을 숭배해서는 안 된다는 말입니다. 자, 돈을 만드시고 돈을 주신 분은 누구입니까? 말할 것도 없이 하나님이십니다. 그래서 하나님만을 주인으로 삼고 하나님의 뜻을 따라 돈을 사용해야 하는 것이 돈을 하나님께로부터 받은 사람들의 책임입니다. 우리에게 주신 예수님의 말씀, 마태복음 6장 24절을 기억하십니까? **"한 사람이 두 주인을 섬기지 못할 것이니 혹 이를 미워하고 저를 사랑하거나 혹 이를 중히 여기고 저를 경히 여김이라 너희가 하나님과 재물을 겸하여 섬기지 못하느니라."**

그러나 오늘 우리의 세대는 이런 예수님의 경고에도 불구하고 돈을 하나님처럼 섬기는 시대가 되었습니다. 우리 시대 사람들의 가장 큰 사랑은 돈 사랑이 되어버렸습니다. 우리 시대 사람들의 가장 큰 자랑은 돈 자랑(주식, 코인, 복권, 부동산 투자)입니다. 이것은 예수님이 경고하신 가치관의 전도이고 가장 위험한 인생을 사는 방법입니다. 그럼에도 불구하고 우리 시대의 사람들은 돈 사랑의 미혹에서 헤어나지 못하고 있습니다. 이런 미혹에서 벗어나

려면 돈 사랑의 본질이 무엇인가를 알아야 합니다. 그렇다면 본문이 가르치는 '돈 사랑의 본질'은 무엇일까요?

1. 돈 사랑은 우리의 마음을 부패하게 합니다.

본문 5절 말씀을 보겠습니다. "**마음이 부패하여지고 진리를 잃어 버려 경건을 이익의 방도로 생각하는 자들의 다툼이 일어나느니라.**" 본문에서 바울이 제자 디모데에게 이런 경고를 하는 배경은 이미 말씀드린바 있지만 에베소 교회에 거짓 교사들이 그릇된 영향을 끼치고 있었던 것입니다. 그 중의 하나가 돈 사랑을 최고의 가치처럼 가르치는 것이었습니다. 당시 에베소는 아테미(아르테미스, 다이아나) 우상 숭배가 유행하여 이 우상을 만들어 파는 장사가 크게 유행하고 있었고 거짓된 교사들은 이것들을 판매하여 이익을 취하고 있었습니다. 사도행전 19장 24절을 보십시오. "**즉 데메드리오라 하는 어떤 은장색이 은으로 아데미의 신상 모형을 만들어 직공들에게 적지 않은 벌이를 하게 하더니.**" 그런데 바울의 우상 숭배를 공격하는 설교로 이 장사가 성행하지 못하자 에베소 상인들은 "에베소 사람의 아데미여!"를 부르짖으며 바울을 잡고자 했던 것입니다.

바울이 염려한 것은 돈 사랑은 결국 그들로 마음이 부패해져서 진리에 귀를 닫게 하고, 그들의 종교적 관심이 오직 경건을 이익의 도구로만 생각하는 되는 것이었습니다. 마음의 부패와 종교적 부패는 우리를 경제적 이익의 자리로만 인도합니다. 여기 본문에 사용된 '부패'라는 단어는 본래 '디아프테이로'란 말인데 전치사 '디아'(dia, through)와 '프후데이로'(phtheiro, corrupt)의 합성어로 '모든 영역으로 두루 퍼져 부패하게 한다'는 의미입니다. 돈 사랑은 돈의 영역뿐 아니라 모든 삶의 영역을 부패하게 하는 것입니다. 돈에 눈이 어두워지면 삶의 모든 영역에 눈이 어두워집니다. 문자 그대로 돈 사랑은 우리로 돈 사람(미친 사람)이 되게 합니다. 예수님이 마태복음 6장 22-23절 산상수훈에서 "눈은 **몸의 등불이니 그러므로 네 눈이 성하면 온 몸이 밝을 것이요 눈이 나쁘면 온 몸이 어두울 것이니**"라고 말씀하신 것을 기억합니다. 여기서 눈은 하늘의 보물을 헤아려 분별하는 눈을 말하고 계십니다. 하늘의 보물이 있는 곳에 마음을 두고 사는 사람이 인생의 진리를 제대로 분별하는 사람이라고 말씀하고 계십니다.

이런 돈 사랑에서 우리를 구할 유일의 대안은 '자족하는 마음'을 갖는 것입니다. 본문 6-8절까지의 교훈이 그것입니다. 6절은 자족하는 마음이 있어야 우리의 경건 추구가 영적 유익을 가져올 수 있다고 말합니다. 7절은 우리는 이 세상에 아무것도 갖지 못한 알몸으로 왔다가 세상 떠나는 날 아무것도 갖지 못한 알몸으로 떠난다는 것을 잊지 말라고 말씀하십니다. 유명한 부자 록펠러(John D. Rockefeller)가 죽었을 때 그가 얼마나 유산을 남겼는지 궁금해진 기자가 "도대체 그는 얼마나 남겼느냐?"고 록펠러의 변호사에게 물었다고 합니다. 변호사의 유명한 대답입니다. "그는 다 남기고 가셨습니다."(He left it all behind) 그래서 본문 8절은 말합니다. "우리가 먹을 것과 입을 것이 있은즉 족한 줄로 알 것이니라." 셰익스피어의 《헨리 6세》에 보면 시골길을 방황하던 왕이 두 사냥꾼을 만납니다. 그리고 자신이 왕이라고 신분을 밝히자 한 사냥꾼이 묻습니다. "당신이 왕이라면 당신의 왕관은 어디에 있느냐?" 그때 왕은 이렇게 답합니다. "내 왕관은 내 머리 위가 아니라 내 마음속에 있소. 다이아의 장식도 없고 인도의 보석도 없고 눈에 보이지도 않소. 나의 왕관은 그 이름이 만족이라고 하오." 유대교 랍비의 교훈집에 랍비(영적 지도자)가 되는 첫째 자격은 '모든 상황에서 만족할 줄 아는 것'이라고 합니다. 바울 사도도 빌립보서 4장 11절에서 "어떠한 형편에든지 나는 자족하기를 배웠노니"라고 고백합니다.

2. 돈 사랑은 우리를 파멸에 이르게 합니다.

우리가 돈 사랑을 경계해야 할 이유 첫째는 우리 마음을 부패하게 하기 때문이라고 말씀을 드렸습니다. 두 번째 이유는 돈 사랑은 결국 우리를 파멸에 이르게 하기 때문입니다. 9절 말씀을 함께 읽습니다. "부하려 하는 자들은 시험과 올무와 여러 가지 어리석고 해로운 욕심에 떨어지나니 곧 사람으로 파멸과 멸망에 빠지게 하는 것이라." 서양 속담에 "돈을 소유하는 것은 괜찮은 일입니다. 그러나 돈이 당신을 소유하지는 못하게 하십시오."라는 말이 있습니다. 돈이 우리를 소유하는 순간 우리는 인생의 참된 자유를 상실합니다. 그리고 우리가 탐욕의 노예가 되는 순간 우리는 온갖 악에서 헤어나지 못합니다. 데모크리토스(Democritus)는 "돈을 사랑하는 것이 모든 악의 본거지다"라고 말합니다. 세네카(Seneca)는 "우리 것이 아닌 남의 것을 탐내는 욕망에서 정신의 모든 악이 출발한다"고 말합니다.

　이런 모든 경고는 야고보서 1장 15절에 "욕심이 잉태한즉 죄를 낳고 죄가 장성한즉 사망을 낳느니라"는 말씀과 일치합니다. 첫 사람 아담과 하와가 그렇게 사망을 맞이하지 않았습니까? 선악을 알게 하는 나무의 실과를 본즉 욕심이 생겼습니다. 마침내 그 실과를 먹지 말라는 하나님의 말씀을 무시하고 그 열매를 먹는 행동을 했습니다. 사도 요한은 요한일서 3장 4절에서 "죄를 짓는 자마다 불법을 행하나니 죄는 불법이라"고 했습니다. 이제 하나님의 명을 불순종하고 욕심으로 인한 행동을 하는 순간 죄를 범한 것입니다. 그리고 처음 사람에게 죄의 삯으로, 그 결과로 사망이 찾아옵니다. 이번 본문에서 바울이 말한 대로 결국 파멸과 멸망이 찾아온 것입니다. 모든 욕심 중에 우리가 특히 경계할 것이 물욕임을 상기합시다. 구약에서 아간이란 이름을 기억하십니까? 이스라엘 백성들이 여리고 전투에서 위대한 하나님의 능력을 경험하고 승리한 후, 그보다 아주 작은 아이 성 전투에서 의외의 패배를 경험합니다. 아이 성의 패배를 보고하는 여호수아 7장 1절은 이렇게 시작됩니다. "이스라엘 자손들이 온전히 바친 물건으로 말미암아 범죄하였으니 이는 유다 지파 세라의 증손 삽디의 손자 갈미의 아들 아간이 온전히 바친 물건을 가졌음이라….” 다시 말하면 하나님에게 드릴 전리품의 일부를 탐욕으로 도적질했다는 것입니다. 결국 여호수아 7장 마지막 절은 그를 잡아 돌로 치고 그가 도적질한 물건을 다 불살라 버렸다고 기록합니다. 그를 처형한 장소가 바로 아골 골짜기였습니다. 재물의 욕심이 한 사람을 파멸과 멸망에 이르게 하였고 그가 속한 공동체도 일시적이지만 하나님의 저주를 경험합니다. 돈 사랑은 그렇게 위험한 것입니다.

3. 돈 사랑은 우리를 믿음에서 떠나게 합니다.

본문의 마지막 10절을 읽겠습니다. “**돈을 사랑함이 일만 악의 뿌리가 되나니 이것을 탐내는 자들은 미혹을 받아 믿음에서 떠나 많은 근심으로써 자기를 찔렀도다.**” 돈 사랑은 자신을 행복하게 하는 것이 자신을 찌르는 상처를 내는 결과를 초래한다고 경고합니다. 옛날 임금을 위해 충성을 다한 농부 신하가 있었다고 합니다. 임금은 그에게 많은 돈과 땅을 하사했다고 합니다. 얼마 동안 그는 행복했습니다. 임금에게 인정받고 돈도 많아지고 했으니 말입니다. 그런데 그가 얼마 후 다시 임금을 찾아와 임금에게 받은 모든 선물을 다시 돌려드리고 싶다고 했답니다. 왜냐하면 임금의 선물을 받은 그 순간부터 그 돈과 땅을 어떻게 관리하나, 누가 빼앗지는 않을까 걱정과 염려가 생겼기 때문이라고 말씀을 드렸다고 합니다. 그렇습니다. 돈은 염려 없이 지혜롭게 관리할 수 있을 때까지만 행복의 도구일 수가 있습니다. 그래서 청교도 시대 청교도의 생활 지침의 하나가 돈을 관리할 능력이 없어지기 전에 빨리 돈을 하나님의 일에 기부하는 것이었습니다. 그렇지 않으면 돈은 행복의 도구가 아닌 파멸의 도구일 수 있기 때문입니다. 그래서 오늘 본문에서 바울은 돈 사랑이 많은 근심으로 자기를 찌르는 결과를 가져온다고 말합니다.

그런데 그보다 더 비극적인 경고는 우리가 돈 사랑으로 믿음을 떠나게 될 수도 있다는 것입니다. 일찍 우리는 예수님이 돈과 하나님을 겸하여 두 주인으로 섬길 수 없다고 말씀하신 것을 보았습니다. 돈 사랑과 하나님 사랑은 함께 갈 수 없다는 말씀입니다. 우리는 예수님의 제자였던 가룟 유다가 은 삼십 냥에 스승 예수님을 배신한 것을 잘 알고 있습니다. 구약에 보면 은 삼십 냥은 소 같은 짐승에게 치어 사람이 죽었을 때 보상하는 몸값이었습니다. 겨우 한 사람 목숨값으로 그는 예수님을 팔았던 것입니다. 그런데 예수님을 파는 사람들은 유다에게만 국한되는 것일까요? 푼돈 욕심으로 자신의 양심을 거스르는 사람들, 세상에서의 지위를 얻고자 예수 신앙을 부인하는 사람들, 돈 조금 더 벌고자 주일예배를 포기하는 교인들, 직장에서의 승급을 위해 기독교인임을 숨기는 교인들, 모두 돈 사랑 때문에 예수를 팔고 믿음을 부인하는 사람들 아닌가요?

여러분! 여러분에게 어느 날 하나님의 천사가 다가와 '더욱 믿음'과 '당장 1억 2천만 원' 중에 어느 것을 받겠느냐 하면 여러분의 선택은 무엇일까요? 구약 열왕기하 5장에 보면 엘리사 선지자와 그 종 게하시의 이야기가 나옵니다. 지금의 시리아인 아람의 군대장관이 엘리사에게 나아와 나병(한센병)의 치유를 받고 감사의 예물을 드렸으나 엘리사가 거절합니다. 이때 이 광경을 목격한 엘리사의 종 게하시가 나아만을 쫓아가 은 한 달란트와 옷 두 벌만 선생님이 두 제자 청년에게 달라고 했다고 거짓말을 합니다. 나아만은 기뻐하며 은 두 달란트(1억 2천만 원)와 옷 두 벌을 선물합니다. 게하시는 나아만이 하나님의 말씀에 순종하여 요단강에 몸을 잠금으로 깨끗함을 받는 기적을 보았습니다. 그것은 믿음의 순종이 가져온 기적이었습니다. 그러나 이런 것보다 그에겐 1억 2천만 원과 밍크 코트가 더 중요했던 것입니다. 결국 게하시는 나병이 발병하는 처벌을 받습니다. 믿음을 떠나 돈을 선택한 비극이었습니다. 오늘 우리의 선택은 무엇일까요? 돈 사랑 아닌 예수 사랑, 하나님 사랑이 우리의 선택이기를 기도합시다!

13

너 하나님의 사람아

디모데전서 6장 11-21절

[11]오직 너 하나님의 사람아 이것들을 피하고 의와 경건과 믿음과 사랑과 인내와 온유를 따르며 [12]믿음의 선한 싸움을 싸우라 영생을 취하라 이를 위하여 네가 부르심을 받았고 많은 증인 앞에서 선한 증언을 하였도다 [13]만물을 살게 하신 하나님 앞과 본디오 빌라도를 향하여 선한 증언을 하신 그리스도 예수 앞에서 내가 너를 명하노니 [14]우리 주 예수 그리스도께서 나타나실 때까지 흠도 없고 책망 받을 것도 없이 이 명령을 지키라 [15]기약이 이르면 하나님이 그의 나타나심을 보이시리니 하나님은 복되시고 유일하신 주권자이시며 만왕의 왕이시며 만주의 주시오 [16]오직 그에게만 죽지 아니함이 있고 가까이 가지 못할 빛에 거하시고 어떤 사람도 보지 못하였고 또 볼 수 없는 이시니 그에게 존귀와 영원한 권능을 돌릴지어다 아멘 [17]네가 이 세대에서 부한 자들을 명하여 마음을 높이지 말고 정함이 없는 재물에 소망을 두지 말고 오직 우리에게 모든 것을 후히 주사 누리게 하시는 하나님께 두며 [18]선을 행하고 선한 사업을 많이 하고 나누어 주기를 좋아하며 너그러운 자가 되게 하라 [19]이것이 장래에 자기를 위하여 좋은 터를 쌓아 참된 생명을 취하는 것이니라 [20]디모데야 망령되고 헛된 말과 거짓된 지식의 반론을 피함으로 네게 부탁한 것을 지키라 [21]이것을 따르는 사람들이 있어 믿음에서 벗어났느니라 은혜가 너희와 함께 있을지어다

13
너 하나님의 사람아

성경은 지극히 소수의 사람들에게 가장 명예스런 별명을 하사합니다. 그것이 바로 '하나님의 사람'입니다. 우선 모세에게 이 별명이 주어집니다. 신명기 33장 1절에 보면 "하나님의 사람 모세가 죽기 전에"라는 말씀으로 시작됩니다. 그는 하나님의 사람으로 살다가 하나님의 사람으로 죽었습니다. 시편 90편 1절에 보면 이 시편의 주제가 "하나님의 사람 모세의 기도"라고 기록되어 있습니다. 사무엘상 2장 27절에 보면 어느 날 "하나님의 사람이 엘리에게" 찾아왔다고 증언합니다. 그는 바로 사무엘 선지자였습니다. 열왕기상 17장 24절을 보면 사르밧 과부가 자기 집에 3년 가까이 모신 선지자를 향하여 고백하기를 "내가 이제야 당신은 하나님의 사람이시요 당신의 입에 있는 여호와의 말씀이 진실한 줄 아노라"라고 고백합니다. 그가 바로 엘리야였습니다. 그리고 성경에서 유일하게 이 '하나님의 사람'이란 수식어에 한 단어를 덧붙여 '하나님의 마음에 합한 사람'이란 칭호로 불린 사람이 있습니다. 다윗이었습니다. 느헤미야 12장 24절은 그를 "하나님의 사람 다윗"이라고 부릅니다. 그러나 신약 사도행전 13장 22절을 보십시오. "···다윗을 왕으로 세우시고 증언하여 이르시되 내가 이새의 아들 다윗을 만나니 내 마음에 맞는 사람이라 내 뜻을 다 이루리라." 하나님의 마음에 맞는 하나님의 사람이라고 부릅니다. 얼마나 영광스런 선포입니까!

그런데 이 단어가 신약에도 등장하는 것입니다. 바로 오늘의 본문에서 바울은 자신의 제자 디모데를 향하여 "너 하나님의 사람아!" 이렇게 부르고 있는 것입니다. 하나님의 사람! 얼마나 좋습니까? 어떤 사람은 권력의 사람으로 평생을 살기도 하고, 또 어떤 사람은 자기 이름을 내기 위한 명예의 사람으로 평생을 살기도 하고, 또 어떤 사람은 자기 조국을 위해 목숨을 버리는 애국의 사람으로 평생을 살기도 합니다. 또 어떤 사람은 가난하고 어려운 이웃들을 섬기는 자선의 사람으로 평생을 살기도 합니다. 또 어떤 사람은 인류 기술의 발달을 위해 자신의 모든 재능을 바치는 과학의 사람으로, 혹 어떤 사람은 인류의 지식을 향상시키는 지식의 사람으로 평생을 살기도 합니다. 그런데 '하나님의 사람!', 그는 자신을 창조하시고 자신을 부르시는 생명의 주인 되신 하나님을 위해 평생을 드리는 사람입니다. 구약의 위대한 신앙의 열조들의 발자취를 이어 바울 사도는 자신의 제자 디모데가 하나님의 사람으로 살아가는 것을 보고 싶어 한 것입니다.

그러면 하나님의 사람에게 요구되는 자질은 무엇일까요? 바울은 이 디모데전서의 마지막 대목에서 그것을 부탁하고 있습니다. 다섯 가지로 요약하여 살펴보고자 합니다.

1. 피할 것이 있습니다.

본문 11절은 "오직 너 하나님의 사람아 이것들을 피하고…"라고 말합니다. 이 피할 것이 무엇일까요? '이것들'이 복수로 되어 있는데 이것은 지난 시간의 본문 9-10절에서 언급한 재물에 대한 탐욕과 여기서 파생된 여러 어리석은 욕망들을 포함한 것입니다. 그러나 이 모든 욕망의 본질은 돈 사랑인 것입니다. 우리가 정말 하나님에게 붙잡힌바 되어 하나님의 영광을 위하여 살기를 원한다면 무엇보다 재물의 욕심을 피해야 합니다. 그리고 있는 바를 족한 것으로 아는 자족의 사람으로 살고자 해야 합니다. 바울은 피할 것을 언급하며 이어서 우리가 추구할 것, 따를 것을 가르칩니다.

2. 따를 것이 있습니다.

11절 피하라는 말씀에 이어서 세 가지 짝으로 된 우리가 닮아가야 할 하나님의 성품을 언급합니다. "…의와 경건과 믿음과 사랑과 인내와 온유를 따르며." 성령의 열매와 유사하기도 합니다. 우선 의와 경건입니다. 의가 사람들을 향한 공정한 판단을 추구하는 것이라면 경건은 하나님을 기쁘시게 하고자 하는 동기를 말하고 있습니다. 우리가 의를 추구하는 이유는 의로우신 하나님을 기쁘시게 하고자 함입니다. 우리에게 이렇게 수평적으로, 수직적으로 균형 있는 품성이 있어야 합니다. 다음으로 믿음과 사랑입니다. 믿음은 하나님을 향한 충성된 자질입니다. 사랑은 이웃을 향한 이타적 삶의 자세입니다. 하나님의 사람들은 이런 믿음과 사랑의 균형적 자질이 있어야 합니다. 다음으로 인내와 온유입니다. 인내가 어려운 환경에 대한 참음이라면 온유는 어려운 이웃들에 대한 통제력입니다. 인내하고 온유함으로 우리는 우리가 하나님의 사람이라는 것을 간증하며 살아갈 수가 있습니다. 바울은 후일 갈라디아서를 통해 이런 인격의 자질은 성령의 열매라고 말합니다. 우리가 성령을 좇아 행하고 성령의 지배를 받을 때 형성되는 하나님의 사람들의 품성이요 자질인 것입니다. 바울은 우리에게 소극적으로는 재물의 악을 피하고 적극적으로는 인격적 선을 따라가야 한다고 말합니다.

3. 싸우고 취할 것이 있습니다.

본문 12절 말씀을 보겠습니다. "믿음의 선한 싸움을 싸우라 영생을 취하라 이를 위하여 네가 부르심을 받았고 많은 증인 앞에서 선한 증언을 하였도다." 여기 중요한 두 가지 명령어가 '싸우라'와 '취하라'입니다. 싸워서 취하라는 말입니다. 우리의 싸움은 사도들에게 전수받은 믿음을 지키기 위한 선한 싸움입니다. 유다서 3절을 보십시오. "사랑하는 자들아 우리가 일반으로 받은 구원에 관하여 내가 너희에게 편지하려는 생각이 간절하던 차에 성도에게 단번에 주신 믿음의 도를 위하여 힘써 싸우라는 편지로 너희를 권하여야 할 필요를 느꼈노니." 우리는 십자가에서 단번에 이루신 구원의 도를 믿음으로 하나님의 사람이 된 것을 결코 잊지 말아야 합니다. 이 믿음으로 영생을 얻은 것을 잊지 말아야 합니다. 이제 예수 믿고 영생 얻은 사람들은 더욱 풍성하게 영생을 누리는 삶 속에 들어가야 합니다. 영생은 단순히 시간적으로 오래 지속되는 생명(biological life)이 아닌 하나님께 속한 질적인 생명(zoe, spiritual life/divine life)입니다. 존 스토트(John Stott)는 여기 '취하라'는 단어의 원어인 '에필람바노마이'(epillambanomai)가 단순히 소유하는 것이 아니라, 끌어안고 즐거워하는 것이라고 말합니다. 영생을 얻은 사람은 이제 영생을 즐기는 삶을 담대하게 증거해야 한다고 말합니다.

4. 지킬 것이 있습니다.

이제 14절에서 바울은 보다 통전적으로 예수 그리스도의 명령을 지키는 자로 살 것을 권면합니다. "우리 주 예수 그리스도께서 나타나실 때까지 흠도 없고 책망 받을 것도 없이 이 명령을 지키라." 이 명령은 특히 거짓된 교사들의 그릇된 교훈을 경계하며 복음의 단순한 진리를 지킬 것을 권고하는 것입니다. 이 교훈은 나중에 20절에서도 반복됩니다. "디모데야 망령되고 헛된 말과 거짓된 지식의 반론을 피함으로 네게 부탁한 것을 지키라." 그리고 바울이 무엇보다 걱정한 것은 믿음을 지키지 못할 때 믿음에서 벗어나는 비극적 결말이었습니다. 그것이 마지막 21절의 경고입니다. "이것을 따르는 사람들이 있어 믿음에서 벗어났느니라 은혜가 너희와 함께 있을지어다." 후일 디모데후서 4장 7절에 보면 바울은 자신의 일생을 정리하며 "나는 선한 싸움을 싸우고 나의 달려갈 길을 마치고 믿음을 지켰으니"라고 고백합니다. 바울은 이제 그의 제자 디모데도 그런 삶을 살고 믿음을 지킬 것을 기대하고 있는 것입니다. 물론 이렇게 믿음을 지키는 삶은 인생의 의지적 노력만 가지고는 불가능하다는 것을 바울은 인지하고 있었습니다.

그래서 본문 15-16절에서 초대 그리스도인들의 송영과 같은 찬양을 인용하며 하나님의 주권적 권능이 그것을 이룰 것이라고 고백합니다. "기약이 이르면 하나님이 그의 나타나심을 보이시리니 하나님은 복되시고 유일하신 주권자이시며 만왕의 왕이시며 만주의 주시요 오직 그에게만 죽지 아니함이 있고 가까이 가지 못할 빛에 거하시고 어떤 사람도 보지 못하였고 또 볼 수 없는 이시니 그에게 존귀와 영원한 권능을 돌릴지어다 아멘." 이 초월자시요 절대자이신 다시 오실 성자 하나님을 통해 우리의 선한 싸움이 영원한 승리로 확증될 그날을 바라보며 살아야 한다고 말씀하시는 것입니다. 우리 주 예수 그리스도께서 다시 나타나실 때 우리는 비로소 온전한 존재로 성화되어 그분 앞에 흠 없고 온전한 하나님의 사람으로 서게 될 것입니다. 이제 요한일서 2장 28절의 말씀을 기억합시다. "자녀들아 이제 그의 안에 거하라 이는 주께서 나타내신 바 되면 그가 강림하실 때에 우리로 담대함을 얻어 그 앞에서 부끄럽지 않게 하려 함이라." 이것이 우리의 궁극적 소망입니다. 이것이 우리가 단번에 주신 복음의 도리를 굳게 지키며 주님 오실 때까지 살아야 할 이유입니다.

이렇게 말씀하던 바울은 이제 디모데전서를 마무리하면서 당시의 사회적 이슈였던 물질주의에 대한 권면으로 편지를 맺고자 합니다. 바울 당시 에베소는 새로운 로마(Neo Roma)로 불리워지고 있었고 에베소의 그리스도인들도 물질 문명의 영향을 피해갈 수 없었던 것입니다. 그렇다고 바울은 부를 피해서 사는 소극적인 금욕주의적 삶을 권면하지 않습니다. 오히려 마지막 권면으로 바울은 하나님의 사람들이 나누며 살 것을 권합니다.

5. 나눌 것이 있습니다.

우선 본문 18절을 보겠습니다. "선을 행하고 선한 사업을 많이 하고 나누어 주기를 좋아하며 너그러운 자가 되게 하라." 성경의 물질이나 부에 대한 관점은 소극적이지 않습니다. 물질과 부가 인간의 탐심을 부채질하기 때문에 물질과 부를 외면하고 살라고 말하지 않습니다. 오히려 물질과 부로 선을 추구하고 선을 추구하는 선한 사업을 하라고 말합니다. 그리하여 궁극적으로 나누는 삶을 살아야 한다고 말합니다. 이런 성경적 관점 때문에 기독교 신앙이 전파되는 나라에는 오히려 물질이 넉넉해지고 부가 창출되는 결과를 가져왔습니다. 그러나 이런 성경적 물질관을 갖기 위해서는 먼저 17절의 말씀에 귀를 기울여야 합니다. "네가 이 세대에서 부한 자들을 명하여 마음을 높이지 말고 정함이 없는 재물에 소망을 두지 말고 오직 우리에게 모든 것을 후히 주사 누리게 하시는 하나님께 두며." 성경은 재물을 정함이 없는 것이라고 말합니다. 재물은 있기도 하고 없어지기도 하고 궁극적으로 세상을 떠나는 날 버리고 가는 것입니다. 거기에 소망을 두지 말고 하나님에게 두라고 말합니다. 우리가 성경적 물질관을 갖고 산다면 하나님은 그런 사람들에게 후히 물질을 주시고 누리게 하십니다.

그리고 19절에서 바울은 나눔은 바로 영원한 나라를 위한 투자라고 말합니다. "이것이 장래에 자기를 위하여 좋은 터를 쌓아 참된 생명을 취하는 것이니라." 예수님은 산상수훈에서 나눔은 하늘에 보화를 쌓는 것이라고 하셨습니다. 마태복음 6장 19-20절을 기억하십시오. "너희를 위하여 보물을 땅에 쌓아 두지 말라 거기는 좀과 동록이 해하며 도둑이 구멍을 뚫고 도둑질하느니라 오직 너희를 위하여 보물을 하늘에 쌓아 두라 거기는 좀이나 동록이 해하지 못하며 도둑이 구멍을 뚫지도 못하고 도둑질도 못하느니라." 하늘에 보물을 쌓아두는 제일 대표적 방법이 헌금과 나눔인 것입니다. 우리가 하나님의 나라를 위해 헌금하고 나눌 때 우리는 하늘 은행에 적금하는 것입니다. 크리스천 가수 유리상자 이세준이 부른 노래 〈나눔의 미학〉(작사 이세준, 작곡 함춘호)의 메시지를 함께 기억했으면 좋겠습니다. "기쁨이 배가 되고 슬픔이 반이 되는 나눔의 비밀을 아는 그대여 / 슬기로운 비결을 신비로운 기적을 모두에게 보여주고 있네요 / 가진 게 많아서도 시간이 남아서도 아니란 걸 잘 알고 있답니다 / 누구나 할 수 있는 아무나 할 수 없는 사랑을 실천하는 그대죠 / 많이 가진 사람이 적게 가진 누구를 돕는 게 아닐거에요 / 사랑이란 건 시냇물처럼 예쁘게 흘러가는 것…."

그렇습니다. 나눔은 사랑의 통로이고 축복의 통로입니다. 바울은 마지막으로 디모데에게 이런 사랑을 실천하는 하나님의 사람으로 살 것을 격려하며 다시 그의 이름을 부릅니다. "디모데야!" 디모데의 이름은 본래 '티만'(경외하다)과 '테오스'(하나님)의 합성어로 하나님을 경외하는 사람이란 뜻입니다. 바울은 진실로 디모데가 그 이름처럼 하나님을 경외하는 하나님의 사람답게 살 것을 다시 부탁하는 것입니다. 20절 끝머리에 "네게 **부탁한 것을 지키라**"고 다시 권하면서 마지막 21절에서 하나님의 은혜가 함께 있기를 축복합니다. 하나님의 사람으로 사는 다섯 가지 권면, 피할 것, 따를 것, 싸우고 취할 것, 지킬 것, 나눌 것이 있는 사람으로 살아가십시다.

14

위대한 믿음의 유산을 따라

¹하나님의 뜻으로 말미암아 그리스도 예수 안에 있는 생명의 약속대로 그리스도 예수의 사도 된 바울은 ²사랑하는 아들 디모데에게 편지하노니 하나님 아버지와 그리스도 예수 우리 주께로부터 은혜와 긍휼과 평강이 네게 있을지어다 ³내가 밤 낮 간구하는 가운데 쉬지 않고 너를 생각하여 청결한 양심으로 조상적부터 섬겨 오는 하나님께 감사하고 ⁴네 눈물을 생각하여 너 보기를 원함은 내 기쁨이 가득 하게 하려 함이니 ⁵이는 네 속에 거짓이 없는 믿음이 있음을 생각함이라 이 믿음 은 먼저 네 외조모 로이스와 네 어머니 유니게 속에 있더니 네 속에도 있는 줄을 확신하노라 ⁶그러므로 내가 나의 안수함으로 네 속에 있는 하나님의 은사를 다시 불일듯 하게 하기 위하여 너로 생각하게 하노니 ⁷하나님이 우리에게 주신 것은 두려워하는 마음이 아니요 오직 능력과 사랑과 절제하는 마음이니

14
위대한 믿음의 유산을 따라

바울은 디모데전서를 쓰고 나서 잠시의 시간적 갭을 가진 후에 디모데후서를 다시 기록한 것으로 보여집니다. 바울이 디모데전서를 쓸 때 그는 마게도냐의 한 도시에서 이 편지를 쓴 것으로 추정됩니다(AD 63-65, 로마 감옥 1차 투옥에서 풀려 난 후). 그때 바울은 속히 디모데가 있는 에베소를 방문하고 싶어 했습니다(딤전 3:14, 내가 속히 네게 가기를 바라나). 그러나 디모데후서를 쓸 때 바울은 로마에서 두 번째로 감옥에 투옥된 상태에서 그의 생애 마지막 유언 같은 편지를 제자요 동역자인 디모데에게 쓴 것(AD 66-67)으로 보여집니다(딤후 1:8, 주를 위하여 갇힌 자 된 나를 부끄러워하지 말고). 바울은 이제 이 세상을 떠나 주님에게로 가야 할 때가 가까웠음을 직감하고 있었습니다(딤후 4:6, 전제와 같이 내가 벌써 부어지고 나의 떠날 시각이 가까웠도다). 따라서 바울이 자신의 죽음을 앞에 두고 어떤 생각을 했고 어떤 준비를 부탁했는지를 알고 싶으면 이 디모데후서를 읽으시면 됩니다.

어떤 학자들은 바울이 디모데후서를 쓸 때 눈물을 흘리며 썼을 것이라고 주장하기도 합니다. 디모데후서 1장 4절에서 바울은 디모데에게 "네 눈물을 생각하여 너 보기를 원한다"고 기록하고 있습니다. 사도행전 20장 19절에 보면 바울은 그가 3년 동안 목회했었던, 지금은 디모데가 목회하는 에베소 목회 사역을 추억하며 "곧 모든 겸손과 눈물이며 유대인의 간계로 말미암아 당한 시험을 참고 주를 섬긴 것", 곧 눈물의 목회를 회상하고 있습니다. 그리고 이제 그 에베소를 떠날 때에 에베소 장로들과 눈물로 작별했던 것을 또한 회상합니다. 사도행전 20장 36-37절을 보십시오. "이 말을 한 후 무릎을 꿇고 그 모든 사람들과 함께 기도하니 다 크게 울며 바울의 목을 안고 입을 맞추고." 지금 그 에베소 교회의 사역을 감당하는 자신의 제자 디모데에게 마지막 편지를 쓰는 바울에게 어찌 눈물이 없었겠습니까? 이런 상황에서 이 마지막 유언의 편지를 제자에게 남기면서 그는 무엇보다 그가 받은 믿음의 유산이 얼마나 고귀하고 소중한 것인가를 일깨우고 있습니다.

우리가 설 명절을 맞이할 때, 우리는 우리의 가족들과 함께하고 또 우리의 조상들을 추억하는 시간을 가집니다. 그때 우리들의 믿음의 조상 혹은 우리의 믿음의 선배들이 물려준 믿음의 유산에 대한 우리의 반응은 무엇이어야 하겠는지 생각해 보셨나요? 바울이 가르친 믿음의 유산에 대한 레슨을 함께 묵상하고자 합니다.

1. 믿음의 유산을 인해 감사하라고 말합니다.

3절의 말씀을 먼저 보겠습니다. "내가 밤낮 간구하는 가운데 쉬지 않고 너를 생각하여 청결한 양심으로 조상적부터 섬겨 오는 하나님께 감사하고." 그러나 이 감사는 바울 사도 자신의 감사만이 아니라 디모데의 감사이기도 한 것을 5절에서 일깨우고 있습니다. "이는 네 속에 거짓이 없는 믿음이 있음을 생각함이라 이 믿음은 먼저 네 외조모 로이스와 네 어머니 유니게 속에 있더니 네 속에도 있는 줄을 확신하노라." 바울이 디모데를 생각하며 감사할 수 있었던 그의 믿음은 그의 외할머니 그리고 그의 어머니에게 있었던 동일한 예수 그리스도에 대한 믿음이었던 것입니다. 그러면 그의 외할머니 그리고 그의 어머니는 어떻게 예수 믿는 믿음을 갖게 되었을까요? 사도행전 16장 1-2절에 보면 바울의 제2차 전도여행을 증언하며 "바울이 더베와 루스드라에도 이르매 거기 디모데라 하는 제자가 있으니 그 어머니는 믿는 유대 여자요 아버지는 헬라인이라 디모데는 루스드라와 이고니온에 있는 형제들에게 칭찬 받는 자니"라고 기록하고 있습니다. 바울의 제2차 전도여행 당시에 이미 디모데의 믿음은 그가 살던 지역에서 인정받고 있었던 것입니다. 그렇다면 디모데에게 그의 어머니를 통한 믿음의 영향력은 2차 전도여행보다 훨씬 전부터 시작된 것이라고 볼 수 있습니다.

성경학자들은 바울의 제1차 전도여행에서 루스드라(디모데의 고향)를 방문하며 나면서 걷지 못한 앉은뱅이를 치유하는 기적이 일어났을 때, 도시 전체가 소요하며 신들이 사람의 형상으로 임했다고 할 때 바울이 전한 복음의 영향으로 디모데의 할머니와 어머니도 어린 디모데와 함께 예수를 믿었을 것으로 추정합니다. 그때 이후로 디모데의 할머니와 어머니는 어린 디모데에게 성경을 읽어주며 복음 안에서 그를 양육하는 신앙적 영향을 끼쳐온 것을 짐작할 수 있습니다. 그러므로 어린 디모데의 믿음을 지지하고 신앙적 영향을 끼치는 할머니, 어머니가 있었던 것은 디모데의 인생에서 그 무엇보다 감사의 제목이 아닐 수 없었던 것입니다. 디모데후서 3장 15절에는 "**또 어려서부터 성경을 알았나니**"라고 기록한 것을 보면 디모데는 그의 할머니, 어머니와 성경을 읽고 공부하는 시간을 가졌을 것입니다. 어머니가 읽어주고 가르쳐 준 성경보다 더 큰 영향이 어디에 있을까요? 그러나 그에게는 또한 영적 아버지가 있었는데(육신의 아버지는 헬라인으로만 기록) 그가 바로 바울이었던 것입니다.

디모데후서 1장 1-2절을 보십시오. "**하나님의 뜻으로 말미암아 그리스도 예수 안에 있는 생명의 약속대로 그리스도 예수의 사도 된 바울은 사랑하는 아들 디모데에게 편지하노니….**" 육신의 할머니, 어머니에게 영적 영향을 받으며 자랄 수 있었던 것도 축복인데 디모데는 자신의 시대의 영적 거인 바울을 만나 전도여행에 동참하며 신앙의 영향을 받는 축복을 누리게 된 것입니다. 여기서 바울은 그가 받은 복음을 그리스도 예수 안에서의 생명의 약속이라고 정의합니다. 예수를 믿자마자 바울은 복음을 통한 참된 생명, 그리고 영원한 생명의 영향을 받으며 참되고 영원한 인생을 살게 된 것입니다. 또 바울은 이 참되고 영원한 생명을 인류에게 전할 동역자 디모데를 얻게 된 것이 얼마나 축복이었을까요! 그래서 디모데를 가르쳐 사랑하는 아들이라고 부르고 있습니다. 그리고 그 사랑하는 아들 디모데에게 주님께로부터 은혜와 긍휼과 평강이 있기를 빌고 있습니다. 복음을 통해 우리가 은혜의 삶을 살고 긍휼의 삶을 살고 평강의 삶을 살게 된 것, 어찌 감사하지 않을 수 있겠습니까? 오늘 우리의 믿음의 부모, 그리고 믿음의 선배들로 인해 받은 축복을 감사하는 자가 되시기를 빕니다.

2. 자신에게 주어진 은사를 활용하라고 말합니다.

바울은 자기 생애의 마지막 편지인 디모데후서를 쓰면서 1절에서 그가 사도된 것이 하나님의 뜻으로 말미암은 것을 고백합니다. 사도란 '보냄 받은 자'라는 뜻입니다. 지금으로 말하면 선교사 혹은 전도자란 의미입니다. 그러나 바울이 이런 고백으로 디모데에게 편지를 시작한 이유는 이제 디모데가 바울처럼 또 하나의 선교사가 되고 전도자가 되어 이 복음의 영향력이 지속적으로 이 땅에 증거되기를 소망한 때문입니다. 이제 바울은 디모데와 바톤 터치를 할 시간이 가까운 것입니다. 그래서 이제 이 편지의 마지막 장인 디모데후서 4장 2절에서 "너는 말씀을 전파하라 때를 얻든지 못 얻든지"라고 부탁합니다. 디모데후서 4장 5

절에는 "그러나 너는 모든 일에 신중하여 고난을 받으며 전도자의 일을 하며 네 직무를 다하라"고 말합니다. 그런데 이런 전도자의 삶을 살게 하는 동력은 바로 이미 주신 영적 은사를 활용하는 것이라고 말합니다.

그것이 바로 본문 6절의 교훈입니다. "그러므로 내가 나의 안수함으로 네 속에 있는 하나님의 은사를 다시 불일듯 하게 하기 위하여 너로 생각하게 하노니." 아마도 디모데를 전도여행에 전도자로 파송하며 초대교회 지도자들은 그의 머리에 손을 얹고 축복했을 것입니다. 그때 그들은 전도 사역에 필요한 은사들이 그의 마음속에 불길처럼 일어나게 해 달라고 기도했을 것입니다. 그리고 이제 시간이 흘러갔습니다. 이제 바울은 자신이 지도자의 자리에서 물러날 시간을 바라보며 다시 디모데를 축복합니다. '다시 성령의 은사가, 다시 성령의 불길이 그와 함께 하도록' 말입니다. 우리는 어제의 은혜에 의지하여 오늘의 사역을 감당할 수 없습니다. 오늘에는 오늘의 은혜가, 오늘의 은사가 다시 필요한 것입니다. 이 말씀은 내 마음속에 꺼진 불을 다시 지피라는 뜻이 아닙니다. 불을 꺼트리지 말고 계속 타오르게 하라는 말입니다. 계속 기름을 공급하라는 말입니다. 그렇지 않으면 우리의 인생은 전도자의 폼은 유지하고 있지만 전도자의 열정을 상실한 소위 매너리즘에 빠지고 말 것입니다.

보냄 받은 하나님의 사람은 끝까지 자신을 보내신 이의 소명을 감당해야 합니다. 그러기 위해서는 그의 마음속에 소명의 불이 희미해서는 안 됩니다. 오늘 저와 여러분의 마음의 성소에는 과연 메노라의 불이 선명하게 켜져 있는 것일까요? 떡상의 떡 내음이 우리를 배고프게 하고 있는 것일까요? 분향단의 중보의 향연이 하늘로 오르고 있습니까? 지성소의 언약궤 위 시은소엔 보혈의 피가 흐르고 있습니까? 은사는 사용하라고 활용하라고 주신 것입니다. 우리의 마지막 숨결이 다하도록 우리의 은사는 은사의 주인을 위해 드려지고 바쳐지고 사용되어야 합니다. 사용되지 못한 은사, 사용되지 못한 에너지, 사용되지 못한 자산, 사용되지 못한 열정은 우리의 부끄러움입니다.

3. 은사를 발전시켜 나아갈 태도를 점검하라고 말합니다.

본문 7절입니다. "하나님이 우리에게 주신 것은 두려워하는 마음이 아니요 오직 능력과 사랑과 절제하는 마음이니." 우리의 은사 활용의 최대의 장애물은 두려움입니다. 일하기도 전에 두려움으로 위축되고 두려움으로 낙심하여 두려움으로 포기하는 사람들이 있습니다. 그런 두려움은 하나님이 주신 것이 아니라고 바울은 말합니다. 우리의 조상들, 우리의 선배들은 우리에게 너무나 고귀한 것을 유산으로 이미 주셨습니다. 무엇보다 복음을 주셨습니다. 성령을 주셨습니다. 그러면 이제 하늘의 능력을 믿고 일어나 불꽃처럼 자신을 던져 일해야 합니다. 그리고 사랑을 믿고 사랑해야 합니다. 이타적으로, 희생적으로 우리에게 맡겨진 사람들을 사랑하며 살아야 합니다. 그러나 그럼에도 불구하고 어떤 경우에도 자제력을 잃지 말아야 합니다. 여기 본문에 '절제하는 마음'은 번역이 힘든 단어입니다. 원어 '소프로니스모스'(sophronismos)는 어떤 상황에도 휩쓸려 사라지지 않고 굳게 선 태도입니다. 가장 보편적인 번역은 영어로 self-control(자기 절제)입니다. 이런 사람만이 끝까지 쓰임을 받을 것입니다. 이런 사람만이 하나님 나라의 마지막 승리자로 설 것입니다.

우리가 일하다가 낙심하고 포기하고 싶을 때 좋은 훈련의 하나는 내게 영감을 주고 귀감이 되어준 우리의 선배나 우리의 부모님을 연상해 보는 것입니다. 우리의 선배라면, 우리의 스승이라면, 우리 아버지, 우리 어머니라면 어떻게 하셨을 것인가를 마음으로 그려보는 것입니다. 이런 사람들만이 우리 선배 우리 조상들의 유산을 이어갈 자격이 있는 사람들입니다. 1893년에 미국 보스턴에서 〈세계 그리스도인 사역자 대회〉가 열렸습니다. 수천 명의 사역자들이 모여 은혜를 구하고 있었습니다. 음악목사인 틸만(C. D. Tillman)이 집회를 인도할 동역자 윌리암스(M. B. Williams)에게 이번 집회에서 함께 부를 찬송으로 무엇이 좋겠느냐고 물었다고 합니다. 머뭇거리고 있는 그에게 "그러면 혹시 이런 집회에 적절한 성경 구절은 무엇일까요?"라는 질문을 했는데 그는 다시 침묵을 이어가더니 갑자기 엉뚱하게 "어렸을 때 내 곁에서 성경을 읽어주시던 어머니가 생각나네…" 하더니 무릎을

치며 〈My Mother's Bible〉^(내 어머니의 성경)이라고 제목을 쓰고 이어 그 제목으로 한 편의 시를 써 내려갔다고 합니다.

"(1절)나의 사랑하는 책 비록 해어졌으나 어머니의 무릎 위에 앉아서 / 재미있게 듣던 말 그때 일을 지금도 내가 잊지 않고 기억합니다 / (후렴)귀하고 귀하다 우리 어머니가 들려주시던 / 재미있게 듣던 말이 책 중에 있으니 이 성경 심히 사랑합니다 / (2절)옛날 용맹스럽던 다니엘의 경험과 유대 임금 다윗왕의 역사와 / 주의 선지 엘리야 바람 타고 하늘에 올라가던 일을 기억합니다 / (3절)예수 세상 계실 때 많은 고난 당하고 십자가에 달려 죽임 당한 일 / 어머니가 읽으며 눈물 많이 흘린 것 지금까지 내가 기억합니다…." 눈물을 떨구며 기록한 윌리암스 목사의 시를 틸만 목사에게 주면서 "자네가 곡을 만들어주지 않겠나?" 했다고 합니다. 시를 받은 틸만 목사 또한 눈물을 흘리며 즉석에서 곡을 붙여 탄생한 찬송이 〈나의 사랑하는 책〉^(찬 199장)입니다. 그리고 이 찬송이 처음으로 사역자 대회에서 소개되고 불려지자 사람들은 모두 어머니의 믿음, 어머니의 위대한 유산을 떠올리며 기도하게 되었고 대회 참여자 모두 회개와 부흥을 경험했다고 합니다. 위대한 믿음의 유산이 가져다준 위대한 부흥이었습니다.

15

복음과 함께 고난을 받으라

디모데후서 1장 8-18절

⁸그러므로 너는 내가 우리 주를 증언함과 또는 주를 위하여 갇힌 자 된 나를 부끄러워하지 말고 오직 하나님의 능력을 따라 복음과 함께 고난을 받으라 ⁹하나님이 우리를 구원하사 거룩하신 소명으로 부르심은 우리의 행위대로 하심이 아니요 오직 자기의 뜻과 영원 전부터 그리스도 예수 안에서 우리에게 주신 은혜대로 하심이라 ¹⁰이제는 우리 구주 그리스도 예수의 나타나심으로 말미암아 나타났으니 그는 사망을 폐하시고 복음으로써 생명과 썩지 아니할 것을 드러내신지라 ¹¹내가 이 복음을 위하여 선포자와 사도와 교사로 세우심을 입었노라 ¹²이로 말미암아 내가 또 이 고난을 받되 부끄러워하지 아니함은 내가 믿는 자를 내가 알고 또한 내가 의탁한 것을 그날까지 그가 능히 지키실 줄을 확신함이라 ¹³너는 그리스도 예수 안에 있는 믿음과 사랑으로써 내게 들은 바 바른 말을 본받아 지키고 ¹⁴우리 안에 거하시는 성령으로 말미암아 네게 부탁한 아름다운 것을 지키라 ¹⁵아시아에 있는 모든 사람이 나를 버린 이 일을 네가 아나니 그 중에는 부겔로와 허모게네도 있느니라 ¹⁶원하건대 주께서 오네시보로의 집에 긍휼을 베푸시옵소서 그가 나를 자주 격려해 주고 내가 사슬에 매인 것을 부끄러워하지 아니하고 ¹⁷로마에 있을 때에 나를 부지런히 찾아와 만났음이라 ¹⁸(원하건대 주께서 그로 하여금 그날에 주의 긍휼을 입게 하여 주옵소서) 또 그가 에베소에서 많이 봉사한 것을 네가 잘 아느니라

15
복음과 함께 고난을 받으라

오늘 우리가 살고 있는 이 시대를 제외하고 기독교 역사 특히 개신교 역사에서 1563년 이후 기독교인들과 지도자들에게 성경 외에 가장 큰 영향을 끼친 책이 무엇이냐고 묻는다면 아마도 기독교 역사가들은 존 폭스(John Foxe)라는 영국 역사가가 쓴 《순교자 열전》(Book of Martyrs, 국문판 포이에마)이라고 대답할 것입니다. 옛날 우리의 선배 지도자들의 신앙 전기를 읽다보면 그들의 믿음에 큰 영향을 준 책으로 대부분 이 책을 언급하고 있습니다. 그러나 이 책을 실제로 읽어보면 쉽게 읽혀지지 않습니다. 온갖 잔인한 고문과 박해로 믿음 때문에 죽어간 우리의 선배들의 기막힌 고난의 기록일 따름입니다. 이런 끔찍한 고통을 당하면서도 신앙을 부인하지 않고 믿음을 지키고 죽어간 선배들의 모습에서 다만 우리는 숙연한 감동을 느낄 뿐입니다. 그러면서 나 같으면 이런 상황에서 과연 신앙을 지킬 수 있었을까 자문하게 됩니다.

일본의 기독교 지도자 내촌감삼(우치무라 간조)은 〈환난과 신앙〉이란 글에서 이렇게 말한바 있습니다. "환난을 만나서 그리스도에게로 오는 사람이 있는가 하면 그리스도에게로 와서 환난을 만나는 사람도 있습니다. … 사실은 백중에 아흔아홉은 환난에 쫓기면서 그것을 면하기 위해 그리스도를 믿습니다. 환난을 자청하는 신앙은 비오는 밤의 별처럼 보기 힘듭니다. 그런데 하나님이 원하시는 신앙은 환난을 위안 받기 위한 신앙이 아니라, 환난을 불러일으킬 정도의 신앙임은 분명한 사실입니다." 환난을 불러일으킬 정도의 신앙, 도대체 어떤 신앙일까요? 오늘의 본문에서 바울 사도는 그의 영적 아들인 디모데에게 "복음과 함께 고난을 받으라"고 말합니다. 기독교 철학자 키르케고르는 이 메시지야말로 기독교 신앙의 극치요 본질이라고 말합니다. 그가 남긴 글이 《복음과 함께 고난을 받으라》(카리스 아카데미)라는 제목의 책으로 출간되어 있습니다.

오늘의 본문 8절은 이렇게 시작됩니다. "그러므로 너는 내가 우리 주를 증언함과 또는 주를 위하여 갇힌 자 된 나를 부끄러워하지 말고 오직 하나님의 능력을 따라 복음과 함께 고난을 받으라." 여기서 바울은 자신의 처지를 '주를 위하여 갇힌 자 된 나'라고 말하고 있습니다. 바울이 1차로 로마 감옥에 투옥되었을 때는 셋집 같은 곳에서 그를 지키는 사람들에 의해 감시를 당하며 재판장에 왔다 갔다 하는 비교적 여유로운 일종의 연금 상황이었지만, 그가 두 번째 투옥되었을 때는 쇠사슬에 온 몸이 결박당한 채 햇빛도 비치지 않는 음습한 지하 감옥으로 던져졌기에 이제 그는 여기서 나가지 못하고 최후를 맞이할 수밖에 없다는 생각을 했을 것입니다. 그런데도 바울은 위축되지 않고 당당하게 제자 디모데에게 너도 나처럼 복음과 함께 고난을 받으라고 말합니다. 이렇게 담대하게 고난을 권할 수 있었던 까닭은 무엇입니까?

1. 아무것도 부끄럽지 않았기 때문입니다.

우선 8절에서 바울은 디모데에게 **"갇힌 자 된 나를 부끄러워하지 말고"**라고 말합니다. 8절을 세심하게 읽어 보시면 그는 지금 주를 위하여 갇힌 자가 되었고, 또한 복음을 위하여 갇힌 자가 되었습니다. 다시 말하면 주를 위하여 복음을 전하다가 갇힌 자가 된 것입니다. 이 복음을 받는 사람들이 구원을 받고, 더 많은 사람들이 구원의 은혜를 경험하게 되면 그것은 세상을 변화시키는 일이고 세상에 축복이 되는 일임을 바울은 확신하고 있었던 것입니다. 그러므로 그가 감옥에 갇힌 바가 된 것을 부끄러워할 필요가 없었던 것입니다. 11절에서는 이렇게 고백합니다. **"내가 이 복음을 위하여 선포자와 사도와 교사로 세우심을 입었노라."** 복음을 위한 소명을 수행하다가 지금 감옥에 있는 것입니다. 그것은 오히려 자랑할 만한 일이지 부끄러워할 일이 아니었던 것입니다. 그래서 마침내 12절에서 다시 고백을 합니다. **"이로 말미암아 내가 또 이 고난을 받되 부끄러워하지 아니함은…."** 그렇습니다. 고난은 자랑스러운 훈장이었지 부끄러움의 이유가 아니었던 것입니다.

히브리서 11장은 믿음으로 살고 믿음으로 인생의 경주를 승리한 열조들의 신앙을 증언하는 믿음의 장입니다. 그런데 히브리서 11장에 이어 다음 히브리서 12장에 들어서자마자 히브리서 기자는 오늘의 신약의 성도들도 믿음으로 인생의 경주를 승리할 수 있는 중요한 비밀을 결론적으로 나누고 있습니다. 히브리서 12장 2절입니다. "믿음의 주요 또 온전하게 하시는 이인 예수를 바라보자 그는 그 앞에 있는 기쁨을 위하여 십자가를 참으사 부끄러움을 개의치 아니하시더니 하나님 보좌 우편에 앉으셨느니라." 우리 모든 그리스도인들의 신앙의 롤 모델은 예수 그리스도이십니다. 그는 구원자로 이 땅에 오셨지만 짧은 지상 생애에 말할 수 없는 고난을 통과하시며 사셨습니다. 그의 생애 마지막엔 십자가가 기다리고 있었습니다. 그런데 그는 십자가를 잘 참으셨다고 말합니다. 그냥 억지로 참으신 것이 아니라, 그 앞에 있는 기쁨을 바라보며 참으셨다는 것입니다. 그분의 십자가 고난이 가져올 인류의 구원을 바라보신 것입니다. 그래서 참으실 수 있었던 것입니다. 그리고 부끄러움을 개의치 아니하셨다고 증언합니다.

사실 십자가는 로마 당시 가장 부끄러운 사형의 형틀이었습니다. 그런데 예수가 이 십자가를 지시자 이 부끄러움의 상징인 십자가는 자랑스러운 희생과 숭고한 사랑의 상징으로 변화된 것입니다. 오늘날 목에 십자가 장신구를 걸치는 분들이 부끄러워하며 걸고 다니나요? 하나님 앞에 부끄러울 것이 없는 사람은 사람들의 어떤 핍박과 조롱, 박해에도 부끄러워할 필요가 없습니다. 세상에서 가장 담대할 수 있는 사람, 바로 하나님 앞에 부끄럽지 않은 사람입니다. 바울은 디모데가 이런 사람이 되기를 권하고 있는 것입니다. 그래서 복음과 함께 고난을 받으라고 말합니다. 그리고 8절에서 하나님의 능력 주심을 따라 그 고난을 감당할 수 있다고 말한 것입니다.

2. 영원 전부터 예비하신 하나님의 은혜 때문입니다.

본문 9절을 함께 읽습니다. "하나님이 우리를 구원하사 거룩하신 소명으로 부르심은 우리의 행위대로 하심이 아니요 오직 자기의 뜻과 영원 전부터 그리스도 예수 안에서 우리에게 주신 은혜대로 하심이라." 복음을 위한 고난의 삶을 말하던 바울은 9절에서 이런 삶은 영원 전부터 하나님이 사랑하는 백성들을 위해 예비하신 은혜라고 말하는 것입니다. 자, 고난이 은혜라는 말이 실감이 나십니까? 바울이 로마의 감옥에서 쓴 또 한 편의 편지 빌립보서 1장 29절에서 말한 것을 기억하십니까? "그리스도를 위하여 너희에게 은혜를 주신 것은 다만 그를 믿을 뿐 아니라 또한 그를 위하여 고난도 받게 하려 하심이라." 그렇다면 하나님의 은혜의 경륜 안에는 고난이라는 과정도 포함된다는 것을 잊지 말아야 합니다. 은혜 속에 허락되는 고난, 무엇 때문일까요? 베드로전서 5장 10절은 이런 우리의 질문에 대답을 제공합니다. "모든 은혜의 하나님 곧 그리스도 안에서 너희를 부르사 자기의 영원한 영광에 들어가게 하신 이가 잠깐 고난을 당한 너희를 친히 온전하게 하시며 굳건하게 하시며 강하게 하시며 터를 견고하게 하시리라." 아멘이십니까? 우리가 경험하는 모든 고난은 잠깐이라고 말합니다. 이 잠깐의 고난을 잘 견디고 참은 자들을 온전하게 하시고, 굳건하게 하시고, 강하게 하셔서 그런 모습으로 자기의 영광에 들어가게 하시는 것이 은혜의 하나님이 하시는 일이라는 것입니다.

예수 그리스도의 십자가 고난의 사건도 이런 동일한 하나님의 은혜의 경륜 속에 있었다는 것입니다. 그의 십자가의 죽음은 고통의 극치였습니다. 그러나 그의 부활과 재림으로 그는 자신을 죽게 한 사망을 폐하시고 영원한 생명의 승리를 드러내신 것입니다. 이제 본문 10절을 보십시오. "이제는 우리 구주 그리스도 예수의 나타나심으로 말미암아 나타났으니 그는 사망을 폐하시고 복음으로써 생명과 썩지 아니할 것을 드러내신지라." 예수 그리스도의 고난을 통해 생명의 능력을 드러내신 하나님이 예수 그리스도의 제자 된 우리의 인생에도 복음을 전하는 중에 받는 고난을 통해 하나님의 뜻을 이루어 주신다는 것입니다. 그러므로 그리스도인의 고난에는 뜻이 있습니다. 무의미한 고난은 없습니다. 하나님이 우리를 구원하실 때 이미 우리를 고난 중에 거룩하게 하시려는 소명으로 부르신 것입니다. 9절 말씀처럼 "하나님이 우리를 구원하사 거룩하신 소명으로 부르심은" 하나님의 뜻으로 말미암은 것임을 기억해야 합니다.

3. 그리스도의 주권을 확신하기 때문입니다.

바울이 그의 제자 디모데에게 복음과 함께 고난을 받으라고 이런 담대한 권면을 할 수 있었던 또 하나의 이유는 그가 그리스도의 주권을 확신하고 있었기 때문입니다. 본문 12절의 말씀을 보겠습니다. "이로 말미암아 내가 또 이 고난을 받되 부끄러워하지 아니함은 내가 믿는 자를 내가 알고 또한 내가 의탁한 것을 그날까지 그가 능히 지키실 줄을 확신함이라." 주님은 우리 안에 시작한 구원의 사역을 마침내 이루시고 그에게 속한 성도들을 반드시 지켜주신다고 약속하십니다. 그의 주권적 약속입니다. 그다음 13-14절 말씀은 내가 지켜 줄 터이니 너도 지키라는 것입니다. 13절에서 "내게 들은 바 바른 말을 본받아 지키고", 14절에서도 "우리 안에 거하시는 성령으로 말미암아 네게 부탁한 아름다운 것을 지키라"고 말합니다. 인간의 의지만으로 고난을 헤쳐 가는 이 여정을 감내하기는 어렵다는 것을 바울도 잘 알았습니다. 그래서 성령으로 말미암아 지키라고 권면합니다.

바울은 빌립보서 1장 6절에서 빌립보 교회와 성도들에게 "너희 안에서 착한 일을 시작하신 이가 그리스도 예수의 날까지 이루실 줄을 우리는 확신하노라"고 말한 바 있습니다. 그리스도의 주권에 대한 확신인 것입니다. 그는 시작하시면 이루시는 분, 알파와 오메가, 처음과 나중 되신 분이십니다. 그래서 히브리서 기자도 히브리서 12장 2절에서 예수를 바라보자고 하실 때 "믿음의 주요 또 온전하게 하시는 이인 예수를 바라보자"고 합니다. 여기 '믿음의 주요 또 온전케 하시는 이'를 많은 영어 번역은 author and finisher(혹은 perfector)라고 하고 있습니다. '믿음의 시작자요 완성자'라는 말입니다. 이것이 바로 예수 그리스도의 주권입니다. 그가 도와주시면 우리는 끝까지 완성의 자리까지 갈 것입니다. 그가 우리를 지켜주시는 우리의 주님이시기 때문입니다.

바울 사도도 믿음을 지켜 나가는 여정에서 위기를 맞이하기도 했습니다. 그것은 무엇보다 바울이 로마의 감옥에 다시 갇히게 되자 그를 부끄러워하고 그를 외면하는 사람들이 생겨난 것입니다. 아마 바울은 로마의 법정에서 그를 위한 증인이 필요해서 에베소 교회에 연락을 했을지 모릅니다. 그런데 그렇게 할 필요가 없다는 결정을 한 것으로 보여집니다. 15절의 말씀이 그런 배경을 추정하게 합니다. "아시아(에베소)에 있는 모든 사람이 나를 버린 이 일을 네가 아나니 그 중에는 부겔로와 허모게네도 있느니라." 우리는 이 두 사람에 대한 신상정보를 알지 못합니다(본문에만 유일하게 등장). 그러나 바울에 대한 도움을 거절한 대표적인 지도자들이었을 것입니다. 그러나 다 그런 것은 아닙니다. 하나님은 바울을 위로하고 바울을 지키기 위하여 신실한 종을 예비하셨습니다. 그의 이름이 오네시보로입니다. 그 이름의 뜻은 '유익하게 하는 자'입니다. 문자 그대로 그는 바울을 유익하게 하고자 하나님이 예비하신 종이었습니다.

우리는 16-18절에서 두 가지 사실을 알 수 있습니다. 우선 그는 본래 에베소 교회에서 신실하게 섬기던 사람이었다는 것입니다. 18절 마지막에 보면 **"또 그가 에베소에서 많이 봉사한 것을 네가 잘 아느니라"**라고 기록합니다. 그리고 무엇보다 그가 로마의 감옥에 있는 바울을 부끄러워 아니하고 로마까지 찾아와 섬겼다는 것입니다. 이제 16-17절 말씀을 보겠습니다. **"원하건대 주께서 오네시보로의 집에 긍휼을 베푸시옵소서 그가 나를 자주 격려해 주고 내가 사슬에 매인 것을 부끄러워하지 아니하고 로마에 있을 때에 나를 부지런히 찾아와 만났음이라."** 이렇게 바울 주변에 배신자가 있기도 했지만, 오네시보로 같은 격려자를 두시어 바울이 그 사명을 수행하도록 도우신 것입니다. 그러므로 인생의 길에서 배신자 때문에 낙심하지 마십시오. 하나님은 그때마다 오네시보로 같은 격려자를 두시어 다시 일어나 소명의 길을 가게 하신다는 것을 기억하십시오. 자신의 영광과 자신의 뜻을 이루시고자 그리스도의 주권은 지금도 우리의 인생 행로에 작동하고 계심을 믿으십시오. 그렇습니다. 우리를 그리스도인으로 부르신 그리스도가 우리의 구주요 주인이심을 기억하십시오. 그의 주권, 그의 지키심을 믿고 우리의 소명의 길을 완주하시기를 축복합니다.

16

종노릇 할 것인가?
왕노릇 할 것인가?

¹내 아들아 그러므로 너는 그리스도 예수 안에 있는 은혜 가운데서 강하고 ²또 네가 많은 증인 앞에서 내게 들은 바를 충성된 사람들에게 부탁하라 그들이 또 다른 사람들을 가르칠 수 있으리라 ³너는 그리스도 예수의 좋은 병사로 나와 함께 고난을 받으라 ⁴병사로 복무하는 자는 자기 생활에 얽매이는 자가 하나도 없나니 이는 병사로 모집한 자를 기쁘게 하려 함이라 ⁵경기하는 자가 법대로 경기하지 아니하면 승리자의 관을 얻지 못할 것이며 ⁶수고하는 농부가 곡식을 먼저 받는 것이 마땅하니라 ⁷내가 말하는 것을 생각해 보라 주께서 범사에 네게 총명을 주시리라 ⁸내가 전한 복음대로 다윗의 씨로 죽은 자 가운데서 다시 살아나신 예수 그리스도를 기억하라 ⁹복음으로 말미암아 내가 죄인과 같이 매이는 데까지 고난을 받았으나 하나님의 말씀은 매이지 아니하니라 ¹⁰그러므로 내가 택함 받은 자들을 위하여 모든 것을 참음은 그들도 그리스도 예수 안에 있는 구원을 영원한 영광과 함께 받게 하려 함이라 ¹¹미쁘다 이 말이여 우리가 주와 함께 죽었으면 또한 함께 살 것이요 ¹²참으면 또한 함께 왕노릇 할 것이요 우리가 주를 부인하면 주도 우리를 부인하실 것이라 ¹³우리는 미쁨이 없을지라도 주는 항상 미쁘시니 자기를 부인하실 수 없으시리라

16
종노릇 할 것인가?
왕노릇 할 것인가?

우리 역사의 흥미로운 역설은 소위 일제 강점기 동안에 한국 교회는 박해를 받으면서도 신앙 공동체로서 뿌리를 깊이 내릴 수 있었다는 것입니다. 물론 그때 우리는 일제의 종노릇을 하고 있었습니다. 그런데 그런 우리에게 복음이 들어와 이 복음을 영접한 사람들에게 새로운 정체성을 심어 준 것입니다. 우리가 일제의 종이란 현실적 신분에도 불구하고, 성경을 읽고 배운 그리스도인들은 성경에 의하면 우리가 하나님의 택한 백성이고 왕 같은 제사장이란 것을 자각하게 한 것입니다. 일제 강점기 동안 교회는 성경을 통해 문맹을 깨우치고 한글을 가르치는 민족 정신의 모태였습니다. 3.1 운동이 일어났을 때 이미 전국의 중요 교회들은 3.1 만세 운동의 구심점들이 될 만큼 자라났습니다. 독립선언서에 서명을 한 민족 대표 33인 중 절반(16명)이 기독교인들이었고, 정동제일교회에 한국 최초로 설치된 파이프 오르간 송풍실은 독립선언문을 인쇄하고 태극기를 만들던 장소였습니다.

최근 이승만 박사에 대한 다큐멘터리 영화 〈건국전쟁〉이 전국적으로 큰 화제를 불러 모았지만, 이승만 박사의 애국운동에는 무엇보다 성경과 기독교 정신이 중심에 있었던 것을 잊지 말아야 합니다. 최근 이승만 박사가 쓰시던 성경은 저와 함께 가정 사역에 힘쓰시던 송길원 목사님의 양평 하이패밀리 동산에 기증되어 그 성경을 볼 수 있게 되었습니다. 영화에도 나오지만 이승만 박사가 제일 좋아하신 성구가 갈라디아서 5장 1절의 말씀이었습니다. **"그리스도께서 우리를 자유롭게 하려고 자유를 주셨으니 그러므로 굳건하게 서서 다시는 종의 멍에를 메지 말라."** 종으로 산다는 것은 비참한 일입니다. 그런데 실제로 종노릇 하던 일제 강점기의 그리스도인들이 성경을 읽으면서 놀라게 된 일 중 하나는 우리는 종노릇 할 사람들이 아니라, 왕노릇 할 사람들이라는 것입니다. 오늘 우리가 함께 읽은 본문 12절에도 **"참으면 또한 함께 왕노릇 할 것이요 우리가 주를 부인하면 주도 우리를 부인하실 것이라"**라고 말합니다.

문제는 그러면 우리는 어떻게 만왕의 왕 되신 하나님, 그 하나님의 아들 되신 예수 그리스도를 구주와 주님으로 영접한 하나님의 자녀로서 성경이 가르치는 대로 왕노릇 하며 인생을 살아갈 수 있겠습니까?

1. 강해져야 합니다.

왕의 가장 중요한 책임은 통치하는 것입니다. 통치자가 약한 자라면 한 나라, 한 사회, 한 공동체를 이끌어갈 수 없습니다. 그래서 왕이나 왕을 보좌하는 이들의 가장 중요한 준비는 강해지는 일입니다. 바울이 제자 디모데에게 에베소 도시의 목회자로서 그에게 요구되는 리더의 조건을 말하고 있습니다. 본문 2장 1절입니다. "**내 아들아 그러므로 너는 그리스도 예수 안에 있는 은혜 가운데서 강하고.**" 그리고 그 강한 자의 표본으로 군인 곧 병사의 비유를 들고 있습니다. 3절을 보십시오. "**너는 그리스도 예수의 좋은 병사로 나와 함께 고난을 받으라.**" 그래서 병사가 되려면 제일 먼저 필요한 것이 강한 자가 되기 위한 훈련을 받아야 한다는 것입니다. 그리고 무엇보다 사사로운 일에 얽매이지 않고 지휘관의 명령에 따를 줄 아는 훈련을 받아야 합니다. 본문 4절을 보겠습니다. "**병사로 복무하는 자는 자기 생활에 얽매이는 자가 하나도 없나니 이는 병사로 모집한 자를 기쁘게 하려 함이라.**" 언제 어디서라도 지휘관의 명령에 따라 움직일 수 있는 준비가 되어 있어야 한다는 것입니다. 그리고 병사로서의 규율(룰, rule)에 복종할 줄 알아야 합니다. 강한 자는 규칙을 존중하고 그 룰을 지킬 줄 알아야 합니다. 5절의 말씀을 보십시오. "**경기하는 자가 법대로 경기하지 아니하면 승리자의 관을 얻지 못할 것이며.**" 병사에게 이런 훈련, 이런 준비가 없다면 그는 결국 포로가 되어 종노릇 할 수밖에 없습니다.

그러나 우리가 그리스도인으로서 강해진다는 것은 또 무엇을 의미하는 것입니까? 다시 1절로 돌아가면 바울은 단순한 육체적인 강함을 말하고 있지 않다는 것을 알 수 있습니다. "…너는 그리스도 예수 안에 있는 은혜 가운데서 강하고." 은혜를 받아야 영적으로 강해질 수 있다는 것입니다. 은혜는 '받을 자격이 없는 이에게 베풀어지는 일방적인 사랑'입니다. 주님과의 깊은 사랑의 연합 속에서만 우리는 영적 강자가 될 수 있습니다. 그리고 진정으로 영적 강자에게 하나님이 기대하시는 바가 있습니다. 그것은 미래를 준비하는 것입니다. 미래를 보지 못하는 사람은 강한 자가 아닙니다. 미래의 역사를 내다보며 준비하는 지도자, 바울은 디모데가 그런 지도자가 될 것을 기대하는 것입니다. 그래서 2절의 말씀을 주십니다. "또 네가 많은 증인 앞에서 내게 들은 바를 충성된 사람들에게 부탁하라 그들이 또 다른 사람들을 가르칠 수 있으리라."

여기 2절에 흔히 말하는 복음의 4세대가 등장합니다. 바울은 적어도 4세대를 내다보며 미래를 준비하고자 한 것입니다. 우선 여기 디모데에게 말하는 바울이 있습니다. 바울은 디모데에게 너는 내게 들은 바를 전해야 한다고 말합니다. 여기 바울과 디모데를 볼 수 있습니다. 그런데 이어서 디모데에게 내게 들은 바를 너 홀로 마음에 새기라고 하지 않습니다. 너는 내게 들은 바를 충성된 사람들에게 부탁하라고 말합니다. 그러면 다시 그 충성된 사람들이 또 다른 사람들을 가르치리라고 말합니다. 이것이 바로 복음의 4세대입니다. '바울→디모데→충성된 사람들→또 다른 사람들' 이것이 바로 제자훈련의 정신입니다. 복음이 나에게서 멈추고 더 이상 아무 영향을 끼치지 못한다면 그것은 얼마나 안타까운 일이겠습니까? 오늘 복음의 강이 우리 세대에서 멈추고 더 이상 흘러가지 못한다면 얼마나 안타까운 일이겠습니까? 역사의 강자, 영적 강자는 미래를 향하여 선한 영향력을 흘려보내는 사람들입니다. 그러므로 강해집시다. 하나님이 쓰시는 영적 강자가 됩시다. 우리가 다시는 종노릇하지 않고, 왕노릇하기 위해 미래를 준비하는 민족이 되기를 또한 기도합시다.

2. 기억할 것이 있습니다.

본문 8절을 보십시오. "내가 전한 복음대로 다윗의 씨로 죽은 자 가운데서 다시 살아나신 예수 그리스도를 기억하라." 여기 중요한 강조는 '기억하라!'는 동사입니다. 무엇을 기억하라는 것입니까? 죽은 자 가운데서 다시 사신 그리스도를 기억하라는 것입니다. 복음은 예수 그리스도의 죽으심과 부활입니다. 그리스도의 죽음은 우리를 위해 반드시 있어야 했던 속죄의 죽으심이었지만 그의 죽으심만으로 복음은 복음이 아닙니다. 로마서 4장 25절을 기억하십니까? "예수는 우리가 범죄한 것 때문에 내줌이 되고 또한 우리를 의롭다 하시기 위하여 살아나셨느니라." 예수의 다시 사심으로 우리가 의롭다 함을 받고 의 가운데로 행하게 된 것입니다. 로마서 10장 9절을 기억하십니까? "네가 만일 네 입으로 예수를 주로 시인하며 또 하나님께서 그를 죽은 자 가운데서 살리신 것을 네 마음에 믿으면 구원을 받으리라." 그러니까 부활을 믿지 않고는 구원이 약속되지 않습니다. 그래서 오늘 본문 8절에 "다시 살아나신 예수 그리스도를 기억하라"고 말하는 것입니다. 살아계신 그리스도의 임재 없이는 왕노릇 하는 왕의 자녀 된 인생을 살아갈 수가 없기 때문입니다.

그리고 이어서 바울은 우리가 믿는 그리스도가 살아계심을 믿을 것과 함께 본문 9절에서 매이지 않는 하나님의 말씀을 기억하라고 말합니다. 그런 말씀이 우리에게 선물로 주어졌다는 것을 말입니다. "복음으로 말미암아 내가 죄인과 같이 매이는 데까지 고난을 받았으나 하나님의 말씀은 매이지 아니하니라." 그렇습니다. 지금 바울은 로마의 감옥에서 쇠사슬로 포박된 채 죄수로 매인 바 되었습니다. 그러나 그럼에도 불구하고 하나님의 말씀은 매이지 않고 계속 전파되고 사람들은 바울이 전한 이 말씀으로 종 된 자리에서 해방되고 있었던 것입니다. 그 무엇도 말씀의 능력을 제한할 수 없었습니다. 히브리서 4장 12절의 말씀을 기억하십니까? "하나님의 말씀은 살아 있고 활력이 있어 좌우에 날선 어떤 검보다도 예리하여 혼과 영과 및 관절과 골수를 찔러 쪼개기까지 하며 또 마음의 생각과 뜻을 판단하나니." 일제 강점기에 일제는 우리의 말과 글을 빼앗고자 하였고 우리의 모든 권리를 억압하고자 했지만, 이 민족의 마음 안에 심어진 말씀의 능력을 제한할 수 없었습니다. 마침내 우리는 살아계신 주님과 살아

있는 이 말씀으로 해방의 새 날을 맞이한 것입니다. 그러므로 지금도 종노릇 안하고 왕노릇 하려면 이 두 가지, 1)살아계신 주님과 2)그가 선물로 주신 그 무엇에도 매이지 않는 말씀을 주신 것을 기억하고 말씀을 붙들고 살아야 합니다.

3. 참음으로 살아야 합니다.

본문 10-13절을 읽어보면 중요한 키워드로 등장하는 단어가 '참음'이란 말입니다. 10절 말씀을 보겠습니다. "그러므로 내가 택함 받은 자들을 위하여 모든 것을 참음은 그들도 그리스도 예수 안에 있는 구원을 영원한 영광과 함께 받게 하려 함이라." 하나님의 백성들의 구원이 영광스럽게 완성되는 그 일을 위해서는 모든 것을 참고 살겠다는 고백입니다. 구원의 고귀한 가치를 실현하기 위해서라고 말하는 것입니다. 이제는 12절을 보겠습니다. "참으면 또한 함께 왕노릇 할 것이요 우리가 주를 부인하면 주도 우리를 부인하실 것이라." 여기 두 번씩 인용된 단어 '참음'의 원어는 '휘포메노'(huipomeno)인데 '~아래에'(under)라는 전치사와 '버티고 있다'(endure)라는 단어의 합성어입니다. 어떤 상황에서도 버티고 머물러 서 있는 것을 묘사하는 말입니다. 어떤 상황 아래서도 주를 부인하지 않고 참고 살아가는 거룩한 성도의 현존을 묘사하는 말입니다. 13절은 이것은 우리의 신실함 때문이 아니라고 말합니다. "우리는 미쁨이 없을지라도 주는 항상 미쁘시니 자기를 부인하실 수 없으시리라." 오히려 주의 신실하심을 믿고 참음으로 주를 증언하는 삶을 살고자 하는 것입니다.

참음의 실제적 적용을 위해 바울은 우리가 먼저 주와 함께 죽은 자임을 인정하자고 말합니다. 이제 우리가 사는 것은 다만 주를 위해서만 사는 것입니다. 11절의 고백이 그것이 아닙니까? "미쁘다 이 말이여 우리가 주와 함께 죽었으면 또한 함께 살 것이요." 갈라디아서 2장 20절의 그 유명한 바울의 고백을 다시 상기해 보십시다. "내가 그리스도와 함께 십자가에 못 박혔나니 그런즉 이제는 내가 사는 것이 아니요 오직 내 안에 그리스도께서 사시는 것이라 이제 내가 육체 가운데 사는 것은 나를 사랑하사 나를 위하여 자기 자신을 버리신 하나님의 아들을 믿는 믿음 안에서 사는 것이라." 그래서 주를 위해서라면 바울은 모든 것을 참고 죽은 자처럼 살 수가 있었던 것입니다. 다만 복음을 위해서 이웃들의 구원을 위해서만 산 자로 살고자 한 것입니다.

우리는 모두 위대한 그리스도인 링컨(Abraham Lincoln)을 알고 있습니다. 그가 한 나라의 지도자로서 행한 가장 위대한 일은 노예 해방이었음도 잘 알고 있습니다. 그런데 그런 링컨에게 좋은 영향을 끼쳐준 참모가 있었던 것을 아는 사람은 많지 않습니다. 링컨의 첫 번째 비서요, 보좌관으로 존 헤이(John Hay)라는 사람이 있었습니다. 그는 링컨의 핵심 참모요, 아들과 같은 존재였고 또 다른 분신이었습니다. 존 헤이는 어려서부터 노예 해방을 소명으로 간직한 그리스도인이었고 그는 링컨을 통해 그 소명을 실현하는 것을 자신의 존재 이유로 알았던 사람이었습니다. 그는 링컨이야말로 내가 만난 모든 사람 중 가장 그리스도를 닮은 사람이라고 말하기도 했고 링컨이 나를 가장 놀라게 한 것은 그의 인내였다는 말을 남기기도 했습니다. 그는 링컨 곁에서 함께 기도했고 함께 고난을 같이 했습니다. 링컨이 총탄을 맞고 쓰러졌을 때 그의 관을 지킨 이도 존 헤이였습니다. 링컨이 죽은 후 존 니콜레이라는 이와 10권에 걸친 링컨 전기를 남기기도 했습니다. 그는 "링컨과 나는 흑인들이 더 이상 종노릇 하지 않고 하나님의 사람으로 서는 그 모습 하나를 보기 위해 모든 것을 인내하자"고 서로를 격려했다고 고백하기도 했습니다. 링컨과 존 헤이, 그들은 진짜 왕노릇을 하고자 종노릇을 한 사람들이었고 그들의 섬김으로 수많은 사람들이 종의 자리에서 해방되어 왕의 자녀가 될 수 있었습니다. 그런데 그가 남긴 찬송시가 우리 찬송가에 있다는 것을 아십니까? 찬송가 460장 〈뜻 없이 무릎 꿇는〉(작사 John Hay, 작곡 Welsh Hymn Melody)입니다. "(1절)뜻 없이 무릎 꿇는 그 복종 아니요 / 운명에 맡겨 사는 그 생활 아니라 / 우리의 믿음 치솟아 독수리 날 듯이 / 주 뜻이 이뤄지이다 외치며 사나니 / (2절)약한 자 힘주시고 강한 자 바르게 / 추한 자 정케 함이 주님의 뜻이라 / 해 아래 압박 있는 곳 주 거기 계셔서 / 그 팔로 막아 주시어 정의가 사나니." 이런 '왕노릇 삶'이 우리의 삶이 되기를!

디/모/데/전/후/서

17
부끄럼 없는 주의 일꾼

디모데후서 2장 14-26절

¹⁴너는 그들로 이 일을 기억하게 하여 말다툼을 하지 말라고 하나님 앞에서 엄히 명하라 이는 유익이 하나도 없고 도리어 듣는 자들을 망하게 함이라 ¹⁵너는 진리 의 말씀을 옳게 분별하며 부끄러울 것이 없는 일꾼으로 인정된 자로 자신을 하 나님 앞에 드리기를 힘쓰라 ¹⁶망령되고 헛된 말을 버리라 그들은 경건하지 아니 함에 점점 나아가나니 ¹⁷그들의 말은 악성 종양이 퍼져나감과 같은데 그 중에 후 메내오와 빌레도가 있느니라 ¹⁸진리에 관하여는 그들이 그릇되었도다 부활이 이 미 지나갔다 함으로 어떤 사람들의 믿음을 무너뜨리느니라 ¹⁹그러나 하나님의 견 고한 터는 섰으니 인침이 있어 일렀으되 주께서 자기 백성을 아신다 하며 또 주 의 이름을 부르는 자마다 불의에서 떠날지어다 하였느니라 ²⁰큰 집에는 금 그릇 과 은 그릇뿐 아니라 나무 그릇과 질그릇도 있어 귀하게 쓰는 것도 있고 천하게 쓰는 것도 있나니 ²¹그러므로 누구든지 이런 것에서 자기를 깨끗하게 하면 귀히 쓰는 그릇이 되어 거룩하고 주인의 쓰심에 합당하며 모든 선한 일에 준비함이 되 리라 ²²또한 너는 청년의 정욕을 피하고 주를 깨끗한 마음으로 부르는 자들과 함 께 의와 믿음과 사랑과 화평을 따르라 ²³어리석고 무식한 변론을 버리라 이에서 다툼이 나는 줄 앎이라 ²⁴주의 종은 마땅히 다투지 아니하고 모든 사람에 대하여 온유하며 가르치기를 잘하며 참으며 ²⁵거역하는 자를 온유함으로 훈계할지니 혹 하나님이 그들에게 회개함을 주사 진리를 알게 하실까 하며 ²⁶그들로 깨어 마귀 의 올무에서 벗어나 하나님께 사로잡힌 바 되어 그 뜻을 따르게 하실까 함이라

17
부끄럼 없는 주의 일꾼

세월이 더해가고 내 인생의 석양의 색깔이 진해질수록 한국인이 애송하는 윤동주의 〈서시〉를 자주 읊조리게 됩니다. "죽는 날까지 하늘을 우러러 / 한 점 부끄럼이 없기를, / 잎새에 이는 바람에도 / 나는 괴로워했다. / 별을 노래하는 마음으로 / 모든 죽어가는 것을 사랑해야지 / 그리고 나한테 주어진 길을 / 걸어가야겠다. / 오늘 밤에도 별이 바람에 스치운다." 디모데후서에서 인생의 마지막 편지를 사랑하는 제자에게 쓰고 있는 바울 사도도 같은 심정이었을 것이라고 생각됩니다. 윤동주의 시대가 일제 강점기로 생각과 행동이 제약되던 때였던 것처럼 로마의 통치와 억압의 현실 속에서 복음을 전하던 바울도 같은 마음이었을 것으로 생각됩니다. 그러나 바울은 자기의 승계자 디모데가 에베소 사역을 부끄럼 없이 감당해 줄 것을 기도하며 이 마지막 편지를 쓰고 있었을 것입니다. 본문의 키워드는 15절에 등장하는 '부끄러울 것이 없는 일꾼'입니다. 제자 디모데가 부끄러울 것이 없는 일꾼으로 마지막까지 복음의 사역을 감당해 줄 것을 기대한 것입니다.

특히 당시 에베소 교회 내에 숨어 들어온 거짓 선생들 중에는 말만 잘하고 논쟁으로 성도들의 삶을 혼란하게 하는 이들이 있었습니다. 소위 영지주의와 율법주의의 영향을 받고 있었던 교사들이었습니다. 본문 14절은 이런 말씀으로 시작됩니다. "너는 그들로 이 일을 기억하게 하여 말다툼을 하지 말라고 하나님 앞에서 엄히 명하라 이는 유익이 하나도 없고 도리어 듣는 자들을 망하게 함이라." 이 거짓 교사들의 한 특성이 말다툼을 초래하는 말꾼들이었던 것입니다. 16절에서도 "망령되고 헛된 말을 버리라 그들은 경건하지 아니함에 점점 나아가나니"라고 말합니다. 이미 디모데전서 1장 4절에서 바울이 경고한 바를 기억합시다. "신화와 끝없는 족보에 몰두하지 말게 하려 함이라 이런 것은 믿음 안에 있는 하나님의 경륜을 이룸보다 도리어 변론을 내는 것이라." 변론에 이기는 것이 중요한 것이 아니라, 하나님의 경륜을 이루는 일에 쓰임을 받는 것이 중요한 것이었습니다. 여기서 하나님의 경륜은 이 세상에서 구원을 이루시는 하나님의 섭리적 사역이었습니다.

그러면 말만 잘하는 사람이 아니라, 이 세상에서 하나님의 경륜을 이루는 자로 부끄럼 없이 쓰임 받는 사람이 되기 위해 우리는 어떤 사람됨을 추구해야 할까요?

1. 진리의 말씀을 분별하고 사는 사람입니다.

본문 15절을 다시 읽습니다. "너는 진리의 말씀을 옳게 분별하며 부끄러울 것이 없는 일꾼으로 인정된 자로 자신을 하나님 앞에 드리기를 힘쓰라." 여기 바울은 부끄러울 것이 없는 일꾼이 되려면 먼저 진리의 말씀을 옳게 분별할 책임을 강조합니다. 여기 '옳게 분별하다'는 원어로 '올소토문타'(orthotomounta)인데 바르게 자른다(cut straight)는 의미입니다. 존 스토트(John Stott)는 이 단어의 뜻을 옛날식으로 하면 '똑바로 밭고랑 길을 내는 것'이고, 현대적으로 비유한다면 '자동차 길을 똑바로 내서 바른 방향으로 가도록 인도한다'는 의미라고 말합니다. 어떻게 해석하든 성경을 바르게 강론하여 성경 말씀을 받는 사람들이 바른 길로 갈 수 있도록 인도한다는 뜻입니다. 그러나 여기 분별의 의미는 지적 분별만으로 강론자의 책임이 끝난다고 말하지 않습니다. 진리의 말씀을 올바르게 분별하는 목적은 이 말씀을 받는 사람들이 부끄러울 것이 없는 일꾼이 되어 자신을 하나님께 드리는 자들이 되어야 한다고 말합니다. 다시 말하면 진리의 말씀을 분별하고 그대로 헌신하고 살아가는 사람들이 되도록 촉구하는 것, 그것이 바로 진리의 말씀을 가르치는 자들의 궁극적 책임이라는 것입니다.

그런데 이미 에베소 교회 내에는 진리의 말씀을 잘못 가르쳐 오도하는 자들이 나타났으니 그들을 경계하라고 가르칩니다. 그들은 교묘한 말장난으로 사람들의 호기심을 일으켜 그릇된 길로 나아가도록 미혹하고 있다는 것입니다. 18절의 말씀을 보십시오. "진리에 관하여는 그들이 그릇되었도다 부활이 이미 지나갔다 함으로 어떤 사람들의 믿음을 무너뜨리느니라." 당시에 거짓 선생들 중에는 우리가 예수 믿을 때 거듭난 새 사람이 된 것, 그것이 부활이지 앞으로 죽은 자들이 다시 사는 육체의 부활은 없다고 가르치고 있었던 것입니다. 생각해 보라고… 죽은 자의 육체가 어떻게 다시 살 수 있겠느냐고? 우리는 이미 영적으로 부활했기 때문에 부활은 지난 것이라고 가르치는 사람들이 있었던 것입니다. 바울 당시의 강력한 헬라 철학은 영혼의 불멸을 가르치고 육체의 부활을 부인하고 있었습니다. 바울은 이런 가르침을 전하고 있었던 사람들을 악성 종양과 같은 존재들이라고 말합니다. 17절에 그들의 이름을 고하고 있습니다. "그들의 말은 악성 종양이 퍼져나감과 같은데 그 중에 후메내오와 빌레도가 있느니라."

오늘날에도 소위 자유주의 신학자들 중에는 성경의 비신화화라는 그럴듯한 이론으로 예수 그리스도의 육체적 부활을 부인하는 신학자들이 있습니다. 그래서 예수님이 영적으로만 부활하셨다는 것입니다. 그러나 예수 그리스도의 육체적 부활을 부인한다면 예수 그리스도의 육체적 재림도 결국 부인하게 되고, 그러면 예수 그리스도의 재림을 통한 역사의 완성은 기대할 수 없는 것입니다. 바울 사도는 위대한 부활 장, 고린도전서 15장에서 이렇게 선포하시지 않았습니까? "만일 죽은 자가 다시 살아나는 일이 없으면 그리스도도 다시 살아나신 일이 없었을 터이요 그리스도께서 다시 살아나신 일이 없으면 너희의 믿음도 헛되고 너희가 여전히 죄 가운데 있을 것이요."(고전 15:16-17) 또한 고린도전서

15장 19절을 보십시오. "만일 그리스도 안에서 우리가 바라는 것이 다만 이 세상의 삶뿐이면 모든 사람 가운데 우리가 더욱 불쌍한 자이리라." 예수 그리스도의 부활과 재림 그리고 우리의 육체적 부활은 우리의 궁극적 소망인 것을 믿으시기 바랍니다. 어느 날 주님 앞에 설 부활의 소망이 있기 때문에 우리는 이 세상의 불의와 타협하지 않고 부끄러울 것이 없는 자로 살고자 하는 것입니다. 본문 19절은 이런 부활의 소망을 가진 주의 백성들을 주께서 인치시고 알고 계신다고 보증하십니다.

2. 자신을 깨끗하게 준비한 사람입니다.

누가 부끄러울 것이 없는 일꾼일까요? 바울은 계속되는 본문의 가르침에서 21절에 이렇게 가르칩니다. "그러므로 누구든지 이런 것에서 자기를 깨끗하게 하면 귀히 쓰는 그릇이 되어 거룩하고 주인의 쓰심에 합당하며 모든 선한 일에 준비함이 되리라." 우리가 깨끗하게 준비될 이유가 무엇입니까? 21절에 세 가지가 강조됩니다. 1)거룩하고(구별된 목적으로), 2)주인이 쓰실 수 있고, 3)선한 일의 도구로 살아갈 수 있기 때문입니다. 그런데 선행되는 20절에서는 큰 집과 그릇의 이야기를 먼저 하십니다. 개혁자 존 칼빈은 여기 큰 집은 교회이고 그릇은 바로 성도라고 말합니다. 교회 안에서도 귀하게 쓰임 받는 성도들이 있고 천하게 쓰임 받는 성도들이 있다는 것입니다. 20절을 읽어 보십시다. "큰 집에는 금 그릇과 은 그릇뿐 아니라 나무 그릇과 질그릇도 있어 귀하게 쓰는 것도 있고 천하게 쓰는 것도 있나니." 우리가 20절만을 피상적으로 읽으면 금 그릇이나 은 그릇으로 태어나는 인생과 나무 그릇이나 질그릇으로 태어나는 인생이 있는 것처럼 오해할 수 있습니다. 마치 요즈음 우리가 금수저, 은수저, 흙수저를 말하는 것처럼 어떤 배경에서 태어나느냐가 중요한 것처럼 생각할 수 있습니다.

그러나 20절 다음에는 21절이 있다는 것을 잊지 마셔야 합니다. 21절의 강조는 우리의 출생이 아닌 깨끗함의 중요성입니다. 아무리 우리 집에 금 그릇과 은 그릇이 있어도 더럽혀져 있다면 귀히 쓰임 받을 수 없습니다. 우리 집에 가격이 그리 비싸지 않은 나무 그릇과 질그릇이 있어도 깨끗하게 준비되어 있으면 언제라도 밥상에 올라갈 수 있습니다. 나무 그릇과 질그릇도 깨끗하면 귀히 쓰임 받을 수 있다는 것입니다. 사실 저희 부부는 해외 여행을 자주 하는 편이어서 여행 시에 특이한 그릇들을 아내가 사오는 때가 가끔 있습니다. 그런데 그런 특이한 그릇들은 우리 집에서 찬장 구석에서 대부분 잠들어 있습니다. 그 특이한 생김새, 예술성에도 불구하고 전혀 쓰임을 받지 못하고 있는 것이지요. 그런데 오히려 평범하고 간편한 나무, 도자기 용기들이 보통 식사 시간에 우리 밥상에 올라 귀히 쓰임을 받습니다. 요점이 무엇입니까? '깨끗하게 준비됨'의 중요성입니다.

그런데 바울 사도는 이런 쓰임 받기에 합당한 깨끗함의 자질을 유지하려면 22절에서 피할 것이 있고 따를 것이 있다고 말씀하십니다. "또한 너는 청년의 정욕을 피하고 주를 깨끗한 마음으로 부르는 자들과 함께 의와 믿음과 사랑과 화평을 따르라." 청년의 때는 질풍노도의 열정의 시간입니다. 그래서 그 열정은 종종 과도한 욕망으로 변질될 수 있습니다. 과도한 성욕, 과도한 명예욕, 과도한 권력욕 등… 이런 욕망의 포로가 되지 말라는 것입니다. 그것들을 피하라고 말합니다. 그리고 네 가지 신의 성품을 따르라고 말합니다. 의와 믿음은 하나님의 기준, 하나님께 대한 신뢰입니다. 사랑과 화평은 인간을 대하여 드러내야 할 신적 성품입니다. 이웃들을 희생적으로 돌아보고 이웃들과 되도록 화평해야 한다고, 그러면 하나님 나라에 부끄러워할 필요가 없이 귀히 쓰임 받는 하나님의 사람이 될 수 있다고 말입니다.

3. 이웃들에 대하여 온유한 사람입니다.

부끄러워할 것이 없는 일꾼됨의 마지막 자질은 이웃들에 대하여 온유한 사람이 되는 것입니다. 본문 24-25절의 말씀을 보겠습니다. "주의 종은 마땅히 다투지 아니하고 모든 사람에 대하여 온유하며 가르치기를 잘하며 참으며 거역하는 자를 온유함으로 훈계할지니 혹 하나님이 그들에게 회개함을 주사 진리를 알게 하실까 하며." 여기 두 번씩 강조된 단어가 온유함입니다. 우리말 성경은 동일하게 '온유'로 번역하지만 원문에는 비슷하지만 약간 다른 두 단어가 쓰여집니다. 처음 24절에서의 온유는 'epios'이고 바울이 데살로니가전서 2장 7절에서 유모처럼 유순하게 그들을 양육했다고 할 때와 같은 단어로 영어의 gentle이 사용됩니다. 그러나 25절에서의 온유는 'praotes'로 영어 성경에 종종 meekness로 번역됩니다. 마태복음 5장 산상수훈에서 예수님이 "온유한 자가 복이 있나니"라고 하실 때와 동일한 단어입니다. 이 단어는 거의 self-control(자기 절제)의 의미를 갖습니다. 주의 종은 '유순'하고 '자기 절제'가 있어야 한다는 말입니다. 이 단어의 반대의 뜻은 야생마처럼 길들여지지 않은 거친 품성입니다. 그러면 하나님도 쓰실 수 없는 사람이 되는 것입니다. 온유한 사람은 유약한 사람이 아닙니다. 하나님의 목적을 위해 자기의 감정과 의지를 내려놓고 순종할 수 있는 사람인 것입니다. 그런 사람만이 하나님에 의해 쓰임 받을 수 있는 사람입니다. 구약 민수기 12장 3절에 보면 "이 사람 모세는 온유함이 지면의 모든 사람보다 더하더라"고 합니다. 모세가 유약한 사람입니까? 그는 강인한 지도자였습니다. 그러나 하나님 앞에서는 언제나 온유한 사람이었습니다. 모세가 구스 여인과 결혼했다고 비방하던 형 아론과 누이 미리암이 하나님의 징계로 나병이 생겼을 때 자신의 형제들을 위해 부르짖어 중보한 사랑의 사람이었고, 우상 숭배한 자기 백성들을 위해 차라리 나를 징계해 달라고 내 이름을 생명책에서 지우더라도 이 백성들을 용서해 달라고 기도하던 사랑의 사람, 성경은 그가 진정한 온유의 사람이었다고 증거합니다.

히브리어로는 모세의 온유를 말할 때 '아나브'(anab)란 단어를 사용합니다. 그런데 이 단어의 어근인 '아나'(ana)는 본래 '응답하다'라는 뜻입니다. 모세는 언제라도 하나님 앞에 엎드려 응답하고 순종할 줄 아는 온유의 사람이었습니다. 아니 어쩌면 모세는 40년간 광야의 삶을 살면서 하나님 앞에 온유한 사람으로 빚어지게 되었을 것입니다. 어쩌면 인생의 광야는 그래서 우리에게도 필요한지 모릅니다. 나를 주의 종다운 종으로 온유한 하나님의 사람으로 만들어 가시고자 광야 길을 걷게 하시는지도 모릅니다. 오늘 바울 사도는 디모데가 온유한 주의 종으로서 말씀을 가르치고, 또 거역하는 자들도 온유함으로 징계하여 26절의 말씀처럼 그들을 마귀의 올무에서 벗어나게 하여 하나님의 뜻을 따르는 자들로 회복의 도움을 주는 사역을 하는 모습을 보고 싶어 한 것입니다. 오늘 이 시대는 다시 온유함으로 주의 뜻을 따르는 부끄러울 것 없는 일꾼들의 출현을 기다리고 있습니다. 예수님은 말씀하십니다. "나는 마음이 온유하고 겸손하니 나의 멍에를 메고 내게 배우라."(마 11:29) 그렇게 기도하시겠습니까?

18

고통의 때, 말세의 징조들

디모데후서 3장 1-9절

[1]너는 이것을 알라 말세에 고통하는 때가 이르러 [2]사람들이 자기를 사랑하며 돈을 사랑하며 자랑하며 교만하며 비방하며 부모를 거역하며 감사하지 아니하며 거룩하지 아니하며 [3]무정하며 원통함을 풀지 아니하며 모함하며 절제하지 못하며 사나우며 선한 것을 좋아하지 아니하며 [4]배신하며 조급하며 자만하며 쾌락을 사랑하기를 하나님 사랑하는 것보다 더하며 [5]경건의 모양은 있으나 경건의 능력은 부인하니 이같은 자들에게서 네가 돌아서라 [6]그들 중에 남의 집에 가만히 들어가 어리석은 여자를 유인하는 자들이 있으니 그 여자는 죄를 중히 지고 여러 가지 욕심에 끌린 바 되어 [7]항상 배우나 끝내 진리의 지식에 이를 수 없느니라 [8]얀네와 얌브레가 모세를 대적한 것 같이 그들도 진리를 대적하니 이 사람들은 그 마음이 부패한 자요 믿음에 관하여는 버림 받은 자들이라 [9]그러나 그들이 더 나아가지 못할 것은 저 두 사람이 된 것과 같이 그들의 어리석음이 드러날 것임이라

18
고통의 때, 말세의 징조들

오늘의 본문은 '말세'(eskatos, last day)라는 단어로 시작됩니다. 우리는 말세라는 이런 단어를 자주 사용하는 사람들을 일반적으로 광신자 유형으로 취급합니다. 그리고 은근히 성경의 권위에 물음표를 던지는 사람이 됩니다. 그러면서도 성경이 기록되던 1세기에 말세를 말했다면 그 말세가 아직도 오지 않은 이유를 속으로는 궁금해 하기도 합니다. 그러나 사실 '말세'는 예수님이 이 땅에 오심으로 시작된 때입니다. 히브리서 1장 2절에 보면 "이 모든 날 마지막에는 아들(예수 그리스도)을 통하여 우리에게 말씀하셨으니"라고 합니다. 그 아들 되신 예수님이 역사 속에 오셔서 말씀하신 때가 바로 마지막 때라는 것입니다. 그 예수님이 십자가에 죽으시고 부활, 승천하심으로 본격적으로 시작된 시간이 바로 말세입니다. 그리고 그 약속된 예수님이 역사 속에 다시 돌아오시는 때가 말세의 완성이 될 것입니다. 그러니까 예수님이 이 땅에 오시고 그분이 다시 오실 때까지가 역사의 마지막 때라는 것입니다. 그래서 우리가 살고 있는 오늘이 예수님이 다시 오실 때에 아주 가까운 시간이라면 지금은 말세 중의 말세, 우리의 선배들의 표현을 빌리자면 '말세지말'(末世之末)입니다.

그리고 그 말세가 가까울수록 세상에는 고통이 더해질 것입니다. 그래서 말세는 고통의 시간이 될 것입니다. 그것은 하나님의 가치관을 포기함으로 우리가 스스로 초래한 불행의 결론이기도 합니다. 본문 1절을 보십시오. **"너는 이것을 알라 말세에 고통하는 때가 이르러."** 예수님의 처음 제자 사도 요한은 성경의 마지막 책 요한계시록에서 그때를 '7년 대환난의 때'라고 말하기도 합니다. 여기서 7년을 문자 그대로 이해할 필요는 없습니다. 7이란 하나님의 섭리를 가리키는 완전 숫자이기도 합니다. 역사의 마지막에 우리가 겪게 될 환난의 시간을 가리킨다고 이해하시면 됩니다. 우리는 그런 때에 무슨 일이 벌어질 것인가를 질문하지만, 그것보다는 그때 우리가 어떻게 살 것인가를 질문해야 합니다. 종말론적 삶의 태도를 준비하라는 말입니다. 그러나 종말론적 삶의 태도를 갖기 위해서는 이 종말의 현상적 징조를 먼저 이해할 필요가 있습니다. 정말 말세는 어떤 징조를 보이는 때가 될 것입니까?

1. 왜곡된 사랑이 지배하는 때입니다.

본문 2-4절까지가 그 말세의 시대적 특성, 혹은 말세 인생들의 모습을 그리고 있습니다. **"사람들이 자기를 사랑하며 돈을 사랑하며 자랑하며 교만하며 비방하며 부모를 거역하며 감사하지 아니하며 거룩하지 아니하며 무정하며 원통함을 풀지 아니하며 모함하며 절제하지 못하며 사나우며 선한 것을 좋아하지 아니하며 배**

신하며 조급하며 자만하며 쾌락을 사랑하기를 하나님 사랑하는 것보다 더하며." 말세 인간의 여러 가지 특성들이 묘사되고 있지만 처음과 마지막 특성을 주목하시기 바랍니다. 처음이 무엇입니까? '사람들이 자기를 사랑하며'입니다. 그리고 마지막이 무엇입니까? '쾌락을 사랑하기를 하나님 사랑하는 것보다 더하며'입니다. 여러분, 성경이 가르치는 최고의 계명이 무엇입니까? 하나님 사랑과 이웃 사랑입니다. 그러면 이 계명을 불순종한 인생들의 모습이 무엇일까요? 자기 사랑에 빠진 나머지 하나님과 이웃을 사랑하지 못하고 사는 삶의 결과일 것입니다. 여기 2-4절에 등장하는 말세 인생의 특성이 한마디로 하나님과 이웃을 향한 사랑에서 떠나있는 사람들의 모습입니다.

이런 진정한 사랑에 실패한 말세 인생의 모습을 왜곡된 사랑에 빠진 모습이라고 정의할 수 있을 것입니다. 이런 왜곡된 사랑의 대표가 '자기 사랑'(self-love)입니다. 우리가 요즘 대형 서점을 방문하면 가장 큰 면적을 차지하는 섹션이 소위 '자기 도움'(self-help)코너 입니다. 현대 심리학은 모두 여기에 초점을 맞추어 인간이 어떻게 자기 자신을 도와 자기 사랑을 하며 살 것인가에 초점을 맞추고 있습니다. 이런 모든 가르침의 중요한 전제는 내가 나의 구세주가 될 수 있다는 것입니다. 혹은 현대 심리학의 여러 기법이 우리의 삶의 구원이 될 것처럼 선전하고 홍보하고 있습니다. 그래서 한 신학자는 현대의 가장 큰 우상 숭배가 바로 '자아 숭배'(cult of self-worship)가 되어버렸다고 고발합니다. 그러나 성경이 가르치는 복음은 하나님 앞에서의 우리의 죄인 됨, 부패함을 발견한 후, 우리가 나 자신을 믿을 수 없어 하나님의 아들이신 예수를 나의 구주와 주님으로 믿고 따르게 된 것입니다. 그리고 성경의 순서를 따라 우리가 참으로 하나님을 사랑하고 이웃을 사랑하면 자연스럽게 우리는 '자기 자신을 하나님의 관점으로 용납'(self-acceptance with God's perspective)하며 건강하게 세워가게 될 것입니다. 나는 죄인임을 알기에 자신을 우상화하지 않고, 자신을 학대하지도 않고, 하나님의 형상을 닮은 나 자신을 수용합니다.

현대 심리학도 이런 병적 자기애의 위험성을 발견하면서 소위 나르시시즘(Narcissism, 자아도취적 자기애)에서 벗어나 공감능력을 가진 인간 발달을 강조하기 시작한 것은 다행한 일입니다. 이런 병적 자기애의 극단은 최근 우리 사회에서도 문제가 되는 가스라이팅입니다. 상대방에게 생각의 자유를 주지 않고 인간을 조정하고 조작하는 것은 궁극적으로 인간을 사랑하는 것이 아니라, 학대하는 것입니다. 말세가 될수록 이런 나르시시스틱(narcissistic, 자아도취적인) 자기 집착을 강조하는 교주와 집단이 많이 등장할 것입니다. 어떤 교회가 성도들의 정치적 판단의 자유를 억압하고 한 가지 정치적 입장만을 극단적으로 강요하고 비상식적인 헌신과 충성을 요구한다면 그것은 거의 이단이라고 할 수 있습니다. 저는 이런 집단에 속할수록 가스라이팅의 피해를 경험할 확률이 높다고 믿습니다. 이런 이단과 광신자의 증폭은 바로 말세의 징조라고 생각하시면 됩니다.

2. 경건의 능력을 상실한 때입니다.

본문 5절을 보시겠습니다. "경건의 모양은 있으나 경건의 능력은 부인하니 이같은 자들에게서 네가 돌아서라." 저는 말세의 특징의 하나가 온갖 종교의 무분별한 유행이 될 것이라고 생각합니다. 본문이 강조한 경건의 모양은 신에 속해 있다고 믿는 자기 자신만의 종교적 표상이라고 생각합니다. 조금 전에도 이단에 대한 언급을 했습니다만 이단은 두 가지로 나눌 수 있습니다. 첫 번째는 교리적 이단입니다. 명확한 기독교의 정통 교리를 부인하는 경우입니다. 삼위일체의 신관, 예수의 하나님 되심과 인간 되심, 예수의 죽음과 부활의 교리, 성령의 신성과 인격성, 믿음으로만 구원받는 칭의의 교리, 지역 교회(유형)의 불완전성과 우주적 교회(무형)로의 완성, 예수 그리스도의 재림의 교리 등을 부인한다면 그것은 명확하게 이단입니다. 두 번째는 윤리적 이단입니다. 기독교 중심 교리는 그대로 수용하지만 그리스도인다운 삶의 실천을 전혀 강조하지 않는 공동체들, 성화가 강조되지 않고 그 집단의 공공선이 보이지 않는 폐쇄적 모임이 여기에 속합니다. 바로 본문에 나오는 경건의 능력을 부인하는 사람들입니다.

그런데 이런 이단자들에게 많은 성도들이 속임을 당하는 이유는 그들에게도 경건의 모양이 있기 때문입니다. 그들도 우리처럼 예배에 참석하고 찬양을 부르고 기도도 하고 심지어 헌금도 하고 있기 때문입니다. 그들도 우리처럼 종교적 형식에 충실한 삶을 가지고 있었던 것입니다. 그런데 그들에게 결여된 것, 경건의 능력이었습니다. 그런 경건의 능력은 어떻게 우리의 삶에 작동하고 있어야 할까요? 그것은 우리의 경건함이 일상의 삶의 능력으로 나타나고 있어야 한다는 것입니다. 우리는 디모데후서 3장 본문 초두에서 말세적 삶을 살고 있는 사람들의 모습을 보았습니다. 3장 2절에 자기를 사랑하고 돈을 사랑하고 늘 자기만을 자랑하고 교만하고 이웃들을 비방하고 부모를 거역하고 감사의 모습이 없고 거룩하지도 아니하고(구별된 삶의 모습이 없고), 3절에는 이웃들에게 무정하고 원통함을 풀지 않고 적대적이며 모함하며 절제하지 못하고 선한 것을 좋아하지 아니하는 삶, 4절에 쉽게 이웃들을 배신하고 조급하고 자만하고 쾌락에 빠져있는 모습들, 이것이 바로 경건의 능력을 상실한 삶의 모습이었던 것입니다.

그러고 보면 경건의 능력을 증명하는 자리는 예배의 자리가 아니라, 예배가 끝나고 집으로, 일터로 돌아가서 일상을 살아가는 구체적 삶의 현장이어야 한다는 것입니다. 선데이 크리스천(Sunday Christian)이 아닌 일상에서 크리스천(Everyday Christian)으로 살아가는 모습이 있어야 한다는 것입니다. 하나님과의 관계만 아니라 우리의 가족, 이웃들, 그리고 우리의 일터에서 만나는 이웃들과의 관계에서 우리가 신에 속한 하나님의 자녀임을 보여주고, 증명하며 살아갈 수 있어야 한다는 것입니다. 그것이 바로 경건의 능력인 것입니다. 말세는 경건의 능력을 부인하고 경건의 모양만 가득한 사람들이 많아지는 때라고 바울은 말합니다. 그런 경건하지 못한 무리 중에서 경건을 유지하는 길은 딱 하나입니다. "이같은 자들(경건의 능력을 부인하는 자들)에게서 네가 돌아서라"(딤후 3:5)는 것입니다. 차라리 무신론자들과 함께 하며 복음을 증거할 기회를 찾는 것은 좋은 일입니다. 그러나 크리스천, 혹은 믿는 자, 경건한 모양을 가졌으나 실상 경건하지 않은 자들과 함께할수록 우리는 경건을 배우지 못할 것이기 때문입니다.

3. 진리를 대적하는 때입니다.

말세의 마지막 징조의 하나는 사람들이 진리를 대적한다는 것입니다. 바울은 본문에서 두 가지 사례를 들어 설명하고 있습니다. 먼저 6-7절을 보겠습니다. "그들 중에 남의 집에 가만히 들어가 어리석은 여자를 유인하는 자들이 있으니 그 여자는 죄를 중히 지고 여러 가지 욕심에 끌린 바 되어 항상 배우나 끝내 진리의 지식에 이를 수 없느니라." 바울 당시의 거짓 교사들 즉 영지주의나 율법주의의 영향을 가장 쉽게 수용하고 있던 계층의 사람들이 유한마담들이었습니다. 당시 에베소는 신로마의 유행을 받아들여 여성의 해방이 이루어지고 있었고 많은 여인들은 일하지 않고 집에서 머물러 있었는데 그들이 바로 거짓 교사들의 미끼였습니다. 그들과 함께 아마도 성경공부를 했을 것입니다. 그러나 그들의 관심은 진리가 아니었습니다. 그래서 공부는 하지만 진리이신 예수 그리스도를 받아들인 것이 아니라, 해방된 방종한 삶에 인도되어 죄를 즐기고 있었던 것입니다. 바울은 그들에게 7절에서 "항상 배우나 끝내 진리의 지식에 이를 수 없느니라"고 말합니다. 결국 그들은 진리를 대적하고 있었던 것입니다.

또 하나의 설명을 우리는 8-9절에서 볼 수가 있습니다. "얀네와 얌브레가 모세를 대적한 것 같이 그들도 진리를 대적하니 이 사람들은 그 마음이 부패한 자요 믿음에 관하여는 버림 받은 자들이라 그러나 그들이 더 나아가지 못할 것은 저 두 사람이 된 것과 같이 그들의 어리석음이 드러날 것임이라." 도대체 얀네와 얌브레가 누구입니까? 성경학자들은 모세가 이스라엘 백성들을 데리고 출애굽할 때 바로 앞에서 마술을 행한 자들 그러니까 마술사들 중 두 사람이었을 것이라고 추정합니다. 출애굽기 7장과 8장에 보면 모세가 기적을 행하니까 바로가 자신의 마술사를 불러 모세와 같은 기적을 행하게 합니다. 그러자 이 마술사들이 우리도 하나님의 능력을 갖고 있다고 말하며 기적을 행합니다. 물론 겉으로 모세와 유사한 기적들이 나타난 것은 사실입니다. 그러나 그들은 하나님의 뜻인, 하나님의 백성들을 애굽 땅에서 떠나게 하는 일을 방해합니다. 기적이 진리의 방편이 못되고 진리를 오히려 대적한 것입니다. 그러므로 눈으로 보이는 가시적 마술은 진리의 방편도 도구도 아니라는 것을 기억해야 합니다. 그러나 말세가 될수록 사람들은 기적이 나타났다는 현상 때문에 미혹되어 진리를 오히려 대적할 수 있다는 것을 경고하는 것입니다.

산상수훈 마태복음 7장 22-23절에서의 예수님의 경고를 함께 기억합시다. "그날에 많은 사람이 나더러 이르되 주여 주여 우리가 주의 이름으로 선지자 노릇 하며 주의 이름으로 귀신을 쫓아내며 주의 이름으로 많은 권능을 행하지 아니하였나이까 하리니 그 때에 내가 그들에게 밝히 말하되 내가 너희를 도무지 알지 못하니 불법을 행하는 자들아 내게서 떠나가라 하리라." 중요한 것은 무엇입니까? 선행하는 마태복음 7장 20절에서 주님은 명확하게 말씀하셨습니다. "이러므로 그들의 열매로 그들을 알리라." 예수 믿고 살아가는 날마다의 일상에서 어떤 열매를 맺고 계십니까? 다시 마태복음 7장 17절의 말씀을 상기합시다. "이와 같이 좋은 나무마다 아름다운 열매를 맺고 못된 나무가 나쁜 열매를 맺나니." 말세에 물어야 할 가장 중요한 질문은 이것입니다. 나는 예수 만나고 예수 믿고 좋은 나무가 되어 하루하루 일상에서 좋은 열매를 맺고 있을까요?

19

경건하게 살고자 한다면

¹⁰나의 교훈과 행실과 의향과 믿음과 오래 참음과 사랑과 인내와 ¹¹박해를 받음과 고난과 또한 안디옥과 이고니온과 루스드라에서 당한 일과 어떠한 박해를 받은 것을 네가 과연 보고 알았거니와 주께서 이 모든 것 가운데서 나를 건지셨느니라 ¹²무릇 그리스도 예수 안에서 경건하게 살고자 하는 자는 박해를 받으리라 ¹³악한 사람들과 속이는 자들은 더욱 악하여져서 속이기도 하고 속기도 하나니 ¹⁴그러나 너는 배우고 확신한 일에 거하라 너는 네가 누구에게서 배운 것을 알며 ¹⁵또 어려서부터 성경을 알았나니 성경은 능히 너로 하여금 그리스도 예수 안에 있는 믿음으로 말미암아 구원에 이르는 지혜가 있게 하느니라 ¹⁶모든 성경은 하나님의 감동으로 된 것으로 교훈과 책망과 바르게 함과 의로 교육하기에 유익하니 ¹⁷이는 하나님의 사람으로 온전하게 하며 모든 선한 일을 행할 능력을 갖추게 하려 함이라

19
경건하게 살고자 한다면

인간은 저마다 소위 'wish-list', 간절하게 성취하기를 원하는 소원의 리스트를 갖고 평생을 살아갑니다. 그 소원이 강렬할수록 열망으로 표현됩니다. 대표적인 열망은 1)건강하게 살고싶다, 2)부요하게 살고 싶다, 3)편안하게 살고 싶다, 4)좋은 관계를 맺고 살고 싶다, 5)명성을 누리고 싶다, 6)업적을 남기고 싶다, 7)성공하고 싶다는 것으로 아마 보편적 인간의 7대 열망이라고 할 수 있을 것입니다. 그런데 아주 드물게 경건하게 살고 싶다는 경건의 열망을 가진 사람들이 있습니다. 이런 사람들을 영적 인간이라고 할 수 있을 것입니다. 1517년(16세기) 독일에서 마틴 루터(Martin Luther)를 통하여 종교 개혁이 일어났을 때 성경이 가르치는 구원의 바른 교리 '믿음으로만 구원받음'(이신칭의)이 강조된 것은 신앙인들의 여정에서 참으로 중요한 사건이었습니다. 그러나 가톨릭 교권과 대립하여 이 진리를 전파하는 과정에서 믿음으로 구원받은 사람들은 어떻게 살아야 하는가를 강조하지 못하고 있었습니다. 이때 루터의 개혁 선언 이후 160년이지나간 시점인 17세기에 독일에서 소위 경건주의 운동이 일어납니다. 1675년 필립 야곱 스페너(Philipp Jacob Spener)라는 신학자가 《경건한 소원》(Pia Desideria/경건한 열망, 국문판 은성)이라는 제목의 소책자를 발간하면서 당시 크리스천들의 경건의 열망을 일깨우게 됩니다.

바울은 바로 이런 경건의 열망을 갖고 인생을 살아간 대표적인 하나님의 사람입니다. 그런데 그는 자신을 따르는 제자 디모데에게도 이렇게 경건하게 살기를 준비하라고 편지를 쓰고 있습니다. 경건한 삶은 하나님에게 드려진 삶입니다. 혹은 하나님의 품성과 인격을 닮아가는 삶, 영어로 godly life입니다. 그러면 어떻게 이런 경건의 삶을 추구하는 인생을 살아갈 수 있을까요? 본문 12절에서 바울은 디모데에게 **"무릇 그리스도 예수 안에서 경건하게 살고자 하는 자는"** 이런 말로 권면을 하고 있습니다. 하나님을 인정하지 않고 불신하는 오늘의 세대에서 경건한 삶을 추구하는 것은 어리석은 선택일 수밖에 없습니다. 만일 그런 삶을 추구하고자 한다면 그는 오늘의 세대의 가치관과 충돌을 각오할 수밖에 없습니다. 이런 신앙인의 삶은 자연스럽게 박해에 직면함을 각오해야 합니다. 그래서 경건하게 살고자 한다면 우리가 각오할 것이 무엇이겠습니까?

1. 박해 받을 각오를 하고 살아야 합니다.

그것이 바로 12절의 교훈입니다. **"무릇 그리스도 예수 안에서 경건하게 살고자 하는 자는 박해를 받으리라."** 10-11절은 바울이 구체적으로 경건을 추구하며 복음을 전하는 과정에서 받은 박해를 회고하며 증언합니다. "나의 교훈과 행실과 의향과 믿음과 오래 참음과 사랑과 인내와 박해를 받음과 고난과 또한 안디옥과 이고니온과 루스드라에서 당한 일과 어떠한 박해를 받은 것을 네가 과연 보고 알았거니와 주께서 이 모든 것 가운데서 나를 건지셨느니라." 여기 반복되는 단어가 박해(3회)입니다. 바울은 구체적으로 그가 박해 받은 도시와 장소를 열거하며 증언합니다. 안디옥에서, 이고니온에서 그리고 루스드라에서 박해 받은 경험을 회상하며 증언하는 것입니다. 경건하게 살고자 한다면 박해를 각오하고 살아야 한다고 말입니다. 우리가 세상의 인정과 칭찬, 박수 받을 기대가 있다면 우리는 일찍 주를 따라 살고자 함을 포기하는 것이 마땅할 것입니다. 그러나 바울은 아직 해야 할 일이 남아 있기에 하나님이 박해 중에 그를 건지셨다고 고백합니다. 11절에서 "이 모든 것 가운데서 나를 건지셨느니라"고 말합니다. 그리고 이런 박해는 이 몇 번으로 끝나는 것이 아니라, 계속될 것임을 그는 예감하고 있습니다. 13절의 말씀을 보겠습니다. "악한 사람들과 속이는 자들은 더욱 악하여져서 속이기도 하고 속기도 하나니."

현대 선교 현장의 박해와 순교 이야기를 담은 《박해와 순교》(CLC(기독교문서선교회))라는 책이 있습니다. 이 책의 한글판 서문에서 저의 선교 동역자인 이태웅 박사는 세계 각처에서 박해와 순교가 앞으로도 늘어나면 늘어났지 줄어들지 않을 것이라고 말합니다. 전 세계적으로 볼 때 2015년 통계에 의하면 1년간 순교자 수가 평균 9만 명에 달하고 있다는 것을 지적하고 있습니다. 지금 우리가 사는 이 순간도 박해와 순교는 일상사가 되어가고 있다는 현실을 지적하고 있습니다. 다행히 한국은 아직 그렇게 박해를 실감하지 않아도 될 상황이지만 안심해도 좋을 상황은 결코 아니라는 것입니다. 특히 인구의 자연 감소로 우리가 외국인 인력을 이 땅에 필요로 하면서 무슬림 인구가 급증하고 있는 상황과 함께 다가올 종교 갈등과 박해가 언제 당면한 현실이 될지 모를 상황에 처해 있다는 사실입니다. 오늘날 '기독교인에 대한 박해'라는 제목으로 구글 검색을 하면 0.24초 안에 857만 개 이상의 기사가 뜨는 것을 볼 수 있습니다. 〈종교와 공적 삶에 관한 퓨 포럼〉의 국제 보고서에 따르면 세계 인구 3분의 1이 종교 제약에 직면하고 있고 이런 제약과 박해를 경험하는 사람들 중 70%는 그리스도인들이라고 말합니다.

이런 종교 제약과 박해가 진행 중인 나라들은 이슬람 국가가 38개국, 공산주의 영향을 받고 있는 나라가 8개국, 1개의 힌두 국가, 1개의 불교 국가라고 보고하고 있습니다. 우리나라도 앞으로 어떤 국회의원들이 국회로 진출하여 신앙의 자유를 제한할지를 크게 눈뜨고 지켜보고 감시하며 이 땅의 자유와 신앙 증진을 위해 일할 일꾼을 선출하는 투표 행사를 하셔야 합니다. 우리의 경건한 삶을 지켜내기 위해서 말입니다.

2. 말씀의 확신 가운데 거할 수 있어야 합니다.

이런 세상에서 경건하게 살고자 하는 사람들은 무엇보다 말씀의 확신 가운데 거할 수 있어야 합니다. 본문 14-15절을 보겠습니다. "그러나 너는 배우고 확신한 일에 거하라 너는 네가 누구에게서 배운 것을 알며 또 어려서부터 성경을 알았나니 성경은 능히 너로 하여금 그리스도 예수 안에 있는 믿음으로 말미암아 구원에 이르는 지혜가 있게 하느니라." 지금까지 언급한 전 세계적 박해 현상에도 불구하고 그리스도인들이 믿음을 지키며 고난을 극복하는 이유가 무엇입니까? 우리는 성경을 통해 유일한 구원의 지혜를 얻고 유일한 구원의 길을 걸어가고 있음을 알기 때문입니다. 그래서 이런 무신론적 세상 풍조 혹은 복음적 신앙에 대한 박해가 만연하는 세상 풍조 속에서 무엇보다 필요한 것은 말씀의 확신 가운데 거하는 일입니다.

우리가 살고 있는 이 세상의 종교적 보편 현상을 가르쳐 다원주의(Pluralism)라고 합니다. 다원주의는 구원에 이르는 여러 길이 이름만 다르지 종교마다 있을 수 있다는 것입니다. 그러나 모든 것이 길이라면 아무것도 길이라고 할 수 없습니다. 모든 것이 진리라면 아무것도 진리가 아닌 것입니다. 성경은 명확하게 사도행전 4장 12절에서 "다른 이로써는 구원을 받을 수 없나니 천하 사람 중에 구원을 받을 만한 다른 이름을 우리에게 주신 일이 없음이라"고 선언합니다. 예수님 자신도 요한복음 14장 6절에서 "내가 곧 길이요 진리요 생명이니 나로 말미암지 않고는 아버지께로 올 자가 없느니라"고 말씀하십니다. 다원주의는 마음이 넓은 관용성을 말하지만 유일하게 그리스도인들에게만은 관용을 베풀려고 하지 않습니다. 사단은 우리가 유일한 진리의 말씀을 붙들고 사는 것을 원하지 않습니다. 그러므로 이런 시대의 풍조에 맞서 그리스도인들에게 필요한 것은 막연한 종교성이 아니라, 하나님의 말씀인 성경에 대한 절대적 확신입니다. 더욱 하나님의 말씀인 성경을 읽고, 연구하고 묵상하고 암송하고 성경 말씀을 붙들고 날마다를 살아야 합니다.

예수님은 세상 떠나시기 전에 마지막 기도를 하시면서 요한복음 17장 8절에서 무엇이라 하십니까? "나는 아버지께서 내게 주신 말씀들을 그들에게 주었사오며…." 그리고 14절에서는 "내가 아버지의 말씀을 그들에게 주었사오매 세상이 그들을 미워하였사오니"라고 말씀하시고, 17절에서 "그들을 진리로 거룩하게 하옵소서 아버지의 말씀은 진리니이다"라고 하십니다. 그렇습니다. 세속화된 세상과 맞서 진리의 길을 걷고 경건하게 살고자 하는 이들의 선택은 하나밖에 없습니다. 진리의 말씀을 배워 그 확신 가운데 거하는 일입니다. 성경의 유익은 구원을 넘어서서 무엇을 제공합니까? 이제 본문 16절을 보십시오. "모든 성경은 하나님의 감동으로 된 것으로 교훈과 책망과 바르게 함과 의로 교육하기에 유익하니." 그렇습니다. 참으로 성경은 우리의 전 존재, 모든 삶의 영역에 유익을 끼쳐 우리를 의의 길로 가게 합니다. 그렇다면 다시 말씀드립니다. 경건하게 살고자 하는 자의 선택, 하나밖에 없습니다. 말씀의 확신 가운데 거하십시오.

3. 하나님의 사람답게 선한 일을 행하며 살아야 합니다.

경건하게 살고자 하는 자는 박해를 각오해야 한다고 말씀드렸습니다. 또한 진리의 말씀에 거할 수 있어야 한다고 말씀드렸습니다. 이제 마지막으로 경건하게 살려면 우리는 하나님의 사람답게 지속적으로 선한 일을 행하며 살아야 한다는 것입니다. 비록 세상이 우리를 계속 박해하고 고난을 준다고 할지라도 우리의 선행은 계속되어야 합니다. 이제 본문 마지막 17절의 말씀을 보겠습니다. "이는 하나님의 사람으로 온전하게 하며 모든 선한 일을 행할 능력을 갖추게 하려 함이라." 하나님이 저와 여러분을 예수 믿게 하고 구원하신 목적이 무엇입니까? 에베소서 2장 8절에서 구원은 믿음을 통한 하나님의 선물임을 강조한 바울은 에베소서 2장 10절에서 이렇게 말합니다. "우리는 그가 만드신 바라 그리스도 예수 안에서 선한 일을 위하여 지으심을 받은 자니 이 일은 하나님이 전에 예비하사 우리로 그 가운데서 행하게 하려 하심이니라." 그는 디도서 2장 14절에서 구속의 목적을 이렇게 말합니다. "그가 우리를 대신하여 자신을 주심은 모든 불법에서 우리를 속량하시고 우리를 깨끗하게 하사 선한 일을 열심히 하는 자기 백성이 되게 하려 하심이라."

우리가 박해를 한번 경험하면 우리를 박해한 대상을 더 이상

상대하고 싶지 않아집니다. 그러나 주님은 그것은 박해를 이기는 방법이 아니라고 말합니다. 로마서 12장 14절을 기억하십니까? "너희를 박해하는 자를 축복하라 축복하고 저주하지 말라." 로마서 12장 17절의 말씀입니다. "아무에게도 악을 악으로 갚지 말고 모든 사람 앞에서 선한 일을 도모하라." 이어지는 로마서 12장 20-21절의 말씀을 보십시오. "네 원수가 주리거든 먹이고 목마르거든 마시게 하라 그리함으로 네가 숯불을 그 머리에 쌓아 놓으리라 악에게 지지 말고 선으로 악을 이기라." 이것이 우리를 박해하는 세상을 이기는 성경적 전략이요 실천입니다. 우리는 이런 선행을 추구함으로 우리를 박해하는 세상을 변화시켜 온 것입니다.

2007년 4월 18일 부활의 계절에 일어난 박해 이야기를 소개합니다. 튀르키예 북동쪽 마라티야에서 일어난 일입니다. 세 자녀의 아빠인 독일 선교사 틸만 게스케(당시 46세)는 이곳에 오피스 공간을 임대하여 튀르키예 스터디 바이블 각주를 쓰고 튀르키예어와 독일어를 번역하는 일을 하고 있었습니다. 그는 문서 사역으로 복음을 전하던 사람이었습니다. 어느 날 아침 그는 성경공부와 기도모임을 위해 아내와 두 자녀에게 인사를 하고 오피스로 떠났습니다. 같은 지역 조금 떨어진 다른 마을에 사는 현지인 동역자 네카티 아이딘 목사(당시 35세) 역시 아내와 두 아이에게 인사를 하고 오피스로 떠났다고 합니다. 그날 오후 사무실에 다섯 명의 청년들이 칼을 들고 난입하여 틸만과 네카티의 입을 틀어

막고 팔과 다리를 묶은 다음 온 몸에 150여 군데를 자상을 입히고 목을 참수하는 만행을 저질렀습니다. 그런데 며칠 후 세 자녀와 함께 틸만 선교사의 아내 수산나는 튀르키예 TV 방송에 등장하여 이렇게 말했습니다. "나는 내 남편이 의미 없이 죽었다고 생각하지 않습니다. 나는 내 남편을 죽인 이들을 용서합니다. 그들은 그들이 무엇을 했는지 알지 못하기 때문입니다. 나는 이후로도 우리가 사랑했던 이곳에 머물러 살 것입니다. 남편의 묘에 꽃을 바칠 것이고 내 아이들은 학교에 계속 다닐 것이고 나는 나의 이웃들을 사랑하고 섬길 것입니다."

그런데 그 후 2019년 11월 20일 다시 튀르키예 남부 디아르바키르에서 난민 선교를 하던 강화 출신 한인 선교사 김진욱 형제가 괴한의 공격을 받아 순교하는 사건이 일어났습니다. 이후에 그의 장례를 위해 그의 주머니를 보니 '맡은 자, 충성'이라는 쪽지가 발견되었습니다. 그의 지인들은 그가 하던 선한 사역을 지속하기로 했습니다. 이 경건한 사람들의 순교는 벌써 심상치 않은 튀르키예 선교의 추수와 부흥의 징조를 보여주고 있습니다. 경건은 헛되지 않습니다. 경건하게 살고자 하는 자들, 그들이 결국 세상을 변화시킬 것입니다.

20

전도자의 궁극적 소망

디모데후서 4장 1-8절

[1]하나님 앞과 살아 있는 자와 죽은 자를 심판하실 그리스도 예수 앞에서 그가 나타나실 것과 그의 나라를 두고 엄히 명하노니 [2]너는 말씀을 전파하라 때를 얻든지 못 얻든지 항상 힘쓰라 범사에 오래 참음과 가르침으로 경책하며 경계하며 권하라 [3]때가 이르리니 사람이 바른 교훈을 받지 아니하며 귀가 가려워서 자기의 사욕을 따를 스승을 많이 두고 [4]또 그 귀를 진리에서 돌이켜 허탄한 이야기를 따르리라 [5]그러나 너는 모든 일에 신중하여 고난을 받으며 전도자의 일을 하며 네 직무를 다하라 [6]전제와 같이 내가 벌써 부어지고 나의 떠날 시각이 가까웠도다 [7]나는 선한 싸움을 싸우고 나의 달려갈 길을 마치고 믿음을 지켰으니 [8]이제 후로는 나를 위하여 의의 면류관이 예비되었으므로 주 곧 의로우신 재판장이 그날에 내게 주실 것이며 내게만 아니라 주의 나타나심을 사모하는 모든 자에게도니라

20
전도자의 궁극적 소망

오늘 본문 5절에서 바울은 그의 제자 디모데를 향한 마지막 부탁으로 "전도자의 일을 하라"고 말하고 있습니다. 좁은 의미에서 전도자는 전도의 은사를 받아 많은 사람들을 대상으로 전도의 메시지를 증거하여 사람들을 주께 돌아오게 하는 사람입니다. 예컨대 우리 시대를 살아간 빌리 그래함 같은 사람입니다. 이런 사람을 영어로 evangelist(유앙겔리스테스(헬), 좋은 소식을 가져오는 사람)라고 하는데, 특별한 전도의 은사를 발휘하여 많은 불신 대중을 상대로 전도하는 설교자를 뜻하는 말입니다. 그러나 넓은 의미에서 전도자는 모든 그리스도인을 의미할 수도 있습니다. 왜냐하면 전도는 전도의 은사를 받은 사람만이 아니라, 모든 그리스도인들에게 주어진 명령이기 때문입니다. 전도자란 다른 말로 그리스도의 증인입니다. 우리에게 익숙한 사도행전 1장 8절에서 예수님은 승천하시면서 자신의 제자들에게 "오직 성령이 너희에게 임하시면 너희가 권능을 받고 예루살렘과 온 유대와 사마리아와 땅 끝까지 이르러 내 증인이 되리라"고 말씀하십니다. 이것은 마태복음 28장 18-19절에서 예수께서 지상에서 마지막으로 갈릴리에서 제자들에게 주신 명령과도 정확하게 일치합니다.

"예수께서 나아와 말씀하여 이르시되 하늘과 땅의 모든 권세를 내게 주셨으니 그러므로 너희는 가서 모든 민족을 제자로 삼아 아버지와 아들과 성령의 이름으로 세례(침례)를 베풀라."

그런 의미에서 본다면 모든 그리스도인은 전도자의 삶을 살아야 합니다. 물론 전도의 은사를 받고 리더로 부르심을 받은 사람들에게 전도는 다시 말할 필요도 없는 중요한 소명적 과제입니다. 그래서 바울은 자신의 제자 디모데에게 말씀합니다. 다시 본문 5절을 함께 읽습니다. "그러나 너는 모든 일에 신중하여 고난을 받으며 전도자의 일을 하며 네 직무를 다하라." 무슨 직무입니까? 전도자의 직무입니다. 그렇다면 모든 전도자들의 궁극적 소망은 무엇입니까?

1. 말씀 전파의 사명을 다하는 것입니다.

다시 본문 1-2절의 말씀을 보겠습니다. "하나님 앞과 살아 있는 자와 죽은 자를 심판하실 그리스도 예수 앞에서 그가 나타나실 것과 그의 나라를 두고 엄히 명하노니 너는 말씀을 전파하라 때를 얻든지 못 얻든지 항상 힘쓰라." 예수님의 다시 오심, 곧 재림은 우리가 그리스도인으로서 전도자의 사명을 다하고 살았는가를 심판하는 결산의 날이 될 것입니다. 그 심판의 주님 앞에서 우리는 구원받은 그리스도인으로서 과연 때를 얻든지 못 얻든지 말씀 전파의 사명을 다했는가를 결산하게 될 것입니다. 예수 그리스도의 부활은 이 복음 전파의 위대한 사역이 땅끝을 향하여 시작되는 순간이었습니다. 이 위대한 사역의 첫 일꾼들은 누구였을까요? 열두제자들이었습니까? 아니었습니다. 마태복음 28장에 보면 안식 후 첫날 주일 아침에 예수님의 무덤이라도 보려고 갈보리 언덕에 올랐던 막달라 마리아와 다른 마리아 등의 여인들이 거기서 부활하신 예수님을 만납니다. 천사들이 이 여인들에게 놀라운 소식을 알립니다. 마태복음 28장 6절입니다. "그가 여기 계시지 않고 그가 말씀 하시던 대로 살아나셨느니라 와서 그가 누우셨던 곳을 보라." 마태복음 28장 8절에 보면 "그 여자들이 무서움과 큰 기쁨으로 빨리 무덤을 떠나 제자들에게 알리려고 달음질할새"라고 기록합니다. 무엇을 알리려고요? 주님 부활의 소식을 말입니다. 그렇습니다. 부활의 복음의 소식을 처음으로 전한 자들은 예수님을 사랑하고 따랐던 평범한 여성들이었습니다. 이 평범한 여성들이 주 부활의 소식을 전한 첫 번째 전도자가 된 것입니다. 이 순간 이 평범한 여인들은 더 이상 일상의 여인들이 아닌 사명의 여인들이 된 것입니다.

바울 사도는 일찍 에베소 교회 사역을 마무리하고 떠날 때 에베소 교회 장로들에게 이런 고백을 사도행전 20장 24절에서 남깁니다. "내가 달려갈 길과 주 예수께 받은 사명 곧 하나님의 은혜의 복음을 증언하는 일을 마치려 함에는 나의 생명조차 조금도 귀한 것으로 여기지 아니하노라." 여기서 바울은 생명보다 사명이 더 중요한 것이라고 말합니다. 사명이 없는 생명은 생존, 무의미한 생존에 불과한 것입니다. 사명이 있어 비로소 생명은 빛나게 됩니다. 주 부활의 소식이 우리를 사명의 사람, 복음의 전도자가 되게 한 것입니다. 그렇습니다. 주 예수, 하나님의 아들은 인생들을 구원하시고 그들을 복음의 증언자로 삼고자 십자가에서 부활하셨습니다. 할렐루야! 이제 우리는 삶에 허덕이며 삶을 유지하기 위해서만 존재하는 인생이 아니라, 삶의 의미를 전하고 삶의 소망을 전하는 그리스도의 증인이 된 것을 기뻐해야 합니다. 이것을 주일마다 기억하고 선포하도록 예수 그리스도는 안식 후 첫 날, 주일에 부활하셨습니다. 매 주일은 부활 선포일인 것입니다. 그가 다시 사셨기에 우리도 다시 산 것입니다. 이제 이 복음은 주일만 아니라, 그가 다시 오실 때까지 날마다 선포되어야 합니다. 그리고 주님이 우리의 인생을 결산하는 그날, 우리는 이 말씀 전파의 사명을 다했다고 살아계신 주 앞에서 보고 드릴 수 있어야 합니다. 이것이 바로 우리의 삶의 의미, 생존의 의미인 것입니다. 이것이 바로 모든 전도자들의 궁극적 소망인 것입니다.

2. 고난 중에도 믿음을 지키는 것입니다.

이런 사명의 완수를 위해서 우리가 각오할 일을 이미 우리는 살펴보았습니다만 성도는 고난 중에도 믿음을 지켜야 합니다. 이미 디모데후서 3장을 통해 상고해 보았습니다만 말세에는 이런 복음의 진리를 대적하는 세력들이 일어날 것입니다. 그래서 진리의 말씀을 거스르는 박해와 고난을 피할 수 없을 때가 다가올 것입니다. 이때 전도자들 중에도 이런 고난을 이기지 못하고 배교하는 자들이 일어날 것입니다. 예수님께서 예언하신 말세의 징조를 보십시오. 마태복음 24장 10-11절입니다. "그 때에 많은 사람이 실족하게 되어 서로 잡아 주고 서로 미워하겠으며 거짓 선지자가 많이 일어나 많은 사람을 미혹하겠으며." 바울 사도도 오늘의 본문에서 다시 이런 말세의 징조를 말합니다. 본문 3-4절입니다. "때가 이르리니 사람이 바른 교훈을 받지 아니하며 귀가 가려워서 자기의 사욕을 따를 스승을 많이 두고 또 그 귀를 진리에서 돌이켜 허탄한 이야기를 따르리라." 바울은 자신의 사명을 마칠 때가 가까이 오고 있음을 예감하고 있었습니다. 그리고 이제 유언 같은 비장한 고백을 남깁니다. 6절입니다. "전제와 같이 내가 벌써 부어지고 나의 떠날 시각이 가까웠도다." 그러나 그는 마지막 결승선에서 이렇게 고백하기를 소원합니다. 7절입니다. "나는 선한 싸움을 싸우고 나의 달려갈 길을 마치고 믿음을 지켰으니." 그렇습니다. 어떤 고난 중에도 그는 믿음을 지킨 자로, 주 앞에 설 수 있기를 소원한 것입니다. 이것은 비단 바울 사도뿐 아니라, 모든 복음 전도자의 궁극적 소망인 것입니다. 우리 주님이 죽음을 이기시고 부활하신 주님이시라면 우리는 어떤 고난도 죽음도 이길 것입니다. 그리고 우리는 믿음의 배도자가 아닌 믿음의 충성된 증인으로 끝까지 살아갈 것입니다. 요한계시록 2장 10절에서 사도 요한이 서머나 교회에 주신 격려의 말씀을 기억하십니까? "너는 장차 받을 고난을 두려워하지 말라 볼지어다 마귀가 장차 너희 가운데에서 몇 사람을 옥에 던져 시험을 받게 하리니 너희가 십 일 동안 환난을 받으리라 네가 죽도록 충성하라 그리하면 내가 생명의 관을 네게 주리라."

사랑하는 교우 여러분, 위 말씀이 문자 그대로 역사 속에 실현된 것을 기억하시나요?

사도 요한과 사도 바울 시대를 지나 서머나(지금의 이즈밀)에 폴리캅(Polycarp)이란 이름의 감독이 교회 지도자가 됩니다. 로마의 치하에 기독교 신앙이 허용되지 않는 상황에서 밀고가 들어가 폴리캅이 집정관 앞에 잡혀 옵니다. 그에게 "그리스도를 부인만 하면 놓아 주겠다. 그리스도를 욕하라 당장 자유를 주겠다."라고 합니다. 그때 그의 대답을 기억하십니까? "내가 86년 동안 그를 섬겨오는 동안 그는 내게 해를 입힌 일이 없었소. 내가 어떻게 나의 왕이요 구주이신 그분을 욕할 수 있겠습니까?" 맹수의 밥이 되게 하겠다고 위협하자 "그것은 내게 악한 세상을 떠나 의로운 세상으로 가게 하는 방법이 될 것"이라고 응답합니다. 이번에는 화형에 처하게 하겠다고 위협하자 "그 불은 잠시 동안 타다가 꺼지겠지만 그리스도를 부인한 자들을 위해 예비된 영원한 형벌의 불을 두려워하라"고 말합니다. 그를 장작더미 위에 올려놓자 타오르던 불이 아치 모양으로 그를 에워쌈을 보고 로마의 병사는 창으로 그를 찔러 최후를 맞이하게 합니다. 폴리캅은 화염 속에서도 찬양하고 감사하며 자신의 영혼을 주께 드립니다. 이것이 고난 중에 믿음을 지킨 한 선배의 충성스런 모습입니다. 지금도 튀르키예 이즈밀에는 그의 순교를 기리는 〈폴리캅 순교 기념교회〉가 순례자들을 맞이하고 있습니다. 전도자의 궁극적 소망을 보여주는 역사적 장소입니다.

3. 의의 면류관을 상급으로 받는 것입니다.

그리스도인 전도자들이 고난 중에도 믿음을 지키며 복음을 끝까지 증언하는 이유는 무엇입니까? 그들을 위한 의의 면류관이 예비 되었음을 확신하는 까닭입니다. 본문 8절이 그것을 증언합니다. "이제 후로는 나를 위하여 의의 면류관이 예비되었으므로 주 곧 의로우신 재판장이 그날에 내게 주실 것이며 내게만 아니라 주의 나타나심을 사모하는 모든 자에게도니라." 과거 그리스의 육상 경주에서는 우승자를 위해 월계관이 준비되었습니다. 이 관을 쓴 승리자가 도시에 들어올 때 한 번도 사용하지 않은 성벽의 한 모퉁이를 헐고 만든 새 문으로 입장시켰다고 합니다. 그만큼 월계관은 최고의 명예요 자랑스러움이었던 것입니다. 그런데 하나님께서는 충성스런 전도자들을 위해 의의 면류관을 준비하셨다고 말합니다.

로마가 통치하던 당시 수많은 그리스도인들은 로마의 황제들에 의해 불의한 자로 정죄 되어 심판 받아 죽어갔습니다. 그러나 이제 인류 역사의 마지막 심판의 자리에 앉으신 의로우신 재판장, 부활하시고 재림하실 주 예수 그리스도는 인생의 마지막 순간까지 믿음을 지키고 복음을 전하는 삶을 살아온 모든 그리스도인들을 '의롭다'고 판단하실 것이며 의의 면류관으로 그들을 영화롭게 하실 것입니다. 이 면류관은 비단 바울 사도와 디모데 같은 사도들뿐 아니라, 주의 나타나심을 사모하며 살아계신 그리스도를 섬기고 증거해 온 모든 그리스도인들에게 예비 된 상급입니다. 요한계시록 20장에 보면 예수께서 재림하실 때 누가 가장 큰 명예를 누릴 것인지가 언급되어 있습니다. 그날의 영웅들은 요한계시록 20장 4절에서 **"또 내가 보니 예수를 증언함과 하나님의 말씀 때문에 목 베임을 당한 자들의 영혼들"**이라고 말한 다음, 6절에서 **"이 첫째 부활에 참여하는 자들은 복이 있고 거룩하도다"**라고 말합니다. 말씀을 증거하다가 순교한 사람들이 주님께서 다시 오실 때 제일 먼저 첫째 부활에 참여하여 **"그리스도와 더불어 왕노릇 하리라"**고 약속하십니다.

그렇습니다. 그리스도의 부활은 이 부활을 믿고 주 부활을 증언하다가 제일 먼저 부활하여 상급 받을 사람들을 위한 축제의 서곡입니다. 1960년대와 1970년대는 미국을 포함한 온 세상이 반전 데모, 마약과 히피 등으로 세상이 잿빛이었고 이때 '신은 죽었다'는 사신 신학이 등장하던 때였습니다. 그때 미국의 젊은 그리스도인 음악가 부부, 빌과 글로리아 게이더(Bill & Gloria Gaither)는 계획에 없었던 세 번째 아이를 임신하고 조금은 미래의 걱정을 안고 어두운 마음으로 둘이 집 앞을 산책하고 있었습니다. 겨울이 지나고 봄이 오고 있던 길, 차가운 돌멩이 사이를 뚫고 파란 풀이 돋아나는 것을 본 두 사람은 갑자기 "우리 하나님은 부활의 주님… 그가 살아계신다면 무엇을 걱정하겠는가?"
라고 외칩니다. 그날 이 부부에게 주신 찬양이 바로 〈주 하나님
독생자 예수〉, 영어 원문으로 "Because He lives, I can face
tomorrow"(그가 살아계시기에 난 미래를 만날 수 있네)라는 찬양이었습니다.
할렐루야! 주 부활하셨습니다. 부활의 주를 증언하는 전도자로
마지막까지 충성하는 우리 모두가 되시기를 축복합니다.

21

인생의 마지막
겨울이 오기 전에

디모데후서 4장 9-22절

⁹너는 어서 속히 내게로 오라 ¹⁰데마는 이 세상을 사랑하여 나를 버리고 데살로니가로 갔고 그레스게는 갈라디아로, 디도는 달마디아로 갔고 ¹¹누가만 나와 함께 있느니라 네가 올 때에 마가를 데리고 오라 그가 나의 일에 유익하니라 ¹²두기고는 에베소로 보내었노라 ¹³네가 올 때에 내가 드로아 가보의 집에 둔 겉옷을 가지고 오고 또 책은 특별히 가죽 종이에 쓴 것을 가져오라 ¹⁴구리 세공업자 알렉산더가 내게 해를 많이 입혔으매 주께서 그 행한 대로 그에게 갚으시리니 ¹⁵너도 그를 주의하라 그가 우리 말을 심히 대적하였느니라 ¹⁶내가 처음 변명할 때에 나와 함께 한 자가 하나도 없고 다 나를 버렸으나 그들에게 허물을 돌리지 않기를 원하노라 ¹⁷주께서 내 곁에 서서 나에게 힘을 주심은 나로 말미암아 선포된 말씀이 온전히 전파되어 모든 이방인이 듣게 하심이니 내가 사자의 입에서 건짐을 받았느니라 ¹⁸주께서 나를 모든 악한 일에서 건져내시고 또 그의 천국에 들어가도록 구원하시리니 그에게 영광이 세세무궁토록 있을지어다 아멘 ¹⁹브리스가와 아굴라와 및 오네시보로의 집에 문안하라 ²⁰에라스도는 고린도에 머물러 있고 드로비모는 병들어서 밀레도에 두었노니 ²¹너는 겨울 전에 어서 오라 으불로와 부데와 리노와 글라우디아와 모든 형제가 다 네게 문안하느니라 ²²나는 주께서 네 심령에 함께 계시기를 바라노니 은혜가 너희와 함께 있을지어다

21
인생의 마지막
겨울이 오기 전에

    우리나라 음악 애호가들에게 가장 선호하는 클래식 음악을 물어보면 언제나 한결같이 최상위를 차지하는 곡이 안토니오 비발디(Antonio Lucio Vivaldi)의 〈사계〉라고 합니다. 아마도 우리가 살고 있는 한반도는 사계절이 비교적 뚜렷하기에 그 대조적인 각각의 계절의 변화가 상징하는 매력이 우리로 하여금 이 음악에 끌리게 하는 것이 아닌가 싶습니다. 음악가 비발디는 본래 사제였지만 성당에서 일하기보다 보육원에서 아이들에게 음악을 가르치는 것을 더 좋아했다고 합니다. 그는 아이들에게 음악을 가르치면서 인생을 강론하는 것을 좋아했다고 합니다. 비발디의 사계는 각각의 계절마다 모두가 유명하고 특성이 있지만 특히 겨울의 세 악장이 더욱 드라마틱합니다. 1악장은 차가운 칼바람과 함께 너무 추워서 몸이 덜덜 떨리는 격렬함으로 시작이 됩니다. 2악장은 눈 내리는 바깥 풍경을 묘사하며 추위 속에서도 마음을 녹이는 불의 따뜻함을 느끼게 합니다. 그러나 3악장에서 다시 빙판을 걷다가 넘어지며 미끄러집니다. 그러다가 다시 일어나 마지막 힘을 다해 달립니다. 인생의 겨울을 가장 적절하게 묘사하는 표현이 아니겠습니까?

　오늘 이 순간 우리의 예배의 장에는 인생의 봄을 살고 있는 분들도 있고, 여름을 지나고 있는 분들도 있고, 가을을 맞이하고 있는 분들도 있고, 그런가 하면 인생의 겨울을 앞두고 있는 분들도 있을 것입니다. 그런데 오늘의 본문 디모데후서 마지막 장 마지막 단원에서 바울은 제자 디모데에게 21절에 **"너는 겨울 전에 어서 오라"**(Come before winter)는 말씀을 남깁니다. 문자 그대로 바울 사도는 자기 인생의 마지막 겨울을 앞두고 인생 결산의 거룩한 필요를 느끼고 있었던 것입니다. 우리네 인생의 마지막 겨울이 다가옴을 느낄 때 우리는 어떻게 무엇을 준비해야 할까요? 우리가 이 겨울을 어떻게 준비하느냐에 따라서 우리의 겨울은 살을 에이는 칼바람의 겨울이 될 수도 있고, 어쩌면 따뜻하고 아름다운 겨울이 될 수도 있을 것입니다. 그러면 바울 사도를 따라 따뜻하고 아름다운 겨울 준비, 어떻게 무엇을 준비해야 할까요?

1. 말씀으로 인생 결산을 준비하고자 합니다.

　본문 13절을 함께 읽습니다. **"네가 올 때에 내가 드로아 가보의 집에 둔 겉옷을 가지고 오고 또 책은 특별히 가죽 종이에 쓴 것을 가져오라."** 로마의 감옥에서 겨울을 나기에 지금 그가 입고 있는 옷은 추위를 감당하기 어려웠던 것으로 보여집니다. 그는 자신의 육체를 위해서는 두꺼운 옷감으로 만든, 원형으로 되어 있으면서 가운데 머리가 들어갈 구멍이 뚫려있는 부대 같은 겉옷을 생각하고 있던 것으로 보입니다. 바울이 체포되어 끌려갈 때 드로아 가보의 집에 두었던 그가 입던 그 겉옷을 미처 챙기지 못했던 것으로 추정합니다. 그러나 이런 육체를 위한 겉옷 이상으로 그가 겨울나기를 위해 필요했던 것은 책, 가죽 책이었습니다. 이 책은 그의 영적 필요를 위한 것이었고 대부분의 주경학자들은 그것이 성경이나 성경과 연관된 문서였을 것으로 추정합니다. 존 스토트(John Stott)는 헬라어로 된 구약과 주님의 말씀, 혹은 그분의 삶의 초기 기록(신약)이었을 것으로 생각합니다.

우리의 몸이 자유롭지 못한 추운 겨울을 지날 때 우리에게 성경책이 곁에 있다는 것은 놀라운 축복입니다. 그런데 우리가 살고 있는 한반도의 운명이 풍전등화처럼 흔들리던 대한제국 시절, 바울의 감옥에서와 유사한 사건이 이 땅의 감옥에서도 일어납니다. 고종 말기 왕정 폐지와 공화국 수립 운동을 한 반역의 죄목으로 이승만과 그의 동지들이 한성 감옥에 갇힙니다. 그때 이승만은 5년 7개월의 감옥에서의 기록을 세세하게 남깁니다. 우선 그는 선교사님들에게 책들을 감옥에 반입해 줄 것을 요청합니다. 한글 성경과 영어 성경, 찬송가로 시작해서 《천로역정》과 기독교 교리서, 영영사전, 영일사전 그리고 국제 정치학 교과서들이 투입되면서 한때 500여 권이 넘는 책을 보유한 옥중 도서관이 운영됩니다. 이 책들을 읽고 애국지사들은 민족의 내일을 위해 예배하고 기도하고 토론했습니다. 그리고 함께한 동지

40여 명은 예수를 믿기로 집단 개종을 합니다. 그리고 그들은 이렇게 외쳤다고 합니다. "생지옥이 복당으로 변했도다!"

이승만은 이 감옥에서 《독립정신》이란 책을 저술하면서 삼천리 반도 금수강산을 하나님의 나라와 자유 민주공화국으로 세우는 건국 구상을 할 수 있었고 하나님의 말씀으로 이 나라 건국의 기초가 되는 작업을 할 수 있었습니다. 그렇다면 오늘 이 땅에서 우리가 누리는 자유와 민주주의의 기초가 바로 이런 감옥에서 시작된 것을 잊지 않아야 할 것이고, 우리는 여러 선거에서도 역사의 긍정적 발전이 지속되도록 우리의 신성한 주권을 행사할 수 있어야 합니다. 그렇습니다. 말씀은 인생의 겨울을 복되게 준비하는 최고의 방편인 것을 믿으시기 바랍니다. 우리 민족은 이 말씀으로 겨울나기 준비를 해왔고 새로운 국가의 삼겹줄의 환상으로 '민주화와 산업화, 복음화'라는 대한민국 역사의 봄을 맞이하게 된 것을 잊지 마십시다.

2. 용서로 모든 사람들을 포용하고자 합니다.

바울 사도는 이 감옥에서 그동안 자신의 곁을 지나간 수많은 동역자들을 생각해 보았습니다. 더러는 감사한 마음이었어도 더러는 섭섭한 마음들도 있었습니다. "데마는 이 세상을 사랑하여 나를 버리고 데살로니가로 갔고…"(딤후 4:10a)에서 바울의 아픈 마음이 느껴지지 않습니까? "…그레스게는 갈라디아로 디도는 달마디아로 갔고."(딤후 4:10b) 다 그런 곳으로 가야 할 상황이 있었겠지만 어쩌면 인생의 마지막 겨울을 로마의 감옥에서 지나던 바울 곁에 그를 도울 수 있는 제자들은 보이지 않았습니다. 11절에서 "누가만 나와 함께 있느니라"라고 하며 함께 있어 준 의사 누가에게 감사하면서도 어쩐지 쓸쓸하고 외로운 바울의 마음이 전달되지 않으십니까?

그런데 뜻밖에도 바울은 11절에서 디모데에게 "네가 올 때에 마가를 데리고 오라"고 말합니다. 마가가 누구입니까? 전도여행 중에 무단이탈하여 문제를 일으켜 결국 바나바와 선교팀이 이원화되는 원인을 제공했던 사람이 아닙니까? 그런데 이제는 11절에 "그가 나의 일에 유익하니라"고 말합니다. 바울은 한번 문제아를 영원한 문제아로 취급하지 않습니다. 세월 따라 변화되고 성숙한 그를 다시 자신의 동역자로 수용할 준비가 된 것입니다. 14절에는 구리 세공업자 알렉산더를 언급합니다. 우리는 그가 누구인지 자상한 정보를 알지 못합니다. 단지 본문 14절의 증언처럼 그는 바울에게 해를 입힌 사람이었고(아마도 바울을 밀고하여 그가 체포되게 한 사람이 아닐까 생각됩니다) 그래서 15절에 디모데에게 그를 조심하라고 주의를 줄 필요가 있었던 것입니다. 아직 그는 동역자로 포용될 인물은 아니었습니다. 바울은 이런 사람의 처리 문제도 주께 다 맡기기로 합니다. "주께서 그가 행한 대로 그에게 갚으시리니."(딤후 4:14) 그가 복수하지 않고 심판을 주께 맡기는 것입니다. 용서 이전에 먼저 할 일, 우리의 억울함을 주께 맡기는 것입니다.

이제는 16절을 보겠습니다. "내가 처음 변명할 때에 나와 함께한 자가 하나도 없고 다 나를 버렸으나 그들에게 허물을 돌리지 않기를 원하노라." 바울이 로마에 와서 처음 재판을 받을 때에 바울이 로마의 권력에 도전한 사람은 아니라는 변호를 할 증인들이 필요했지만 바울과 가까운 사람들도 증인으로 서기를 거절했던 것으로 보여집니다. 얼마나 서운하고 외로운 마음이었을까요? 그러나 바울은 그들을 용서하기로 결단합니다. 인생의 마지막 겨울이 따뜻하려면 증오와 한을 품고 살면 안 됩니다. 용서만이 우리의 겨울을 따뜻하게 하고 따뜻한 봄을 가져오는 유일한 길입니다. 바울은 이런 용서를 누구에게 배웠을까요? 물론 그의 주님이신 예수에게 배운 것입니다. 십자가에 못 박힌 예수님의 마지막 기도를 기억하십니까? 누가복음 23장 34절입니다. "이에 예수께서 이르시되 아버지 저들을 사하여 주옵소서 자기들이 하는 것을 알지 못함이니이다 하시더라." 인생의 살 떨리는 겨울을 바꾼 모든 믿음의 선배들이 배운 용서의 기도를 너무 늦기 전에 배우는 우리가 되기를 바랍니다.

3. 이방인 선교의 소명을 완수하고자 합니다.

본문 17절 말씀을 보겠습니다. "주께서 내 곁에 서서 나에게 힘을 주심은 나로 말미암아 선포된 말씀이 온전히 전파되어 모든 이방인이 듣게 하려 하심이니 내가 사자의 입에서 건짐을 받았느니라." 바울 사도가 로마의 겨울 감옥에서도 잊지 않고 있었던 그의 소명은 이방인 선교였습니다. 주님은 바울 사도가 이 소명을 완수하기 위해 두 가지로 도우신다고 고백합니다. 우선 사자의 입에서 건져 주셨다고 말합니다. 이 사자는 인생의 위기를 총칭하는 상징일 수도 있고 로마의 권력을 문자 그대로 대표하는 것일 수 있습니다. 로마의 황제들은 로마를 거스르는 자들을 사자의 밥으로 던져왔으니까 말입니다. 그러나 인간은 소명을 다할 때까지는 죽지 않습니다. 그동안 바울은 수많은 생명의 위기를 극복하고 복음 전파의 사명을 다하도록 해 뜨는 데서 해가 지는 데까지 달려왔습니다.

그뿐 아니라 17절의 고백처럼 그때마다 필요한 힘을 공급하셔서 복음 전파의 사명을 온전하게 감당하도록 도우신 것입니다. 시편 118편 17절의 시편 기자의 고백을 기억하십니까? "내가 죽지 않고 살아서 여호와께서 하시는 일을 선포하리로다." 남태평양 식인종들의 사도로 불리운 존 페이튼(John Gibson Paton)이 선교를 떠날 때 식인종들이 두렵지 않느냐는 질문을 받았을 때 그의 대답은 이랬습니다. "내가 나의 사명을 다할 때까지는 죽지 않을 것입니다(I am immortal until my work is done). 내가 죽는다면 그것은 이제 저의 사명이 다한 때문일 것입니다."라고 말했다고 합니다. 그는 선교 도중에 아내와 아이들을 먼저 떠나보내고 말할 수 없는 생명의 위기들을 겪어야 했지만 그가 방문하고 선교한 여러 섬들(특히 타나 섬과 아니와 섬)은 마침내 우상을 버리고 원주민 대부분이 주께 돌아오는 놀라운 일들이 일어납니다. 73세에 아니와어로 신약성경을 번역 출간하고, 150편이 수록된 아니와어 찬송가를 발간한 후, 소요리 문답서 또한 발간합니다. 마침내 그가 83세로 눈을 감고 이 세상을 떠나가던 순간 "내게는 그늘도 구름도 없다. 모든 것이 완전한 평화요 믿음으로 말미암은 기쁨뿐이다. 그는 내가 해야 할 일들을 할 수 있게 하셨다."라고 고백했다고 합니다.

4. 천국에의 영광스런 입성을 준비하고자 합니다.

본문 18절을 읽겠습니다. "주께서 나를 모든 악한 일에서 건져내시고 또 그의 천국에 들어가도록 구원하시리니 그에게 영광이 세세무궁토록 있을지어다 아멘." 이 모든 사명을 마친 후, 그는 당당하게 천국에 입성하기를 기도한 것입니다. 인생의 마지막 겨울에 천국을 기대하고 바라보는 사람처럼 행복한 사람이 어디에 있겠습니까? 하나님의 부르심에 응답하는 사람들에게 이런 천국 입성은 당연하고 당당한 소망이었던 것입니다. 그래서 사도 베드로도 베드로후서 1장 10절에서 "그러므로 형제들아 더욱 힘써 너희 부르심과 택하심을 굳게 하라"고 합니다. 이어서 다음 11절의 그의 기대를 들어보십시오. "이같이 하면 우리 주 곧 구주 예수 그리스도의 영원한 나라에 들어감을 넉넉히 너희에게 주시리라."

1949년 겨울, 크리스천 문학의 지성 C. S. 루이스(C. S. Lewis)

교수가 펴낸《나니아 연대기-사자와 마녀와 옷장》이야기가 있습니다. 독일군의 공격이 한창일 때 피터, 수잔, 에드먼드, 그리고 루시, 4명의 남매가 영국 한적한 시골로 피난을 가게 됩니다. 그들은 커크 교수의 집에서 놀다가 우연히 옷장을 발견하고 그 옷장을 열었다가 옷장 건너편으로 연결된 나니아 세계로 들어서게 됩니다. 그곳은 마침 하얀 마녀가 백 년 동안 지배해온 추운 겨울 나라였습니다. 그러나 네 아이들은 사자 아슬란을 만나 그의 도움으로 돌 탁자에서 눈이 녹아내리는 것과 크리스마스 축제를 경험하게 되고 부활의 권능으로 겨울에 지친 사람들에게 제공하는 치유와 영생을 누리게 됩니다. 이 아슬란의 존재는 우리를 위해 죽으시고 부활하신 그리스도의 상징이며, 그를 통해서 우리가 경험하게 될 따뜻한 천국의 소망을 일깨우고 있는 이야기입니다. 지금 우리가 사는 세상은 하얀 마녀 같은 사탄의 지배로 추운 겨울일지 모르지만, 아슬란으로 오신 예수 그리스도의 죽음과 부활로 우리는 주께서 예비하신 영원한 통치를 경험하기 시작합니다. 지금 여기서 시작된 천국의 소망입니다. 이 소망을 누리는 우리가 되기를 기도합시다!

1

참 아들 디도에게

¹하나님의 종이요 예수 그리스도의 사도인 나 바울이 사도 된 것은 하나님이 택하신 자들의 믿음과 경건함에 속한 진리의 지식과 ²영생의 소망을 위함이라 이 영생은 거짓이 없으신 하나님이 영원 전부터 약속하신 것인데 ³자기 때에 자기의 말씀을 전도로 나타내셨으니 이 전도는 우리 구주 하나님이 명하신 대로 내게 맡기신 것이라 ⁴같은 믿음을 따라 나의 참 아들 된 디도에게 편지하노니 하나님 아버지와 그리스도 예수 우리 구주로부터 은혜와 평강이 네게 있을지어다

1
참 아들 디도에게

본문 4절에서 바울 사도는 디도를 향해 '나의 참 아들'(my true son)이라고 말하고 있습니다. 아마도 바울이 직접적으로 그에게 복음을 전하여 그리스도인이 되게 했기에 자신의 영적 아들로 간주하고 있는 것으로 보여집니다. 갈라디아서 2장 3절에 보면 바울은 "나와 함께 있는 헬라인 디도까지도 억지로 할례를 받게 하지 아니하였으니"라고 기록합니다. 그는 유대인이 아니라 헬라인, 이방인으로서 바울에게 복음을 듣고 회심한 사람으로 보입니다(아마 바울의 제1차 전도여행 시 이고니온과 루스드라 등지에서 전도할 때 디모데와 더불어 복음을 들은 것으로 추정됨). 그는 매우 유능한 사람으로 바울을 도와 초대 교회의 여러 문제를 해결하고 공동체의 유익을 증진하는 일에 쓰임을 받습니다. 예컨대 고린도 교회가 분파 문제로 혼란을 겪고 있을 때 바울이 쓴 편지(고린도전후서)를 가지고 고린도에 가서 문제 해결을 돕습니다. 그 후에는 예루살렘에 기근이 들어 예루살렘 교회를 도울 필요가 생겼을 때 모금 운동에 앞장서서 마게도냐 교회들의 구제 헌금을 독려하기도 합니다(고후 8:6, 그러므로 우리가 디도를 권하여 그가 이미 너희 가운데서 시작하였은즉 이 은혜를 그대로 성취하게 하라). 그리고 마지막으로 아마 바울은

1차 로마 투옥에서 잠시 자유를 얻어 마지막 전도여행을 하면서 디도와 함께 그레데 섬 전도를 하고, 이 섬을 떠나면서 디모데에게 에베소 사역을 위임한 것처럼 그레데 섬 사역을 이제 디도에게 위임하며 그가 어떻게 그레데 사역을 잘 목양할 수 있을지를 편지로 권면하게 된 것입니다. 그것이 바로 바울의 또 하나의 목회서신, 디도서입니다.

바울은 믿음의 아들 된 디도에게 편지를 쓰면서도 이 편지가 사적인 부탁이 아니라 사도로서의 책임 있는 공적인 부탁임을 일깨우고자 서론을 이렇게 시작합니다. 본문 1절입니다. "하나님의 종이요 예수 그리스도의 사도인 나 바울이 사도 된 것은 하나님이 택하신 자들의 믿음과 경건함에 속한 진리의 지식과." 사도는 좁은 의미에서 예수 그리스도의 공적 사역이나 부활을 경험한 제자들을 뜻하지만, 넓은 의미에서 사도(apostolos, sent one)의 어원적 의미처럼 '보냄을 받은 자' 모두를 의미할 수도 있습니다. 지금도 그리스도로 말미암아 수많은 그의 제자들이 세계의 복음화를 위하여 보냄을 받고 있습니다. 선교사도 그렇고, 전도에 헌신한 모든 복음의 증인들이 그 범주에 포함된다고 할 수 있습니다. 바울은 자신의 친아들 같은 믿음의 아들 디도도 자기처럼 사도적 사명을 수행하여 주기를 기대하고 있었던 것입니다. 그렇다면 사도의 책임은 무엇입니까? 바울은 디도서 서문에서 세 가지로 사도의 사명을 말합니다.

1. 믿음을 일깨우는 일입니다.

오늘 본문 1절에서 바울은 하나님이 자신을 사도로 세우신 이유, 하나님이 택하신 자들의 믿음을 위해서라고 말합니다. 그러니까 우리가 누군가의 믿음을 일깨워 그가 보다 온전한 믿음, 보다 깊은 믿음, 보다 높은 믿음을 갖도록 도왔다면 그것이 바로 사도적 사명을 감당하고 있는 것입니다. 믿음은 죽은 명사가 아닙니다. 믿음은 살아있는 동사인 것입니다. 로마서 1장 17절의 바울의 말씀을 기억하십니까? "복음에는 하나님의 의가 나타나서 믿음으로 믿음에 이르게 하나니 기록된 바 오직 의인은 믿음으로 말미암아 살리라 함과 같으니라." 여기서 바울은 그리스도인의 복음적 삶을 믿음에서 믿음에 이르는 여정이라고 말합니다. 우리의 인생은 믿음으로 시작하고 믿음으로 완성되는 여정입니다. 처음도 믿음이고 마지막도 믿음입니다. 히브리서 11장 6절에서 히브리서 기자는 "믿음이 없이는 하나님을 기쁘시게 하지 못하나니 하나님께 나아가는 자는 반드시 그가 계신 것과 또한 그가 자기를 찾는 자들에게 상 주시는 이심을 믿어야 할지니라"고 말합니다.

바울이 로마서 1장 17절에서 복음에는 하나님의 의가 나타났다고 말할 때, 그는 자연스럽게 그 반대인 인생의 불의함을 생각했을 것입니다. 우리의 불의함이 그동안 우리와 하나님 사이를 가로막고 있었던 것입니다. 그런데 우리가 예수 그리스도를 통해 우리에게 다가오신 하나님을 믿었을 때 우리는 죄 사함을 받고 하나님의 의가 우리에게 선물로 주어진 것을 묵상한 것입니다. 우리는 믿음으로 의롭다 함을 받게 된 것(이신칭의, Justification by faith)입니다. 그날부터 우리에게 믿음보다 더 중요한 것은 아무것도 없게 되었습니다. 이제 우리를 의롭게 한 이 믿음은 우리를 또한 거룩하게 하고(Sanctification by faith), 또한 마침내 이 믿음으로 우리는 어느 날 영광스러운 존재, 주님을 닮은 자로 주님 앞에 서게 될 것(Glorification by faith)입니다. 그래서 종교개혁자 루터(Martin Luther)는 "내가 지옥에 떨어진다 해도 오직 그리스도만을 믿으리라"고 외친 것입니다. '오직 믿음!'(Sola Fide)입니다. 그것이 바로 바울로 하여금 "오직 의인은 믿음으로 말미암아 살리라"(롬 1:17)고 고백하게 한 것입니다.

우리의 인생 여정에서 우리가 누군가의 믿음을 성화시키고 더욱 영화롭게 하도록 영향을 끼친다는 것처럼 위대한 일이 어디에 있겠습니까?《천로역정》에 보면 크리스천에게 이런 영향을 준 두 사람의 친구가 있었습니다. 한 사람은 신실 씨(Faithful)이고, 또 한 사람은 소망 씨(Hopeful)입니다. 신실 씨는 허영의 시장까지 크리스천과 동행하고, 소망 씨는 죽음의 강을 건너 시온의 언덕에 이르기까지 크리스천과 동행하면서 그의 믿음을 북돋아 줍니다. 이 두 사람으로 인해 크리스천의 믿음은 더욱 진실하고 더욱 고귀하고 더욱 아름다워질 수 있었습니다. 오늘 본문 4절에서 바울은 디도를 가리켜 "같은 믿음을 따라 나의 참 아들 된 디도"라고 말합니다. 사도적 우정의 결과물이라고 할 수 있습니다.

2. 진리의 지식을 전달하는 일입니다.

우리는 흔히 믿음과 지식을 서로 상반하는 것으로 이해할 때가 있습니다. 믿음이 좋은 사람은 지식을 외면하고, 지식이 많은 사람은 믿음을 외면하는 것처럼 말입니다. 그런데 바울은 사도된 자신의 사명은 믿음과 지식으로 사람들을 돕는 것이라고 말합니다. 본문 1절에서 바울은 경건함에 속한 진리의 지식이라고 말합니다. 경건은 하나님에게 속한 영역입니다. 진리의 근원은 바로 하나님 자신인 것입니다. 하나님에 대한 지식이 바로 진리의 지식인 것입니다. 하나님을 떠나서는 진리를 소유할 수 없습니다. 사도의 뜻은 '보냄을 받은 자'라고 말씀을 드렸습니다. 보냄을 받은 자는 자신을 보낸 분을 알아야 합니다. 모세가 출애굽의 사명을 받을 때에 하나님에게 물었습니다. "나를 보내신 이의 이름이 무엇이냐고 묻는다면 무엇이라고 말하리이까?" 하나님의 대답을 기억하십니까? 출애굽기 3장 14절입니다. "하나님이 모세에게 이르시되 나는 스스로 있는 자이니라… 스스로 있는 자가 나를 너희에게 보내셨다 하라."

우리는 여기 '스스로 있는 자'(I am that I am/I am who I am)라는 말이 '여호와', '야훼'라는 이름과 연관되어 있다는 것을 알고 있습니다. 하나님의 존재의 영원성, 자존성, 신실성(약속을 지킨다는 의미에서) 그리고 하나님의 권능을 뜻하는 말입니다. 이 이름은 다른 많은 단어들과 연결되어 하나님의 다양하신 속성을 드러내고 있습니다. 야훼 샬롬(평강이신 하나님), 야훼 치드케누(의가 되신 하나님), 야훼 이레 (예비하시는 하나님), 야훼 닛시(승리의 깃발 되신 하나님), 야훼 라파(치유자 되신 하나님), 야훼 삼마(거기 계신 하나님), 야훼 로이(목자 되신 하나님), 야훼 체바오트 (만군 천사들을 거느리시는 하나님) 등등입니다. 우리들, 하나님의 언약의 백성들은 평생을 통해 하나님의 하나님 되심을 알아가는 존재들입니다. 하나님을 알아갈수록 우리는 담대하고 확신에 찬 인생 여행을 할 수 있습니다.

그래서 잠언 기자는 잠언 1장 7절에서 "여호와를 경외하는 것이 지식의 근본이거늘"이라고 말합니다. 잠언 3장 5-6절에는 "너는 마음을 다하여 여호와를 신뢰하고 네 명철을 의지하지 말라 너는 범사에 그를 인정하라 그리하면 네 길을 지도하시리라"고 말합니다. 다시 잠언 9장 10절의 말씀을 기억합시다. "여호와를 경외하는 것이 지혜의 근본이요 거룩하신 자를 아는 것이 명철이니라." 그렇습니다. 여호와 하나님을 알고 그 하나님을 알게 하는 삶, 그것이 곧 사도적 사명의 인생입니다. 바울은 믿음의 참 아들 디도가 이 진리의 하나님에 대한 지식을 누리고 나누고 증거하는 사도적 사명을 감당하기를 기도하며 이 편지를 쓰는 것입니다.

3. 영생의 소망을 나누는 일입니다.

바울은 자신이 사도로 부름 받은 세 번째 이유로 영생의 소망을 들고 있습니다. 본문 2절의 말씀을 보십시오. **"영생의 소망을 위함이라 이 영생은 거짓이 없으신 하나님이 영원 전부터 약속하신 것인데."** 세상은 결코 줄 수 없는 영생을 하나님은 당신의 영원한 백성들을 위해 영원 전부터 준비하신 것입니다. 거짓이 없으신 하나님의 약속을 따라 주어질 영생의 소망이야말로 하나님의 사도들이 세상에 전할 수 있는 최고의 선물이었던 것입니다. 그리고 이 선물을 전달하는 방편이 바로 전도였던 것입니다. 이제 본문 3절을 보십시오. **"자기 때에 자기의 말씀을 전도로 나타내셨으니 이 전도는 우리 구주 하나님이 명하신 대로 내게 맡기신 것이라."** 세상은 우리에게 헛되고 헛된 소망들을 약속합니다. 바울이 이 편지를 쓰던 당시 로마로 대표되는 세상은 '팍스 로마나'(로마의 평화)로 사람들에게 필요한 평화와 구원을 줄 수 있다고 약속하고 있었습니다. 그러나 그것은 모두 거짓된 약속이었을 뿐입니다. 사람들의 마음은 여전히 불안했고 사람들은 참된 구원을 갈망하고 있었습니다. 그런데 바울은 그리스도를 통한 영생의 소망을 전하고 있었던 것입니다. 그리고 이런 영생의 소망의 증거로 바울은 그의 참 아들 디도에게 하나님 아버지와 그리스도 예수 우리 구주로부터 오는 은혜와 평강을 전달하고자 합니다. 본문 4절의 말씀을 다시 읽습니다. **"같은 믿음을 따라 나의 참 아들 된 디도에게 편지하노니 하나님 아버지와 그리스도 예수**

우리 구주로부터 은혜와 평강이 네게 있을지어다." 은혜가 무엇입니까? 자격 없는 사람들에게 입혀지는 하나님의 사랑과 호의가 아닙니까? 죄인들의 죄를 용서하시고, 의롭다 하시고 자녀로 받아주시는 그 사랑을 경험하며 그들은 처음으로 참된 은혜를 누리게 된 것입니다. 뿐만 아니라 십자가상에서 우리 위해 죽으시고 부활하신 그리스도로 말미암아 이제 하나님과 평화하고 하나님의 평화를 선물로 받게 된 것입니다. 영생의 소망을 선물로 받는 모든 이들에게 이런 은혜와 평강이 주어진 것입니다.

라이언 화이트(Ryan White)라는 미국 인디애나 주에 살던 소년이 수혈과정에서 잘못되어 에이즈(AIDS) 병에 감염되었습니다. 그때(1984년) 그는 13세였습니다. 그러나 그는 이 병에 걸린 채로 당당하게 학교에 가서 모든 수업을 받기로 합니다. 그때만 해도 이 병에 대한 많은 편견으로 그의 학교 출석을 많은 이들이 꺼려했지만, 그리스도인이었던 그는 그의 어머니와 함께 기도하고 자신의 수업권을 주장하며 그가 몸을 움직일 수 있는 한 그는 학교에 가고, 친구들을 만나고, 할 수 있는 운동을 하며 살 것이라고 선언합니다. 그의 당당한 주장이 미국 전역에 알려지면서 그는 레이건 대통령, 마이클 잭슨 등의 격려를 받고 많은 선물을 받았습니다. 그러나 5년 후 급격하게 몸이 쇠약해지고 쓰러지자 그의 엄마가 이렇게 말했다고 합니다. "라이언, 이제 더 이상 우리는 너에게 아무것도 줄 수 없구나. 기도 외에는….." 그때 라이언은 이런 대답을 했다고 합니다. "물론 저는 이런 병에 걸리고도 많은 사람들에게 많은 사랑을 받고 많은 선물을 받았어요. 그러나 엄마는 저에게 아무도 주지 못한 제일 큰 선물을 주셨어요. 저는 예수님을 믿고 영생을 선물로 받았잖아요. 저는 언제든지 천국 갈 준비가 되어있으니 걱정하지 마셔요."라고 말했다고 합니다. 그래서 그는 하나님의 부르심을 받는 순간까지 여전히 쾌활하게 미소 짓고 찬양하며 기도하다가 천국으로 떠났습니다. 그의 장례식은 무려 1,500명이 참여하고 미국 전국에 방영된 축제였습니다. 이것이 바로 영생의 소망인 것입니다. 이것이 사도적 소망이요 믿음의 특권인 것입니다. 부디 이런 소망, 이런 은혜를 나누며 사는 우리가 되기를 바랍니다.

2

세움 받을 지도자의 자격

디도서 1장 5-9절

⁵내가 너를 그레데에 남겨 둔 이유는 남은 일을 정리하고 내가 명한 대로 각 성에 장로들을 세우게 하려 함이니 ⁶책망할 것이 없고 한 아내의 남편이며 방탕하다는 비난을 받거나 불순종하는 일이 없는 믿는 자녀를 둔 자라야 할지라 ⁷감독은 하나님의 청지기로서 책망할 것이 없고 제 고집대로 하지 아니하며 급히 분내지 아니하며 술을 즐기지 아니하며 구타하지 아니하며 더러운 이득을 탐하지 아니하며 ⁸오직 나그네를 대접하며 선행을 좋아하며 신중하며 의로우며 거룩하며 절제하며 ⁹미쁜 말씀의 가르침을 그대로 지켜야 하리니 이는 능히 바른 교훈으로 권면하고 거슬러 말하는 자들을 책망하게 하려 함이라

2
세움 받을 지도자의 자격

바울은 본문의 서두에서 디도를 그레데 섬의 사역자로 남겨 두고, 그 사역을 잘 감당하도록 편지를 쓴 직접적인 이유 두 가지를 설명합니다. 5절을 먼저 읽겠습니다. "내가 너를 그레데에 남겨 둔 이유는 남은 일을 정리하고 내가 명한 대로 각 성에 장로들을 세우게 하려 함이니." 첫째 이유는 바울이 그레데 섬에 도착하여 사역을 하던 중 끝내지 못한 남은 일이 있었다는 것입니다. 그 남은 일을 디도가 처리해 주기를 기대한 것입니다. 둘째로 이 섬에 몇 개의 성읍이 있었는데 각각의 성읍의 복음화를 위해 예배 처소가 필요했고 처소 교회마다 자연스럽게 지도자인 장로들을 세워야 했던 것입니다. 따라서 디도가 어떤 기준을 가지고 어떤 사역자를 세울 것인가를 바울 사도는 가르쳐야 했던 것입니다. 완전한 지도자란 존재하지 않습니다. 그러나 최소한의 모범을 보일 수 있는 지도자를 세워야 했습니다. 그것이 섬 전체에 영향을 미칠 것이기 때문입니다.

리더의 모범을 생각할 때 우리는 '솔선수범'이란 단어를 떠올리게 됩니다. 솔선수범의 사례로 널리 알려진 것이 바로 마하트

마 간디(Mahatma Gandhi)의 에피소드입니다. 어느 날 어떤 어머니가 아들을 데리고 간디에게 와서 우리 아들이 설탕을 너무 좋아해서 하루도 설탕을 안 먹는 날이 없다고, 선생님이 아들에게 날마다 설탕 먹는 것을 그만하라고 타일러 주시면 아들도 따를 것이니 한 말씀 해달라고 하니까 그럼 한 달 후에 보자고, 지금은 할 말이 없다고 하더랍니다. 그래서 할 수 없이 한 달 후에 다시 왔더니, 간디가 정중하게 이 어머니의 아들에게 설탕은 건강에 안 좋으니 그만 먹으라고 타일렀다고 합니다. 그래서 어머니가 이상해서 간디에게 한 달 전에 왔을 때는 왜 그 이야기를 안 하셨느냐고 물었답니다. 간디의 대답이 사실 한 달 전까지만 해도 자신도 설탕을 너무 좋아해서 끊지 못하고 있었다고, 본인도 못하는 일을 그녀의 아들에게 끊으라고 말할 수는 없었던 것이라고 말하더랍니다. 그리고 지난 한 달 동안 자신도 설탕을 끊고 살았기에 이제 그 말을 그녀의 아들에게 할 수 있었던 것이라고 했다고 합니다. 이런 경우를 우리는 솔선수범이라고 하는 것입니다.

사실 그레데(crete) 섬은 미노아 문명의 탄생지로 서양 문명의 요람으로 알려진 곳입니다. 그레데는 그리스에서 가장 큰 섬이고 지중해에선 다섯 번째로 큰 섬이지만, 중요성으로 볼 때는 역사적으로, 문화적으로, 경제적으로 중요한 섬이었기에 그레데 섬의 복음화 없이는 지중해의 복음화를 기대할 수 없었던 것입니다. 바울은 이제 이 섬의 복음화를 위한 일꾼을 세우면서 그 자격을 세 가지로 나누어 설명합니다. 세움 받을 교회 지도자의 자격은 무엇입니까?

1. 가정에서 모범이 되어야 합니다.

6절이 그것을 가르칩니다. **"책망할 것이 없고 한 아내의 남편이며 방탕하다는 비난을 받거나 불순종하는 일이 없는 믿는 자녀를 둔 자라야 할지라."** 가정은 그리스도인 지도자의 중요한 삶의 자리입니다. 가정에서 모범적 역할을 하지 못하는 사람이 교회 지도자가 될 수 없다는 것은 바울의 중요한 신념이었습니다. 디모데전서 3장 5절에서 디모데에게 **"사람이 자기 집을 다스릴 줄 알지 못하면 어찌 하나님의 교회를 돌보리요"**라고 강조한 교훈을 그대로 디도에게도 말하고 있는 것입니다. 여기 6절에 '책망할 것이 없고'라는 단어는 헬라어에 '아모모스'(amomos)가 아니라, '아넹클레토스'(anengkletos)입니다. 어떤 잘못도 행하지 않는 완벽한 (아모모스) 사람이란 의미가 아니라, 결정적 흠이 없다(아넹클레토스)는 의미입니다. 목회 수행에 결정적으로 흠이 될 만한 약점이 없다는 의미입니다. 예컨대 그는 한 아내의 남편이어야 합니다. 다시 말하면 일부다처의 삶을 살지 않는 사람이어야 한다는 의미입니다.

이어서 무엇보다 자녀가 '방탕하지 않은'(아소티아, asotia), 다시 말하면 자녀가 교정 불가능한 무질서한 인생을 살고 있지 않은 사람이어야 한다고 말합니다. 일시적으로 어떤 자녀도 방황할 수 있습니다. 그러나 교정 불가능한 불순종의 상태에 빠져있는 자녀를 둔 사람이라면 교회 지도자가 되어서는 안 된다는 것입니다. 이미 디모데전서 3장 4절에서 강조한 "자기 집을 잘 다스려 자녀들로 모든 공손함으로 복종하게 하는 자라야 할지며"라는 원칙이 디도에게도 다시 강조되고 있는 것입니다. 자신의 자녀들이 방탕함에 빠져있는데 어떻게 다른 하나님의 자녀들을 하나님 나라의 질서에 순복하는 자로 지도할 수 있겠습니까? 그러므로 하나님이 쓰시는 사람들은 무엇보다 먼저 가정에서 모범이 되는 삶을 살아야 합니다.

2. 교회에서 모범이 되어야 합니다.

7절 말씀을 보겠습니다. "감독은 하나님의 청지기로서 책망할 것이 없고 제 고집대로 하지 아니하며 급히 분내지 아니하며 술을 즐기지 아니하며 구타하지 아니하며 더러운 이득을 탐하지 아니하며." 여기서 우선 교회의 지도자를 하나님의 청지기라고 말합니다. 하나님의 일을 맡아서 하는 자라는 의미입니다. 하나님의 일을 하나님의 뜻대로 처리하기 위해서는 내 주장, 내 신념보다 하나님의 뜻이 항상 더 중요하게 묵상되어야 합니다. 예수님의 겟세마네 동산에서의 마지막 기도는 "내 뜻대로 마옵시고 아버지의 뜻대로 하옵소서"였습니다. 자기 고집에 매어 사는 사람은 고집대로 안 되면 분노합니다. 분노를 술로 달래기도 합니다. 그리고 최악의 경우, 폭력을 사용하기도 합니다. 그래서 여기 교회를 다스리는 감독의 경우 급히 분내지도 않고, 술을 즐기지도 않고, 구타하지도 않아야 한다고 말합니다. 그리고 무엇보다 더러운 이득을 탐하지 않아야 한다고 말합니다. 그는 교회 공공의 유익을 위해 일하는 사람이지 사익을 위해 일하는 사람이 아니기 때문입니다. 모든 교회 지도자는 공적인 일꾼(Public Servant)이지 사사로운 일꾼이 아닙니다.

7절에서는 무엇을 안 해야 하는 지가 강조되었는데, 8절 말씀은 무엇을 해야 하는 지가 강조됩니다. "나그네를 대접하며…." 초대교회에서는 리더의 중요한 자격이 손님 대접 특히 강사 대접이었습니다. 지금처럼 호텔 산업이 발달하지 않았던 1세기에는 그리스도인 여행자들이 다른 그리스도인들의 집을 이용하는 것이 성도의 미덕으로 간주되고 있었습니다. 특히 말씀 전하는 사람들을 집에서 모시고 잘 대접하여 섬기는 것은 공동체에 유익을 끼치는 중요한 사역으로 간주되고 있었습니다. 이것을 '환대 사역'(Ministry of Hospitality)이라고 불렀습니다. 히브리서 13장 2절에 보면 "손님 대접하기를 잊지 말라 이로써 부지중에 천사들을 대접한 이들이 있었느니라"라고 기록합니다. 뿐만 아니라 모든 선행에 힘쓰고 매사에 신중하고 사람들을 대할 때 의로워야 하고, 하나님을 향해서는 거룩하고 자신을 향해서는 절제할 줄 알아야 한다고 말합니다. 이 모든 것이 교회 공적 지도자들의 자격을 말하는 것들이었습니다.

한국 교회의 초기 교회 전통에서도 교회들이 약간의 여유가 생기면 목사 사택을 조금 여유 있는 공간으로 준비하여 교회 게스트들이나 강사들이 묵게 하고 교회 성도들이 내 집처럼 드나들며 돌아가며 봉사하곤 했습니다. 제가 사역을 시작하던 40년 전만 해도 집회를 초대받고 가면 호텔이 아닌 목사 사택 혹은 집 공간이 큰 성도의 집에 머물며 집회를 인도하곤 했습니다. 제가 미국 이민 목회를 하던 시절에 큰 집은 아니지만, 한 달에 한 번씩 새교우 환영식을 타운 하우스인 저의 집에서 하고 교우들이 와서 함께 섬겨준 기억들이 생생합니다. 쉽게 잊혀지지 않는 아름다운 목회 추억들의 한 조각이었습니다. 그리고 집회 이외의 시간에도 교회 지도자들과 성도들이 집에 몰려와서 차담을 나누고 교제하며 Q&A 시간을 갖고 피차 배움을 나누곤 했습니다. 성경에 나타난 초대교회들, '네 집에 있는 교회들'의 친교도 그런 모습을 보여주고 있습니다. 지구촌교회가 셀 교회를 아직도 가정에서 갖도록 강조하는 이유도 이런 초대교회 식의 코이노니아가 회복되는 것을 보고 싶어서입니다. 거기서 우리는 성도 섬김의 모범을 눈으로 보고 배우기 때문입니다. 모범은 또 다른 모범을 낳습니다. 우리는 보고 배운 대로 행하기 때문입니다. 이런 성도들의 살아있는 교제 안에서 진정한 리더들이 세움을 받는 것입니다. 참된 리더는 먼저 우리의 교제 안에서 모범을 입증해야 할 것입니다.

3. 가르침에서 모범이 되어야 합니다.

본문 9절을 읽겠습니다. "미쁜 말씀의 가르침을 그대로 지켜야 하리니 이는 능히 바른 교훈으로 권면하고 거슬러 말하는 자들을 책망하게 하려 함이라." 우리가 가르치는 교훈은 이 구절에 의하면 두 가지 특성을 갖습니다. 이 말씀은 '미쁜'(pistos, faithful, 믿을 만한) 말씀이고 '바른'(huigiaino, sound/healthy, 건강한) 교훈입니다. 우리는 과연 믿을 만한, 신뢰할 만한 하나님의 말씀을 가르치고 있을까요? 우리는 과연 건강한 그리고 우리를 건강하게 하는 건전한 교훈을 가르치고 있는 것일까요? 그리고 우리는 우리가 가르치는 교훈을 우리 스스로도 지키려 하고 있는 것일까요? 아니면 우리는 지식을 위한 지식으로만 가르침을 전달하고 있는 것일까요?

우리는 바른 교훈 혹은 바른 교리를 가리켜 정통교리(Orthodoxy)라고 부릅니다. 우리가 신앙생활을 하면서 바른 교훈 혹은 바른 교리를 알고 믿는다는 것은 매우 중요합니다. 그러나 그다음으로 중요한 것은 바른 교리에 입각한 바른 실천의 삶을 사는 것입니다. 정통실천(Orthopraxy)이라고 합니다. 오늘의 본문 9절에서 바울 사도는 우리가 바른 교훈을 받았다면 그대로 지켜 살아야 한다고 말합니다. 정통실천을 통해서만 우리는 정통교리의 사람인 것을 입증할 수 있다는 말입니다. 이것을 좀 더 일반적인 용어로 '신행일치'(信行一致)라고 말합니다. 믿음과 행동이 일치해야 한다는 것입니다. 오늘날 한국 교회의 가장 큰 숙제는 우리의 믿음과 행동이 일치하지 못하다는 것입니다. 믿음 따로 행동 따로인 것입니다. 따라서 바른 교훈을 거슬러 살아가는 사람들을 책망할 자격을 상실하고 있는 것입니다.

저는 한국 교회의 역사에서 이런 정통신앙을 갖고 정통실천으로 평생을 살아간 보배로운, 최고로 자랑스런 믿음의 선배가 있다면 지금은 고인이 된 의사 장로 장기려 박사가 아닐까 싶습니다. 요즈음 의대생 증원 문제로 국가가 시끄러운 때, 저는 장기려 박사라면 어떻게 이 문제를 보셨을까를 여러 번 자문해 보기도 했습니다. 장 박사님은 오랫동안 자신의 부산 집에서 성경공부 모임을 지속해 왔습니다. 흥미로운 것은 이 모임에 가끔 함석헌 선생이 초대받아 오셨는데, 함 선생은 조금 자유로운 신학적 입장을 갖고 있었지만 장 박사님의 믿음을 부러워하며 제대로 믿으려면 장 박사처럼 단순하게 믿어야 한다고 늘 말씀했다고 합니다. 그분의 생활은 작은 예수님의 삶이었다고 증언됩니다. 병원 꼭대기 옥탑방에 기거하시면서도 "난 가진 것이 너무 많다"고 하시고 마음으로 화낸 것, 남의 것을 욕심낸 것을 늘 회개하셨다고 합니다. 부인과의 결혼의 언약을 지키고자 평생 독신 생활을 하셨고, 아내가 북한에 생존한 것을 확인하고도 며칠 만나고 돌아오는 것이 무엇이 유익하겠느냐고 그리고 내가 가면 나 때문에 가족을 만나지 못할 사람들이 있지 않겠느냐고 북한 방문을 포기하고 30대 아내의 젊은 날의 사진 한 장과 친지들이 북한 가서 찍어 온 80대 늙은 아내의 사진 한 장을 머리맡에 두고 기도하는 것으로 만족했다고 합니다. 가난하고 수술비를 내기 어려운 환자들이 도망가도록 병원 뒷문을 열어놓은 바보 의사. 세계 의학계에 간암 연구를 발표할 실력을 갖추신 분이시면서도 "나는 환자의 병세에 대하여 20% 정도만 알 뿐이니, 내가 모를 80% 때문에 난 기도하지 않을 수 없다"고 한 크리스천 명의사. 그가 86세를 일기로 별세했을 때 그가 말년에 돌본 간질 환자들이 몰려와 "장 박사님은 살아 있는 예수님이셨습니다"라고 소리쳐 절규했다고 합니다. 그가 잠든 무덤에는 그를 사랑하고 마지막을 섬겼던 사람들이 남긴 소박한 비문이 이렇게 그의 생애를 증언하고 있습니다. "1909년 평북 용천에서 태어나고 1995년 서울에서 승천한 의학 박사 장기려. 모든 것을 가난한 이웃에게 베풀고, 자기를 위해서는 아무것도 남겨 놓지 않은 선량한 부산 시민, 의사, 크리스천. 이곳 모란공원에 잠들다⋯ 1995년 12월." 이런 장로, 이런 평신도 지도자들이 이 땅 도처에 세워진다면 우리나라의 미래는 어떻게 변화될까요?

3

거짓 교사를 분별하라

디도서 1장 10-16절

¹⁰불순종하고 헛된 말을 하며 속이는 자가 많은 중 할례파 가운데 특히 그러하니 ¹¹그들의 입을 막을 것이라 이런 자들이 더러운 이득을 취하려고 마땅하지 아니한 것을 가르쳐 가정들을 온통 무너뜨리는도다 ¹²그레데인 중의 어떤 선지자가 말하되 그레데인들은 항상 거짓말쟁이며 악한 짐승이며 배만 위하는 게으름뱅이라 하니 ¹³이 증언이 참되도다 그러므로 네가 그들을 엄히 꾸짖으라 이는 그들로 하여금 믿음을 온전하게 하고 ¹⁴유대인의 허탄한 이야기와 진리를 배반하는 사람들의 명령을 따르지 않게 하려 함이라 ¹⁵깨끗한 자들에게는 모든 것이 깨끗하나 더럽고 믿지 아니하는 자들에게는 아무 것도 깨끗한 것이 없고 오직 그들의 마음과 양심이 더러운지라 ¹⁶그들이 하나님을 시인하나 행위로는 부인하니 가증한 자요 복종하지 아니하는 자요 모든 선한 일을 버리는 자니라

3
거짓 교사를 분별하라

지난 9절에서 사도 바울은 바른 교훈의 중요성을 가르쳤습니다. 바른 교훈의 반대가 무엇이겠습니까? 거짓 교훈이겠지요. 바울은 복음을 전하고 교회를 개척하여 성도를 양육함에 있어 이런 거짓 교훈을 가르치는 이들에 의한 영적 피해를 경험해왔습니다. 하나님은 도대체 왜 이런 거짓 교사들의 존재를 우리들의 사역의 마당에 허용하시는 것일까요? 그것은 이미 예수께서 복음서의 알곡과 가라지의 비유에서 말씀하신 것처럼, 첫째는 우리의 그릇된 분별로 누가 알곡인지 누가 가라지인지 혼돈하여 서로를 정죄하다가 알곡을 상처내지 않게 하려 함이고(마 13:29, **주인이 이르되 가만 두라 가라지를 뽑다가 곡식까지 뽑을까 염려하노라**) 둘째는 사단이 언제나 거짓된 자기의 정체를 숨기고 가면을 쓸 수 있기 때문에 거짓된 교사의 영향력이 스스로를 드러낼 때까지 시간을 필요로 하고 기다릴 수 있어야하기 때문입니다(마 13:26, **싹이 나고 결실할 때에 가라지도 보이거늘**). 그럼에도 불구하고 가라지가 알곡이 되는 법이 없고 알곡이 가라지가 되지도 않습니다. 때로 가라지가 알곡을 가장하고 나타나 혼란스럽게 할 뿐입니다. 주님은 심판의 때에 명확하게 알곡과 가라지가 나누어질 것이라고 말씀하십니다. 그러나 알곡은 스스로의 진정성을 지키며 가라지에 대한 영적 분별력을 키워내야 합니다. 그래야 동료 알곡, 어린 알곡을 보호할 수 있기 때문입니다.

그래서 바울은 이미 디모데전후서에서 특히 말세의 징조로 이런 거짓 가르침이 유행할 것을 미리 경계하셨습니다. 디모데전서 4장 1절을 상기합시다. "그러나 성령이 밝히 말씀하시기를 후일에 어떤 사람들이 믿음에서 떠나 미혹하는 영과 귀신의 가르침을 따르리라." 그런데 이번에 디도서에서도 바울은 다시 그런 거짓 교사와 거짓 교훈을 경계하도록 디도에게 가르치고 있습니다. 9절에 "거슬러 말하는 자들을 책망하게 하려 함이라"고 말합니다. 크게 두 가지 유형의 교사, 율법주의자와 세속주의자, 유대인과 이방인 중에 그런 거짓 교사들을 지목하고 있습니다. 그들의 그릇된 영향을 차단하지 않으면 그레데 섬의 건강한 복음화가 어려워지고 개척된 교회들이 잘못된 방향으로 갈 수도 있었기 때문입니다. 그리고 이런 잘못된 영향을 차단하는 것은 이르면 이를수록 더 좋았기 때문입니다. 그리고 그레데 섬의 성도들이 누구와 어울리고 누구와 교제하는가는 교회의 미래를 만들어 가는 일에 중요한 영향을 끼칠 것이었기 때문입니다. 이런 바울의 경고는 본문에서 단순하게 두 가지로 요약됩니다.

1. 율법주의 교사를 분별하라.

본문 10절을 함께 읽습니다. "불순종하고 헛된 말을 하며 속이는 자가 많은 중 할례파 가운데 특히 그러하니." 여기 할례파라는 단어가 나왔습니다. 하나님의 백성이 되기 위해서는 구약시대처럼 반드시 할례를 받아야 한다고 주장하는 율법주의자들이 있었던 것입니다. 율법주의자들은 율법에 대한 순종이 곧 구원의 길이라고 생각합니다. 그러면서도 실제로 그들의 일상의 삶에서 그들은 율법을 지키는 자가 아니라 불순종하는 자들이었고, 늘 헛된 말만을 앞세우고 진실하지 못하고 이웃들을 속이고 있었던 것입니다. 대개 율법의 공의를 지나치게 강조하는 사람들 중에는 공의롭게 살지 못하는 자신들의 내적 갈등을 합리화하기 위해 더더욱 공의와 정의를 말로만 외치는 사람들이 많습니다. 특히 그레데 섬에서 이런 사람들이 교회 내 지도자들이 되고 싶어 했고, 교회 내 이권을 장악하려는 권력의 욕구가 그들에게 있었음을 바울은 간파한 것입니다. 11절의 말씀을 보겠습니다. "그들의 입을 막을 것이라 이런 자들이 더러운 이득을 취하려고 마땅하지 아니한 것을 가르쳐 가정들을 온통 무너뜨리는도다." 생각해 보십시오. 교회 출석하는 성도들에게 신앙적인 이유 말고 상업적인 어떤 이익의 목적이 있다면 이런 사람들이 교회 생활에서 영적 유익을 얻을 수 있겠습니까? 결국 이런 사람들의 부부 관계가 온전하겠습니까? 이런 사람들이 교회 생활을 통해 자녀들에게 온전한 모범이 되겠습니까? 우리는 우리 주변에서 이단이나 사이비 가정들이 소위 경제적 목적으로 집단생활을 하다가 결국 가정이 붕괴되는 사례들을 볼 수 있습니다.

　당시 할례파 율법주의 유대인들에게는 또 하나의 특성이 있었습니다. 허탄한 이야기들, 특히 족보 이야기에 빠져 있었다는 것입니다. 이것도 이미 디모데전서 1장 4절에서 바울이 디모데에게 경고한 바였습니다. "신화와 끝없는 족보에 몰두하지 말게 하려 함이라 이런 것은 믿음 안에 있는 하나님의 경륜을 이룸보다 도리어 변론을 내는 것이라." 이어지는 디모데전서 1장 6-7절을 보십시오. "사람들이 이에서 벗어나 헛된 말에 빠져 율법의 선생이 되려 하나 자기가 말하는 것이나 자기가 확증하는 것도 깨닫지 못하는도다." 당시 율법주의자는 말로만 율법을 따른다고 말할 뿐 실제는 헛된 말, 헛된 욕망에 빠져 사는 이중적 인생을 살고 있었던 것입니다. 사실 율법의 핵심은 무엇일까요? 예수님이 마태복음 23장 23절에서 십일조는 내면서 율법의 헛된 이야기에 빠져 있던 바리새인들에게 무엇이라고 말씀하십니까? "화 있을진저 외식하는 서기관들과 바리새인들이여 너희가 박하와 회향과 근채의 십일조는 드리되 율법의 더 중한 바 정의와 긍휼과 믿음(의와 인과 신(개역한글))은 버렸도다…." 그들은 이런 '의와 인과 신'은 보이지 않고 오직 내면에 탐욕을 품고 외적으로만 율법을 포장하고 있었던 이중인격자들이었던 것입니다.

　바울은 다시 그들(할례파 유대인들)의 위선을 본문 15-16절에서 폭로합니다. "깨끗한 자들에게는 모든 것이 깨끗하나 더럽고 믿지 아니하는 자들에게는 아무것도 깨끗한 것이 없고 오직 그들의 마음과 양심이 더러운지라 그들이 하나님을 시인하나 행위로는 부인하니 가증한 자요 복종하지 아니하는 자요 모든 선한 일을 버리는 자니라." 흔히 이런 사람들을 우리는 '실천적 무신론자'라고도 합니다. 입술로는 하나님의 존재를 시인하나 행위로는 하나님의 존재를 부인하는 것입니다. 실제로는 하나님이 안 계신 것처럼 살고 있는 것입니다. 2000년이 가까운 1992년 10월 28일 다미선교회는 그날 밤 12시로 휴거가 일어난다고 가르쳤고 수많은 사람들이 휴거를 대비하여 헌금과 자산을 다 선교회에 바쳤지만 아무 일도 일어나지 않았습니다. 그 후 흥미로운 것은 교주 이장림은 검찰의 취조에서 자기는 휴거를 믿지 않았다고 말했다고 합니다. 자기도 믿지 않는 것을 믿고 모든 것을 바치도록 가르친 것입니다. 아마 바울 당시 할례파들도 그런 유형의 실천적 무신론자가 아니었나 싶습니다.

2. 세속주의 교사를 분별하라.

그런데 또 하나, 당시 그레데 섬에는 소위 선지자들이 일어나 그레데 세속문화를 따라 살게 하는 거짓된 가르침을 유포하고 있었던 것으로 보입니다. 할례파들이 유대인들이었다면 이들은 그리스에 속한 이방인들이었습니다. 12-13절의 말씀을 보겠습니다. "그레데인 중의 어떤 선지자가 말하되 그레데인들은 항상 거짓말쟁이며 악한 짐승이며 배만 위하는 게으름뱅이라 하니 이 증언이 참되도다 그러므로 네가 그들을 엄히 꾸짖으라 이는 그들로 하여금 믿음을 온전하게 하고." 여기 어떤 선지자의 말은 600년 전 그레데에 살았던 시인이요 철학자인 에피메니데스(Epimenides)의 말을 인용한 것인데 오래전부터 그레데 섬을 지배해온 거짓과 나태와 폭력의 문화를 그대로 이어받은 라이프 스타일에 대한 증언입니다. 지금도 그런 문화를 가르치는 사람들이 있다고, 그런 세속적 삶의 스타일은 꾸짖고 물리쳐야 한다고 말하는 것입니다. 그런데 이 섬에 살려면 이런 라이프 스타일은 피할 수 없는 것이라고 주장하는 세속주의적 교사들이 있었던 것입니다.

그리스도의 복음이 한 나라, 한 문화권에 전달될 때 거기에는 피할 수 없는 갈등이 생겨납니다. 일찍 1951년에 리처드 니버(Helmut Richard Niebuhr)라는 신학자는 《그리스도와 문화》(IVP)라는 그의 책에서 이런 그리스도와 문화의 접촉 유형을 5가지로 나누어 설명했습니다.

1) 〈문화에 대립하는 그리스도〉(Christ against culture)입니다.
문화는 대개 다 부패한 것이기에 그리스도와 그리스도를 따르는 이들은 이런 문화를 거부해야 한다고 보는 반문화적 입장입니다. 초대 교부 터툴리안(Tertulian)의 입장이기도 합니다. 우리는 본문에서의 바울의 태도도 여기에 속한 입장이라고 볼 수 있습니다.

2) 〈문화의 그리스도〉(Christ of culture)입니다.

그리스도와 문화 사이에는 근본적인 일치와 연속성이 있다고 보는 것입니다. 그리스도가 문화의 발전에 개입하고 계시다는 것입니다. 그리스도가 문화의 대변인이고 발전자요 완성자라는 것입니다. 슐라이어마허(Schleiermacher)의 신학적 입장이기도 합니다. 본문의 그레데 섬의 선지자들이 그런 입장으로 교회는 이 섬의 문화를 따르고 발전시켜야 한다고 주장하는 입장이라고 할 수 있습니다.

3) 〈문화 위의 그리스도〉(Christ above culture)라는 입장입니다.

그리스도와 문화를 둘 다 긍정하면서 그리스도가 문화보다 더 위에 있다고 보는 입장입니다. 문화는 그리스도보다 낮은 위치에서 그리스도와 보조를 맞추어 가야 한다는 입장입니다. 그리스도가 문화의 원인이신 로고스이시며 주인이라고 말합니다. 가톨릭 신학의 대학자 토마스 아퀴나스(Thomas Aquinas)라는 신학자의 입장이기도 합니다.

4) 〈역설 관계에 있는 그리스도와 문화〉(Christ and culture in paradox)의 입장입니다.

그리스도와 문화는 끊임없는 갈등 관계에 있다고 보는 입장입니다. 때로는 대적하고 때로는 대화하며 각자의 관점을 발전시켜 나가야 한다는 입장입니다. 루터(Martin Luther)나 기독교 철학자 키르케고르(Kierkegaard)가 그런 입장을 취하였습니다.

5) 〈문화의 변혁자인 그리스도〉(Christ the transformer of culture)

　　라는 입장입니다.

　어거스틴(St. Augustine)과 칼빈(Jean Calvin) 등 개혁자들의 입장입니다. 문화는 선과 악을 다 포함하는데 악을 버리고 선을 취하면서 문화의 구조적 변혁을 일으켜 문화의 진정한 주인이 그리스도가 되게 해야 한다는 입장입니다. 문화는 거절되어서도 안 되고 그렇다고 무조건 수용되어서도 안 된다는 것입니다. 문화도 인간처럼 구속되어야 한다는 것입니다.

　오늘날 대부분의 복음주의자 지도자들은 〈문화의 변혁자-그리스도〉라는 입장을 취하고 있습니다. 그리고 그런 입장을 갖는 성경적 근거는 로마서 12장 1-2절입니다. "**그러므로 형제들아 내가 하나님의 모든 자비하심으로 너희를 권하노니 너희 몸을 하나님이 기뻐하시는 거룩한 산 제물로 드리라 이는 너희가 드릴 영적 예배니라 너희는 이 세대를 본받지 말고 오직 마음을 새롭게 함으로 변화를 받아 하나님의 선하시고 기뻐하시고 온전하신 뜻이 무엇인지 분별하도록 하라.**" 여기 우리가 본받을 두 가지 모델이 있습니다. 이 세대의 모델, 혹은 이 세상의 모델이 있습니다. 그런데 바울은 이 세대를 본받지 말라고 말합니다. 그것은 순간적이고 겉으로만 속이는 것입니다. 우리가 본받을 모델은 하나님의 뜻입니다. 그것은 성경의 말씀으로 계시된 선하시고 기뻐하시고 온전하신 하나님의 뜻입니다. 그런데 그 뜻을 본받아 살려면 마음이 새롭게 되어야 한다고 말합니다. 그것은 단지 인간의 의지로 율법에 순종하는 차원을 넘어서는 것입니다. 고린도후서 3장 6절은 "율법 조문은 죽이는 것이요 영은 살리는 것이니라"라고 했습니다. 우리가 참 예배자가 되고 마음이 새롭게 될 때, 우리의 마음은 예수님의 마음이 되어 하나님의 뜻을 이루는 하나님 나라의 백성, 문화의 변혁자가 되는 것입니다.

다이아몬드 연구자들은 가짜와 진짜를 구별하기 위해 여러 가지 테스트를 진행합니다. 표면에 선 긋기(진짜는 유성펜으로 선이 선명하게 그어진다), 물방울 떨어뜨리기(진짜에는 퍼지지 않는다), 종이에 선 긋고 다이아몬드 올려놓기(진짜는 빛을 반사한다) 등등 여러 가지 방편이 있지만, 더욱 중요한 것은 진짜 다이아몬드와 더 많은 시간을 보내는 것입니다. 그런 연구자들이 쉽게 가짜를 분별한다고 합니다. 바울이 그레데에 거짓 사역자들을 분별하기 위해 가르친 가르침은 사실 간단하게 순종이 가능합니다. 바른 교훈을 따르는 진짜 사역자들과 살아보면 가능합니다. 그렇습니다. 참된 믿음의 사람들과 함께 할수록, 더 많은 시간을 나눌수록 우리는 건강한 일꾼이 되어 살아가게 될 것입니다. 지금 내가 교제하는 주변의 사람들은 얼마나 진짜 생명의 빛을 지닌 하나님의 사람들인지를 자문하십시오. 그리하여 우리의 교제가 생명의 빛을 반사하는, 서로를 빛나게 하는 교제가 되기를 기도합시다.

4
바른 교훈에 합당한 가족

디도서 2장 1-10절

¹오직 너는 바른 교훈에 합당한 것을 말하여 ²늙은 남자로는 절제하며 경건하며 신중하며 믿음과 사랑과 인내함에 온전하게 하고 ³늙은 여자로는 이와 같이 행실이 거룩하며 모함하지 말며 많은 술의 종이 되지 아니하며 선한 것을 가르치는 자들이 되고 ⁴그들로 젊은 여자들을 교훈하되 그 남편과 자녀를 사랑하며 ⁵신중하며 순전하며 집안 일을 하며 선하며 자기 남편에게 복종하게 하라 이는 하나님의 말씀이 비방을 받지 않게 하려 함이라 ⁶너는 이와 같이 젊은 남자들을 신중하도록 권면하되 ⁷범사에 네 자신이 선한 일의 본을 보이며 교훈에 부패하지 아니함과 단정함과 ⁸책망할 것이 없는 바른 말을 하게 하라 이는 대적하는 자로 하여금 부끄러워 우리를 악하다 할 것이 없게 하려 함이라 ⁹종들은 자기 상전들에게 범사에 순종하여 기쁘게 하고 거슬러 말하지 말며 ¹⁰훔치지 말고 오히려 모든 참된 신실성을 나타내게 하라 이는 범사에 우리 구주 하나님의 교훈을 빛나게 하려 함이라

4
바른 교훈에 합당한 가족

그리스도인은 평생 세 가지 유형의 가족과 어울려 한 세상을 살아갑니다. 하나는 육신의 가족이고, 또 하나는 영적 가족입니다. 교회는 영적 가족입니다. 여기에 하나를 덧붙일 수 있다면 우리가 직장생활을 하면서 경험하게 되는 또 하나의 가족관계, 일터의 가족입니다. 바울 사도가 살던 로마 시대에는 로마가 정복한 많은 식민지에서 노예들을 데려와 그들과 가족을 이루고 살았습니다. 많을 때는 로마 인구의 절반이 노예로 구성되던 때도 있었다고 합니다. 그들이 하는 일은 집안의 사소한 노동을 비롯하여 똑똑한 노예의 경우에는 집에서 자녀들의 가정교사로도 복무하였고, 일터의 관리자로도 복무하였습니다. 오늘 본문을 보면 1-8절까지 교회와 가정에서의 가족관계를 가르치던 바울이 9-10절에서는 종과 상전의 관계를 가르치고 있습니다. 지금 우리가 사는 시대에 더 이상 노예는 존재하지 않기 때문에 본문을 우리의 일터에 적용할 수 있을 것입니다. 종과 상전의 관계를 오늘날 일터에서의 피고용인과 고용인의 관계에 적용할 수 있겠습니다. 그렇다면 가정에서, 교회에서 그리고 일터에서 어떻게 우리는 진정한 가족관계를 형성하며 일생을 잘 살아갈 수 있겠습니까?

바울은 우리가 가정과 교회에서 사용하는 여러 칭호(부모와 자녀, 부부 그리고 장로와 집사 등) 대신에 단순하게 '늙은 남자와 늙은 여자' 그리고 '젊은 남자와 젊은 여자'로 나누어 교훈을 베풀고 있습니다. 본문은 이렇게 시작됩니다. **"오직 너는 바른 교훈에 합당한 것을 말하여."**(딛 2:1) 다시 말하면 본문은 '바른 교훈에 합당한 가족'에 대한 레슨입니다. 하나님과 예수 그리스도의 바른 교훈에 입각한 가족관계는 어떻게 형성되어야 할까요? 이번 주제는 '해피 패밀리'입니다. 저는 오늘의 가정이 진정 해피하지 못한 원인을 단도직입적으로 말하자면 하나님의 바른 교훈을 상실했기 때문이라고 생각합니다. 해피하게 사는 것보다 우리가 더 중요하게 생각할 것은 바르게 사는 것입니다. 바른 가치를 갖고 살면 자연스럽게 우리는 해피해질 것입니다. 스위스 라브리에서 사역한 우리 시대의 전도자요 철학자인 프란시스 쉐퍼(Francis A. Schaeffer) 박사는 우리 시대 가족의 붕괴와 몰락은 거룩의 가치를 상실하고 행복만을 추구하기 때문이라고 지적한 바가 있었습니다. 그렇다면 오늘 본문이 가르치는 바른 교훈에 합당한 가족을 형성하기 위해서 우리가 받아야 할 레슨은 무엇일까요?

1. 늙은 남자와 늙은 여자에게 말씀하십니다.

신앙 안에서 성숙한 남자들에게 먼저 요구되는 자질을 말합니다. 2절을 보겠습니다. "늙은 남자로는 절제하며 경건하며 신중하며 믿음과 사랑과 인내함에 온전하게 하고." 먼저 세 가지 태도로 자기 자신을 통제하는 절제, 하나님을 신뢰하는 경건, 이웃들에게 진지한 신중함의 태도를 말한 다음, 세 가지 면에서 온전함을 추구하는 사람이어야 한다고 말합니다. 첫째는 믿음의 성숙, 둘째는 사랑의 성숙, 셋째는 인내의 성숙입니다. 우리가 나이가 들고 우리가 사는 공동체 안에서 선한 영향을 끼치는 사람이 되려면 무엇보다 이런 성숙의 태도가 보여 가정과 교회에서 따를 만한 아버지, 할아버지 그리고 존경받는 장로가 되어야 한다는 것입니다.

이어서 바울은 늙은 여자에 대하여 말씀합니다. 3절입니다. "늙은 여자로는 이와 같이 행실이 거룩하며 모함하지 말며 많은 술의 종이 되지 아니하며 선한 것을 가르치는 자들이 되고." 세상에는 아름답게 늙는 사람이 있고 아름답지 못하게 늙는 사람도 있습니다. 우선 바울은 아름답게 늙지 못한 여인들을 생각하며 그들은 행실이 추하고 입을 열면 다른 사람들을 모함하기를 잘하고 술의 노예가 되어 살아가는 사람들이라고 합니다. 그들은 후대에 아무것도 남길 수 없는 사람들입니다. 반면에 아름답게 늙은 여인들의 특성은 무엇입니까? 행실이 거룩하고(하나님 보시기에 합당하고) 이웃들을 모함하지 않고 자신을 잘 다스려 자기를 따라오는 여인들에게 선한 모본이 되는 사람입니다.

   바클레이 성경주석에 보면 인도에서 한 마을이 복음화 되었을 때의 변화에 대하여 브라운이란 선교사는 친절하고 존중받는 할머니들이 많아진 것이라고 보고했다고 합니다. 한 커뮤니티에서 이런 여성들은 성직자 이상의 기여를 하고 있었다고 말합니다. 그리고 이런 여성의 존재는 그들을 따라오는 젊은 여성들에게 최선의 교사의 역할을 하고 있었던 것입니다. 한 가정에 그리고 한 교회에 이런 어머니, 할머니가 많아지는 축복, 그것이 바로 복음화가 가져오는, 세상에 끼치는 선한 변화라고 할 수가 있습니다. 젊은 여인들은 늙은 여인들이 가르치는 것이 최선이기 때문입니다. 결국 가정이나 일터보다 더 훌륭한 학교는 없습니다. 거기에 존재하며 삶의 모범을 보이는 어머니, 할머니 그리고 선배 어르신의 존재야말로 최선의 교사가 아닐 수 없습니다.

   수년 전 저의 큰아들이 Mother's Day(어머니날)에 어머니에게 보낸 시 한 편을 소개해 드리고 싶습니다(영어로 쓴 것을 우리말로 번역). "어머니 / 아름다움, 착함, 그리고 진실 / 그의 모든 경이로움에 담겨진 하나님의 투영 / 희망과 시련의 근원 / 계곡 속으로 불어오는 고요한 아침의 산들바람처럼 / 우리 영혼 달래고 우리에게 힘을 주어 / 우리로 한 걸음 더 나아가게 하여 / 한 날, 또 한 날을 살게 하나니 / 아침 이슬 같은 어머니의 눈물 / 너무 소중하여 오직 깨어있는 자들만 알지니 / 어머니의 영혼의 심연은 / 마치 하나님처럼 신비로와 / 너무 소중하고 너무 희귀한 것 / 인생이라 불리우는 광야를 순례하는 모든 어머니들에게 / 한 찬미를 올리오리니 / 부디 어머니여 평화를 찾으소서 / 정녕 당신은 인간의 모든 자녀들의 호흡임을 아소서 / 그리고 당신은 포도나무 / 모든 경이로움 안에 담긴 그리스도의 이미지시니 / 모든 남편과 자녀들은 / 당신의 아름다움, 당신의 착함, 당신의 진실을 찬미할지라 / 당신은 생명이시니 / 항상 사랑합니다.”

2. 젊은 남자와 젊은 여자에게 말씀하십니다.

우선 4절에서 젊은 여자들에게 주시는 교훈이 무엇입니까? **“그들로 젊은 여자들을 교훈하되 그 남편과 자녀를 사랑하며.”** 젊은 여자들에게 가르칠 최선의 덕목은 두 가지입니다. 남편을 사랑하는 아내, 자녀를 사랑하는 어머니가 되도록 가르쳐야 한다는 것입니다. 그리스도인 아내는 이런 사랑의 삶을 그녀의 가정 안에서 자연스럽게 증명해 보여야 한다고 말합니다. 5절 말씀입니다. **“신중하며 순전하며 집안일을 하며 선하며 자기 남편에게 복종하게 하라 이는 하나님의 말씀이 비방을 받지 않게 하려 함이라.”** 종종 그리스도인이 된 여인 가운데 성경공부나 전도를 빙자하여 집 밖으로 나가 많은 시간을 보냈기 때문에 당시에 복음이 오히려 여인들을 타락하게 한다는 비방이 있었던 것으로 보여집니다. 성경공부도 해야 하고 전도도 해야 합니다. 그러나 그것은 집안일을 먼저 하고 남은 시간을 사용해서 하는 일이어야 하고, 남편의 허락을 받아서 할 수 있어야 바울의 권면처럼 하나님의 말씀이 훼방 받지 않게 되는 것입니다. 그리하여 신중하고 순전한 아내로 존재가 변화된 그리스도인 여성상이 될 수 있어야 한다고 말하는 것입니다.

이제는 젊은 남자들에 대한 권면입니다. 젊은 여자와 마찬가지로 젊은 남자도 그리스도인이 되었다면 무엇보다 신중한 일상의 변화를 증거할 수 있어야 합니다. 6절입니다. "너는 이와 같이 젊은 남자들을 신중하도록 권면하되." 여기 '신중'이란 단어의 어원은 '소프로네오'(soproneo)로 영어의 sound(건전, 건강)를 의미하는 말입니다. 건강한 마음, 건강한 정신을 지닌 사람이란 의미입니다. 우리가 크리스천이 되었다고 별난 존재가 된 것이 아니라 전보다 더 건강하고 더 건전한 삶을 사는 존재가 되어야 한다는 것입니다. 그리고 이어서 이런 건전한 삶의 일상을 7-8절에서 가르칩니다. "범사에 네 자신이 선한 일의 본을 보이며 교훈에 부패하지 아니함과 단정함과 책망할 것이 없는 바른 말을 하게 하라 이는 대적하는 자로 하여금 부끄러워 우리를 악하다 할 것이 없게 하려 함이라." 두 가지가 특히 강조됩니다. 선한 일을 하고 바른 말을 하며 살라는 것입니다. 그래서 우리를 대적하는 사단 마귀가 우리를 참소하지 못하게 하라는 것입니다. 우리가 선한 일에 지속적으로 힘쓰고 바른 말을 하려고 노력하는 한, 사탄은 우리의 삶을 무너뜨릴 수 없습니다. 그래서 선한 행동과 바른 말로 자신을 지킬 때 우리는 젊은 날의 열정이 우리의 신중함을 무너뜨리고 시험에 드는 것을 방지하게 될 것입니다. "나는 오늘 무슨 일에 참여하고 있는가?", "나는 오늘 무슨 말을 하며 사람들과 만나고 있는가?"를 질문하시길 바랍니다.

3. 종들에게 말씀하십니다.

이미 말씀드린 것처럼 로마 시대에는 종들도 가족의 일부였습니다. 그래서 종들에 대한 교육은 마치 자녀 교육 못지않게 중요했습니다. 실제로 종들 중에서 상전의 자녀로 입양되는 케이스도 적지 않았습니다. 불후의 명화 〈벤허〉의 스토리 속에서 벤허가 구원했던 사령관에 의해 그의 자녀가 되어 고향 이스라엘로 돌아가던 모습을 우리는 기억합니다. 본문 9-10절을 보겠습니다. "종들은 자기 상전들에게 범사에 순종하여 기쁘게 하고 거슬러 말하지 말며 훔치지 말고 오히려 모든 참된 신실성을 나타내게 하라 이는 범사에 우리 구주 하나님의 교훈을 빛나게 하려 함이라." 여기 강조되는 두 가지 교훈은 순종과 신실성입니다. 순종함으로 상전을 기쁘게 하고 신실함으로 자신의 의무를 다하여 자신이 그리스도인인 것을 증명하라는 것입니다. 우리가 믿는 하나님은 신실하신 분이십니다. 우리가 그의 자녀가 되었다면 당연하게 그런 신실성을 우리의 일터에서 드러낼 수 있어야 합니다. 요셉의 인생이 그것을 증명하지 않습니까? 창세기 39장 4절을 보십시오. "요셉이 그의 주인에게 은혜를 입어 섬기매 그가 요셉을 가정 총무로 삼고 자기의 소유를 다 그의 손에 위탁하니." 그는 그가 일하던 가정에서, 일터에서 믿을 만한 사람인 것을 증명했던 것입니다. 성경은 그것이 그가 축복의 통로로 쓰임 받은 원인이라고 지적합니다. 그리고 마침내 애굽 온 나라를 축복하는, 그리고 자기 조국에도 축복을 전달하는 축복의 통로가 되지 않았습니까? 그것을 오늘 바울식으로 표현하면 구주 하나님의 교훈을 그의 섬김으로 빛나게 한 것입니다.

그렇습니다. 우리가 바른 교훈에 합당한 가족을 형성했을 때 우리는 우리 구주, 우리 가정의 주님 되신 하나님의 교훈을 빛나게 하는 것입니다. 우리의 가정, 우리의 일터에서 우리가 살아가는 모습이 바로 예수 그리스도의 교훈을 드러내고 있는 것입니다. 성 프란치스코(Francesco)의 생애에 이런 일화가 전해 내려옵니다. 한번은 그가 제자들에게 오늘은 마을에 내려가서 사람들에게 설교를 하자고 했답니다. 그리고 그는 제자들과 마을로 가서 서로 인사도 하고 빵을 구걸하기도 하고 아이들과 뛰놀기도 했습니다. 그리고 오후에 다시 그들의 처소로 돌아오자 제자 중 한 사람이 묻기를 "선생님, 언제 설교를 하십니까?"라고 했더니 "우리가 마을을 다니며 한 말, 행동 모두가 설교임을 알지 못했나?"라고 말했다고 합니다. 그렇습니다. 우리의 가정생활, 우리의 일터의 행동이 모두 우리의 설교임을 기억하고 살아야 합니다. 우리는 우리가 살아가는 모습으로, 그리고 우리가 쏟아놓는 모든 언어로 세상을 향하여 그리스도인의 정체성을, 그리고 그리스도인의 가정상을 설교하고 있는 것입니다. 그렇다면 최근 여러분은 여러분의 일거수일투족으로 세상을 향해 어떤 설교를 하셨나요? 지난 한 주간 세상을 향해 그리스도인이 어떤 존재라고 증거하셨나요?

가정의 달에 〈가정을 위한 기도〉(천국은 우리집 같단다)를 쓴 적이 있습니다. *"가정은 부부를 연합하여 하나 되게 하사 / 허락하신 당신의 기업이오니 / 이 가정을 통해 하늘 아버지를 더 이해하고 / 신랑 되신 예수 섬김을 배우게 하소서 / 우리는 모두 태생적인 이기주의자들이라 / 나만 알고 당신을 모르는 자들이오니 / 이런 이기심을 벗고 이타심을 입어 / 참된 사랑을 여기서 배우게 하소서 / 서로가 서로를 섬김으로 천국을 이루어 / 가정이 주님의 작은 천국이 됨으로 / 천국을 증거하는 증거 마당이 되게 하사 / 가정을 통해 축복이 흘러가게 하옵소서 / 하오면, 가정 이루기를 꺼려하는 세대 향해 / 가정은 우리가 태어나는 이유이오며 / 삶을 살아내는 목적임을 알게 하사 / 작은 천국들이 모인 세상이 되게 하소서 / 주여, 가정을 생각하는 달을 맞이하여 / 부디 주를 아는 가정들을 축복하소서! 아멘."* 이것이 바른 교훈에 합당한 가족, 가정의 모습이라고 믿습니다.

5

은혜로운 양육

11모든 사람에게 구원을 주시는 하나님의 은혜가 나타나 12우리를 양육하시되 경건하지 않은 것과 이 세상 정욕을 다 버리고 신중함과 의로움과 경건함으로 이 세상에 살고 13복스러운 소망과 우리의 크신 하나님 구주 예수 그리스도의 영광이 나타나심을 기다리게 하셨으니 14그가 우리를 대신하여 자신을 주심은 모든 불법에서 우리를 속량하시고 우리를 깨끗하게 하사 선한 일을 열심히 하는 자기 백성이 되게 하려 하심이라 15너는 이것을 말하고 권면하며 모든 권위로 책망하여 누구에게서든지 업신여김을 받지 말라

5
은혜로운 양육

'리더는 태어나는 것인가? 만들어지는 것인가?'(Are leaders born or made?)라는 질문은 리더십 연구의 중요한 쟁점이었습니다. 그런데 최근의 학계의 결론은 리더십은 만들어진다는 것입니다. 특히 미시간 대학 리더십 연구팀에 의해 정설로 받아들이게 되었습니다. 그 말이 의미하는 한 가지는, 그렇다면 누구나 리더가 될 수 있다는 것입니다. 그럼에도 불구하고 건강하고 성공적인 리더의 공통점 중 하나는 리더는 끊임없이 배우고자 한다는 것(constant learning)입니다. 성공하는 리더에게는 배움의 호기심과 배움의 열정이 있다는 것입니다. 크리스천 리더십도 예외일 수 없습니다. 오늘 우리가 강해하는 디도서는 디도라는 제자를 향한 바울의 일종의 리더십 코칭 가이드라고 할 수 있습니다. 디도가 앞으로 그레데 섬에 세울 리더를 어떻게 주목하고 양육할 것인가를 가르칩니다. 그들은 가정에서 그리고 교회에서 리더로 양육되어야 한다고 가르칩니다.

그런데 오늘의 본문에서 바울은 이런 양육의 모범은 바로 하나님 자신이시라고 말합니다. 12절이 시작되며 "우리를 양육하시되”라고 말합니다. 그런데 그보다 앞서 11절에서 매우 중요한 선언으로 이 양육의 메시지가 시작됩니다. “모든 사람에게 구원을 주시는 하나님의 은혜가 나타나”라고 말합니다. 다시 말하면 하나님의 양육은 그냥 단순한 교육적 양육이 아니고 은혜에 입각한 양육 곧 은혜로운 양육입니다. 여기 양육으로 번역된 원어는 본래 ‘파이듀오’(paiduo)란 말로 미성숙한 아이를 잘 훈련한다는 뜻입니다. 우리가 정말 하나님의 은혜로 잘 양육될 수만 있다면 얼마나 멋진 리더십으로 세워질 수 있을까요? 자, 그렇다면 하나님에 의한 은혜로운 양육을 받을 수 있으려면 무엇이 우리에게 필요할까요?

1. 하나님의 은혜를 경험해야 합니다.

본문 11절은 이런 교훈으로 시작됩니다. “모든 사람에게 구원을 주시는 하나님의 은혜가 나타나.” 하나님의 은혜는 무엇보다 모든 사람을 향한 하나님의 구원 사건에서 잘 나타나고 있습니다. 그렇습니다. 무엇보다 우리를 구원하심이 하나님의 은혜로 말미암은 것이라고 성경은 가르칩니다. 에베소서 2장 8절의 말씀을 기억합시다. “너희는 그 은혜에 의하여 믿음으로 말미암아 구원을 받았으니 이것은 너희에게서 난 것이 아니요 하나님의 선물이라.” 본래 은혜라는 단어의 의미는 받을 자격이 없는 사람에게 주어지는 하나님의 일방적인 호의라는 뜻입니다. 그것은 우리의 행위와 상관없이 주어지는 하나님의 선물입니다. 그래서 자랑할 수도, 자기공로를 주장할 수도 없습니다. 이런 구원 사건을 통한 하나님의 은혜를 경험하는 것이야말로 진정한 신앙생활의 시작이라고 할 수 있습니다. 골로새서 1장 6절의 말씀을 보십시오. "이 복음이 이미 너희에게 이르매 너희가 듣고 참으로 하나님의 은혜를 깨달은 날부터 너희 중에서와 같이 또한 온 천하에서도 열매를 맺어 자라는도다."

우리 시대 복음의 최고의 변증가인 옥스퍼드와 캠브리지에서 가르친 C. S. 루이스(C. S. Lewis) 교수는 그가 참석했던 종교학회에서 기독교 신앙의 독특성이 무엇인가를 토의하는 발표를 열심히 경청하고 있었습니다(필립 얀시《놀라운 하나님의 은혜》(IVP)). 어떤 이가 기독교 신앙의 독특성은 신이 인간의 육신을 입고 온 성육신이라고 하고, 누군가는 예수의 부활이라고 했을 때 루이스 교수가 일어나 "정직하게 말하면 다른 종교에도 신이 인간이 되었다는 성육신 사상도 있고 죽음에서의 부활을 주장하는 것도 있다. 내가 믿기에는 기독교가 다른 종교와 차별화되는 독특성은 은혜(Grace)라고 생각한다. 대부분의 종교가 자기의 선한 행위에 근거하여 구원받는다고 주장하지만 성경의 기독교만 우리의 행위가 아닌 예수 그리스도를 통한 하나님의 은혜로 구원받는다고 가르친다."고 말했다고 합니다.

아이언사이드(H. A. Ironside)라는 성경학자가 교회 회의를 인도하는 도중에 한 청년이 갑자기 손을 들고 소리치기를 "의장, 법대로 합시다"라고 했을 때, 그는 웃으면서 "형제여, 법대로 하자면 그대나 나나 지금 다 지옥에 가 있어야 할 것이오"라는 말을 했다고 합니다. 바울은 로마서 6장 14절에서 "너희가 법 아래에 있지 아니하고 은혜 아래에 있음이라"고 선언합니다. 그렇습니다. 그리스도인의 삶의 독특성은 우리가 하나님의 은혜를 경험하고 은혜의 지배를 받아 은혜에 이끌리는 삶을 살게 되었다는 것입니다. 이런 은혜에 대한 감사와 감격을 상실하는 순간 우리는 그리스도인다움을 상실하는 것입니다. 우리가 자주 부르는 유명한 찬송가 〈놀라운 은혜〉(Amazing Grace)의 "나 같은 죄인 살리신 주 은혜 놀라워 잃었던 생명 찾았고 광명을 얻었네"라는 고백처럼, 그가 베푸신 놀라운 은혜를 깨닫는 순간 우리는 새 생명을 얻고 진정한 믿음의 내일을 향해 자라가는 것입니다. 은혜를 아는 것이 우리의 은혜로운 양육의 시작인 것입니다.

2. 분별있고 균형있는 양육을 받아야 합니다.

균형있는 양육이 무엇이겠습니까? 버릴 것이 있고 붙잡고 살 것이 있습니다. 이 두 가지가 균형을 이룰 때 우리의 양육은 하나님이 기대하시는 건강한 삶의 양육이 될 수 있다는 것입니다. 12절 말씀을 읽겠습니다. "우리를 양육하시되 경건하지 않은 것과 이 세상 정욕을 다 버리고 신중함과 의로움과 경건함으로 이 세상에 살고." 먼저 두 가지 버릴 것을 강조합니다. 경건하지 않은 것은 하나님께 속하지 않은 것입니다. 하나님다운 것을 영어로 godly하다고 말합니다. 경건치 않은 것은 ungodly한 것입니다. 우리로 하나님을 닮아 가는데 방해가 되는 일체의 것을 뜻합니다. 세상 정욕은 문자 그대로 우리의 세속적인 가치관, 곧 세상을 사랑하게 하는 모든 욕망을 뜻하는 것입니다. 요한일서 2장 16절에 보면 세 가지 욕망을 지적합니다. "이는 세상에 있는 모든 것이 육신의 정욕과 안목의 정욕과 이생의 자랑이니 다 아버지께로부터 온 것이 아니요 세상으로부터 온 것이라." 사단은 처음 사람 아담과 하와에게 이 욕망의 미끼를 들고 찾아왔습니다. 선악을 알게 하는 나무 열매를 보았을 때 '먹음직도 하고, 보암직도 하고, 지혜롭게 할 만큼 탐스럽게'(창 3:6) 느끼게 한 것입니다. 먹음직함이 바로 육신의 정욕이고, 보암직함이 안목의 정욕이고, 지혜롭게 하는 탐스러움이 이생의 자랑이 아니겠습니까? 이 세 가지 유혹의 정체를 현대인들은 money, sex, power(돈, 섹스, 권력)라고 칭해왔습니다. 아담 이래로 우리는 지속적으로 이 세 가지 미혹에 굴복하고 세상에 속한 자가 되어 살아온 것입니다.

버릴 것에 이어 이제 우리가 붙들고 살아야 할 가치를 강조합니다. 세 가지입니다. 신중함, 의로움 그리고 경건함입니다. 신중함은 자기 자신을 향한 절제를 뜻하는 태도입니다. 의로움은 이웃과의 관계에서 지켜야 할 덕목입니다. 경건함은 하나님과의 바른 관계입니다. 하나님을 마음에 담지 못하게 하고 세상을 향하게 하는 탐심들을 버리고, 그리고 자신을 향해, 이웃들을 향해, 무엇보다 하나님과의 바르고 건강한 관계를 추구할 때 우리는 하나님의 사람답게 양육되어 가는 것입니다. 무엇이 우리를 하나님으로부터 멀어지게 하는 것인가(Ungodly), 무엇이 우리로 하여금 하나님을 닮게 하는가(Godly)를 우리는 끊임없이 분별하며 살아가야 합니다. 지속적으로 버릴 것을 버리는 결단, 그리고 붙잡아야 할 가치를 붙들고 사는 균형 있는 경건함에 이르는 '결단 인생'을 사는 우리가 되도록 기도합시다.

3. 주의 영광을 기다리며 살아야 합니다.

본문 13절을 읽겠습니다. "복스러운 소망과 우리의 크신 하나님 구주 예수 그리스도의 영광이 나타나심을 기다리게 하셨으니." 신앙인의 현실은 끊임없는 결단 속에 하루하루가 드려져야 한다는 것을 말씀드렸습니다. 그것은 버릴 것을 버리고 붙잡을 것을 붙잡고 사는 결단입니다. 그런 결단으로 이 세상에서 살아가야 한다는 것입니다. 그러나 한 가지 더 우리의 양육이 완성되기 위하여 하나님은 우리가 기다리고 살 것이 있다고 말씀하십니다. 그것은 예수 그리스도의 영광이 나타날 것을 기다려야 한다는 것입니다. 우리는 예수를 그리스도로 믿고 살아가지만 여전히 세상의 힘은 커 보이는데 그리스도의 가치와 영향력은 왜소해 보이기만 합니다. 그래서 과연 우리가 이런 믿음의 길을 이렇게 걷는 것이 얼마나 유익한 것인가를 되묻게 됩니다. 그런데 성경은 그리스도가 영광스럽게 다시 나타나실 날이 도래하고 있다고 말합니다. 그것이 바로 그리스도의 재림의 날입니다. 그날은 복스러운 소망의 날입니다. 그날은 우리의 궁극적인 승리가 완성되는 날입니다.

그런데 그날을 기다리며 산다는 것은 구체적으로 어떻게 살아가는 것을 의미하는 것입니까? 14절이 그 대답을 들려주고 있습니다. "그가 우리를 대신하여 자신을 주심은 모든 불법에서 우리를 속량하시고 우리를 깨끗하게 하사 선한 일을 열심히 하는 자기 백성이 되게 하려 하심이라." 여기 '자기 백성'이란 표현이 개역한글 번역에는 '친 백성'이라고 했습니다. 그리스도의 십자가의 대속으로 우리가 속량 받은 이유는 이제부터 선한 일을 열심히 하는, 하나님의 친 백성이 되게 하려 하심이라는 것입니다. 그가 우리를 깨끗하게 하심은 이제부터 우리를 사용하시기 위해서라는 것입니다. 우리가 예수 믿고 죄 사함 받은 것은 용서 받은 그 상태로 그냥 머물러 조용히 살아가는 것이 아니라, 이제부터는 하나님이 기뻐하시는 선한 일에 적극적으로 쓰임을 받아야 한다는 것입니다. 존 스토트(John Stott)는 여기 '열심히'(zelotes)라는 단어가 광신적(fanatic)은 아니지만 열광적(enthusiastic)이라는 의미라고 합니다. 이제부터 죄 짓지 않기 위해 조용히 사는 삶이 아니라, 오히려 하나님이 기뻐하실 일을 찾아 열광적으로, 열정적으로 살아야 한다고 말하는 것입니다.

그렇습니다. 하나님이 우리에게 은혜를 주시고 우리를 양육하시는 이유, 우리를 선한 일(최고선: 전도하는 일)에 쓰시고자 하는 것입니다. 그러므로 구원받은 모든 그리스도인들이 이제 즉각적으로 자신에게 물어야 할 질문이 있습니다. 우리가 오늘 할 수 있는 주님이 기뻐하실 선한 일을 어디에서 시작할 것입니까? 우리는 어떤 일을 우리가 감당하기 위해서는 우리에게 그만큼의 준비가 되어 있어야 한다는 생각을 합니다. 그러나 우리가 생각하는 인간적 준비와 하나님의 준비는 그 기준이 매우 다를 수가 있습니다. 우리가 사는 한반도에 와서 침례교회를 개척한 분으로 말콤 펜윅(Malcolm C. Fenwick, 편위익) 선교사라는 분이 있었습니다. 1889년, 그러니까 아펜젤러와 언더우드가 이 땅에 도착한 1885년으로부터 약 4년 후에 캐나다에서 이 땅에 온 평신도 선교사였습니다. 그때 그의 나이 26세였습니다. 그는 어느 날 의료 선교사로 한국에 왔던 헤론이라는 선교사의 아내가 조선이라는 나라에 가서 복음을 전하다가 체포되어 죽음을 기다리고 있다는 소식을 듣고 마음이 움직이기 시작하면서 "주님 저같이 자격 없는 사람도 선교사가 될 수가 있습니까?"라고 기도를 하자 "너는 자격이 없지만 나는 자격이 있다. 나는 너를 살리려고 너 대신 죽었노라."는 음성을 듣습니다. 이 음성으로 그는 구원의 확신을 갖게 되고 먼저 조선에 간 맥켄지라는 선교사에게 편지를 써서 "나는 신학 공부도 하지 못했고 외국어 공부도 하지 못했는데 나 같은 사람도 선교사가 될 수 있습니까?"라고 물었다고 합니다. 맥켄지 선교사의 답장은 간단했다고 합니다. "당신은 당신을 위해 죽으신 그리스도를 위해 죽을 준비가 되어 있습니까?"

그때 그는 철물 도매업자였고 40여 명의 직원을 거느린 창고 책임자였다고 합니다. 그는 저녁 시간을 내서 성경공부를 하며 선교사가 될 준비를 하던 차에 나이아가라 성경 사경회에서 인도에서 온 로버트 와일더라는 형제의 간증을 듣습니다. 그가 이런 말을 했다고 합니다. "사막에서 죽어가는 사람에게 화려한 물 주전자에 물을 담아 나를 수도 있지만 찌그러진 양철통에 물을 담아 날라도 그 물은 생명을 살리는 물이 될 것이다." 그때 펜윅이란 청년은 속으로 말했다고 합니다. "그렇다. 나는 찌그러진 양철통 같은 존재에 불과하지만 여전히 저 사막으로 복음의 생수를 길어 나를 수가 있다." 그리고 그는 선교 기관도 없이 독자적으로 몇몇 개인적 후원자의 후원과 기도만을 받고 그해, 1889년 늦은 가을 한국에 와서 한국인들과 함께 사는 토착적 방식으로 한국인 제자들을 양육하며 전도를 시작했습니다. 그리고 당시의 어린 한국 교회가 꿈꾸지 못한 만주 시베리아까지 복음을 전해서 국내외 250여 개 교회를 개척합니다. 이것이 오늘의 2,800개의 교회를 보유하고 600여 명의 해외 선교사를 파송하는 한국 침례교단의 시작이었습니다. 찌그러진 양철통의 기적입니다.

디/도/서

6

모든 사람에게 기억될 인생

디도서 3장 1-15절

¹너는 그들로 하여금 통치자들과 권세 잡은 자들에게 복종하며 순종하며 모든 선한 일 행하기를 준비하게 하며 ²아무도 비방하지 말며 다투지 말며 관용하며 범사에 온유함을 모든 사람에게 나타낼 것을 기억하게 하라 ³우리도 전에는 어리석은 자요 순종하지 아니한 자요 속은 자요 여러 가지 정욕과 행락에 종노릇 한 자요 악독과 투기를 일삼은 자요 가증스러운 자요 피차 미워한 자였으나 ⁴우리 구주 하나님의 자비와 사람 사랑하심이 나타날 때에 ⁵우리를 구원하시되 우리가 행한 바 의로운 행위로 말미암지 아니하고 오직 그의 긍휼하심을 따라 중생의 씻음과 성령의 새롭게 하심으로 하셨나니 ⁶우리 구주 예수 그리스도로 말미암아 우리에게 그 성령을 풍성히 부어 주사 ⁷우리로 그의 은혜를 힘입어 의롭다 하심을 얻어 영생의 소망을 따라 상속자가 되게 하려 하심이라 ⁸이 말이 미쁘도다 원하건대 너는 이 여러 것에 대하여 굳세게 말하라 이는 하나님을 믿는 자들로 하여금 조심하여 선한 일을 힘쓰게 하려 함이라 이것은 아름다우며 사람들에게 유익하니라 ⁹그러나 어리석은 변론과 족보 이야기와 분쟁과 율법에 대한 다툼은 피하라 이것은 무익한 것이요 헛된 것이니라 ¹⁰이단에 속한 사람을 한두 번 훈계한 후에 멀리하라 ¹¹이러한 사람은 네가 아는 바와 같이 부패하여 스스로 정죄한 자로서 죄를 짓느니라 ¹²내가 아데마나 두기고를 네게 보내리니 그 때에 네가 급히 니고볼리로 내게 오라 내가 거기서 겨울을 지내기로 작정하였노라 ¹³율법교사 세나와 및 아볼로를 급히 먼저 보내어 그들로 부족함이 없게 하고 ¹⁴또 우리 사람들도 열매 없는 자가 되지 않게 하기 위하여 필요한 것을 준비하는 좋은 일에 힘 쓰기를 배우게 하라 ¹⁵나와 함께 있는 자가 다 네게 문안하니 믿음 안에서 우리를 사랑하는 자들에게 너도 문안하라 은혜가 너희 무리에게 있을지어다

6
모든 사람에게 기억될 인생

인생은 매우 순간적인 것이지만 그럼에도 기억은 오래 남습니다. 그리고 그 좋은 기억으로 우리는 우리가 지나가는 인생의 길에서 선한 영향력을 남길 수 있습니다. 인간은 기억하는 존재입니다. 물론 동물에게도 감각적인 기억은 존재하지만 기억을 오래하지 못하고 기억을 활용하지 못하기에 동물은 문화를 발전시키지 못합니다. 그래서 기억은 우리의 과거와 현재를 연결시키고 미래를 향해 가게 하는 문화적 힘을 갖고 있습니다. 우리는 '기억의 편린'이라는 단어를 사용합니다. 기억은 한 조각의 비늘 같다는 말입니다. 그러나 그 조각으로 우리는 과거를 해석하고 현재를 조명하고 미래를 창조해 가는 것입니다. 그래서 무엇을 어떻게 기억하느냐가 중요합니다. 기억 때문에 우리의 현재는 평화를 상실하고 우리의 미래는 더 불행해질 수도 있습니다. 그래서 때로는 기억의 치유, 기억의 정화가 필요하기도 합니다. 아니 기억을 다시 해석할 필요가 있습니다. 그래야 우리는 건강한 미래와 화해할 수가 있습니다.

미로슬라브 볼프(Miroslav Volf)라는 예일 대학의 신학자가 《기억의 종말》(IVP)이란 책을 썼습니다. 세상의 역사는 우리에게 참담한 기억들을 간직하게 만들었습니다. 세계 제1차, 2차 대전, 한국 전쟁, 월남 전쟁이 남긴 불행한 참화와 엄청난 상처들을 우리는 잊지 못하고 기억합니다. 볼프는 이런 기억들을 언제 어떻게 기억하고 잊을 것인가를 학습해야 한다고 말합니다. 예수 그리스도는 십자가로 가시기 전에 마지막 성찬을 제자들과 나누시며 떡을 떼어두고 잔을 건네시며, 이 떡을 먹을 때마다, 이 잔을 마실 때마다 "나를 기억하라"고 "십자가를 기억하라"고 말씀하십니다. 우리를 십자가에 못 박는 사람들을 용서하고 그들과 새로운 내일을 갖기 위해서도 우리는 불행한 기억을 지우고 거룩한 기억을 보존해야 합니다. 볼프는 십자가의 구원의 기억으로 배신이나 악행의 기억을 극복할 수 있을 때 우리의 기억은 거룩한 감사의 기억이 될 수 있다고 말합니다.

디도서 마지막 장, 3장 2절에서 바울은 이렇게 디도에게 말합니다. **"아무도 비방하지 말며 다투지 말며 관용하며 범사에 온유함을 모든 사람에게 나타낼 것을 기억하게 하라."** 여기 기억하라는 말은 원어에 '휘포 밈네스코'(huipo + mimnesko)로 영어로 remind, 상기시키라는 말입니다. 모든 사람에게 나의 삶이 어떻게 기억될 것인가를 자신에게 리마인드(remind) 시키면서 살라는 말입니다. 우리가 이 세상을 떠나가고 나면 우리를 접촉한 사람들에게 우리는 기억만으로 남습니다. 나의 인생이 우리의 이웃들에게 어떻게 기억되기를 원하십니까? 우리가 예수 믿고, 예수 만나고 변화된 것이 사실이라면 기억의 편린이라도 세상에서 선한 기억을 남기고 가야 하지 않겠습니까? 그렇다면 그렇게 살기 위해 우리가 할 일은 무엇입니까? 다시 바울 사도의 디도를 향한 마지막 권면의 장으로 돌아와 답을 찾아보겠습니다. 마지막 장의 레슨을 단순하게 세 가지로 요약할 수 있겠습니다.

1. 세상 왕국에도 필요한 존재가 되어라.

본문 1절을 보겠습니다. "너는 그들로 하여금 통치자들과 권세 잡은 자들에게 복종하며 순종하며 모든 선한 일 행하기를 준비하게 하며." 우리는 하나님의 영원한 왕국에 들어가기 전에 이 세상 왕국을 거쳐서 가야 합니다. 그런 의미에서 마틴 루터(Martin Luther)가 말한 것처럼 우리는 두 왕국의 시민입니다. 지금 우리가 살고 있는 이 세상 왕국은 사탄 마귀가 개입하고 활동하는 세상입니다. 그럼에도 불구하고 하나님이 사람들을 구원하시고 하나님의 뜻을 이루어 가는 하나님의 세상이기도 합니다. 그래서 우리는 이 세상을 사랑하지 않되 세상에서도 하나님의 뜻을 이루는 도구적 존재로 살아가야 합니다. 아니 이 세상 왕국에도 필요한 존재로 살아가야 합니다. 그래서 우리는 이 세상의 소금이 되어야 하고 빛이 되어야 합니다.

요한복음 17장은 예수님이 이 세상을 떠나시기 전에 세상 속에 있는 자기 제자들을 위하여 중보기도하신 장입니다. 소위 대

제사장적 기도문이라고 불립니다. 여기서 우선 그리스도인들은 이 세상에 속한 존재가 아니라고 역설하십니다. 요한복음 17장을 보겠습니다. "내가 아버지의 말씀을 그들에게 주었사오매 세상이 그들을 미워하였사오니 이는 내가 세상에 속하지 아니함 같이 그들도 세상에 속하지 아니함으로 인함이니이다."(요 17:14) 그러나 그다음 절에서 그들은 세상에 있어야 한다고 말씀하십니다. "내가 비옵는 것은 그들을 세상에서 데려가시기를 위함이 아니요 다만 악에 빠지지 않게 보전하시기를 위함이니이다."(요 17:15) 아니 그리고 더 나아가 세상에 사명을 주어 보내신다고 말씀하십니다. "아버지께서 나를 세상에 보내신 것 같이 나도 그들을 세상에 보내었고."(요 17:18) 그래서 우리는 세상의 지배를 받지 말고 살아야 하지만, 세상에 보냄 받은 소명을 이루며 살아가야 할 존재들인 것입니다.

물론 세상이 우리에게 하나님을 부인하게 하거나 하나님의 가치를 훼손하게 한다면 우리는 세상과 싸울 수밖에 없습니다. 더 높은 권위이신 하나님에게 복종하기 위해서 왕들에게 불복종을 선언해야 할 때도 있습니다. 그러나 세상이 직접적으로 우리를 박해하지 않는다면 우리는 세상 누구와도 일부러 다툴 필요가 없습니다. 그것이 본문 2절의 말씀입니다. "아무도 비방하지 말며 다투지 말며 관용하며 범사에 온유함을 모든 사람에게 나타낼 것을 기억하게 하라." 바울은 그가 쓴 다른 서신에서 세상 왕국에서의 그리스도인의 의무로 "세금을 잘 내어 국가 발전에도 기여하라"고 말합니다. 로마서 13장 7절의 말씀을 기억합시다. "모든 자에게 줄 것을 주되 조세를 받을 자에게 조세를 바치고 관세를 받을 자에게 관세를 바치고 두려워할 자를 두려워하며 존경할 자를 존경하라." 이렇게 이 세상에서도 우리가 선량한 시민임을 입증하는 것은 궁극적으로 복음 전도에도 유익한 길을 열 것입니다. 그러므로 여기까지의 말씀을 요약한다면 '이 세상 왕국에서도 너희들 그리스도인은 필요한 존재가 되어라' 입니다.

2. 영생의 소망을 따른 상속자의 삶을 살라.

우리가 모든 사람에게 기억될 인생을 살아가려면 또 하나, 우리는 이 세상에 살았지만 세상에 속한 자가 아닌 영생을 상속받은 자, 구원받은 자로서 이전과 다른 인생을 산 기억을 간증으로 남겨야 합니다. 그래서 바울은 먼저 우리가 구원받기 전의 인생을 정직하게 증언합니다. 3절입니다. "우리도 전에는 어리석은 자요 순종하지 아니한 자요 속은 자요 여러 가지 정욕과 행락에 종 노릇 한 자요 악독과 투기를 일삼은 자요 가증스러운 자요 피차 미워한 자였으나." 그런 우리에게 4절의 말씀처럼 우리 구주 하나님의 자비와 사람 사랑하심이 나타난 것입니다. 이제 5절에 우리에게 임한 새 생명의 간증을 경청해 보십시오. "우리를 구원하시되 우리가 행한 바 의로운 행위로 말미암지 아니하고 오직 그의 긍휼하심을 따라 중생의 씻음과 성령의 새롭게 하심으로 하셨나니." 이것이야말로 분명한 거듭남, 새로 창조됨의 간증이 아님니까? 이것은 전적인 성령의 사역이요 새롭게 하심입니다. 그 결과 우리에게 어떤 일이 일어났습니까?

6-7절의 말씀을 보십시오. "우리 구주 예수 그리스도로 말미암아 우리에게 그 성령을 풍성히 부어 주사 우리로 그의 은혜를 힘입어 의롭다 하심을 얻어 영생의 소망을 따라 상속자가 되게 하려 하심이라." 우리는 예수를 믿는 순간 이미 영생을 얻었습니다. 그러나 영생의 소망은 더 위대한 유업으로 우리를 기다리고 있습니다. 우리는 그 부요한 하나님의 생명의 상속자가 되어 그분의 생명의 은혜를 누리고 사는 자가 된 것입니다. 이 모든 것이 은혜를 힘입은 결과라고 말합니다. 한 선교사님이 간증을 하며 은혜라는 말을 너무 자주 반복하여 말해서 "은혜밖에는 할 말이 없으신가요?" 물었더니 대답하기를 "은혜밖에 무슨 말을 더 할 수 있겠습니까?"라고 했다고 합니다. 종교개혁자들의 주장처럼 '오직 은혜'(Sola Gratia)입니다. 바울은 여기서도 자신의 신앙고백의 틀을 따라 "전에는…, 이제는…"이라고 말하는 것입니다. 그래서 바울을 만난 모든 이들은 그가 정녕 구주 예수 그리스도의 은혜를 따라 살고 은혜를 증거한 사람으로 기억하게 되었습니다.

바울의 유명한 간증을 고린도전서 15장 10-11절에서 다시 기억해 보겠습니다. "그러나 내가 나 된 것은 하나님의 은혜로 된 것이니 내게 주신 그의 은혜가 헛되지 아니하여 내가 모든 사도보다 더 많이 수고하였으나 내가 한 것이 아니요 오직 나와 함께 하신 하나님의 은혜로라 그러므로 나나 그들이나 이같이 전파하매 너희도 이같이 믿었느니라." 바울이 이 세상에 남기기를 원한 위대한 유산, 은혜의 기억이었고 영생의 소망이었던 것입니다.

3. 무익한 변론을 피하고 좋은 일에 힘쓰라.

바울은 이미 디도서 1장에서도 거짓 교사들과 그들의 교훈을 경계할 것을 말했습니다. 또한 마지막으로 이런 자들과 만나 변론으로 시간을 낭비하지 말 것을 권합니다. 본문 9-10절의 말씀입니다. "그러나 어리석은 변론과 족보 이야기와 분쟁과 율법에 대한 다툼은 피하라 이것은 무익한 것이요 헛된 것이니라 이단에 속한 사람을 한두 번 훈계한 후에 멀리하라." 그러나 앞선 8절에서는 이미 바울이 나누었던 영생의 소망에 대하여는 '굳세게 말하라'고 합니다. 그러나 그 외에 기독교 복음의 본질이 아닌 이론과 변론들에 대해서는 다툼을 피하라고 말합니다. 8절을 다시 보면 "이는 하나님을 믿는 자들로 하여금 조심하여 선한 일을 힘쓰게 하려 함이라 이것은 아름다우며 사람들에게 유익하니라"라고 말합니다. 아름답고 유익한 인생, 본질을 따라 살고 비본질적인 일에 시간을 낭비하지 않는 것입니다.

그리고 마지막 부탁에서는 디도가 이런 본질적인 복음의 사역에 집중하여 더욱 열매를 맺을 수 있도록 복음의 동역자들을 그레데 섬으로 보낼 것이라고 약속합니다. 12절에는 아데마나 두기고를 보낼 것이라고, 13절에는 율법교사 세나와 아볼로를 보낼 것이라고 말합니다. 그리하여 이제 바울은 그의 마지막 소망을 전달합니다. 14절의 말씀입니다. **"또 우리 사람들도 열매 없는 자가 되지 않게 하기 위하여 필요한 것을 준비하는 좋은 일에 힘 쓰기를 배우게 하라."** 인생은 짧습니다. 복음만이 영원합니다. 주 앞에 서는 날 우리에게 얼마나 아름다운 복음의 열매가 있었느냐가 중요할 따름입니다. 바울은 자기 인생의 마지막 겨울을 보내기 전에 이 열매를 검증하고 있는 것입니다. 풍성한 열매를 들고 주님 앞에 서도록 우리가 최선을 다하자고 격려하는 것입니다. 우리가 행한 다툼으로 기억되기보다 선한 열매로 기억되기 위해서 말입니다.

설교의 서론에 소개한 《기억의 종말》의 저자 볼프 교수는 그의 군대 생활로 이야기를 시작합니다. 유고슬라비아(크로아티아)가 공산주의 체제 하에 있을 때 그는 위험인물이었습니다. 목사의 아들이었고, 체제를 거스르는 반체제 기독교 신학을 미국과 독일에서 공부했고 미국인 아내가 있었던 그는 교화의 대상이 된 것입니다. 그는 강도 높은 심문을 받았고 악몽 같은 박해를 경험했지만, 마침내 악행의 기억에서 벗어나 그리스도의 사랑으로 그들을 용서해야 하는 결단 앞에 서게 됩니다. 자신을 학대한 사람들을 떠올리면서 복수를 꿈꾸는 자신이 어느 사이 가해자의 자리에 서있는 모순을 발견합니다(과거 나치 독일의 피해자 이스라엘이 오늘날 가

자에서 지나친 보복으로 가해자의 모습으로 비치고 있는 모순을 연상하게 합니다). 볼프 교수는 피해자가 가해자가 되는 이런 악순환의 고리를 끊고자 먼저 자신부터 악행의 기억에서 벗어나기로 용서를 결단합니다. 그리스도의 십자가 앞에 다시 서서 악행의 기억을 흘려보내고 나서야 그는 평화의 신학자, 화해의 신학자가 되기로 결단합니다. 그는 책에서 그의 새로운 삶의 출발을 이렇게 정리합니다. "기억은 정의에 봉사하고 기억과 정의는 화해에 봉사해야 한다." 오늘 나를 알아온 모든 이웃에게 기억되는 이유는 주가 우리를 용서하시고, 또한 용서받은 우리를 이웃들을 용서하고 함께 공공의 선에 힘쓰는 자로 인도하시기 때문입니다. 그렇다면 이제 무익한 변론을 피하고 우리의 삶의 마당 그레데에서 선한 일에 헌신하는 이 시대의 디도가 되기를 결단합시다. 우리를 알았던 모든 사람에게 의미 있게 기억되는, 무엇보다 하나님에게 그의 선한 자녀로 기억되는 인생이 되도록 말입니다.

디모데전후서, 디도서 강해설교

너희는 이렇게 목양하라